Die Thai-Küche

Warenkunde, Küchenpraxis, 148 Rezepte

Judy Bastyra und Becky Johnson

Christian Verlag

Aus dem Englischen übersetzt von Natascha Afanassjew
Redaktion: Inken Kloppenburg Verlags-Service, München
Korrektur: Dr. Michael Schenkel
Umschlaggestaltung: Caroline Daphne Georgiadis, Daphne Design
Satz: satz & repro Grieb, München

Die Originalausgabe mit dem Titel *Thai Food and Cooking* wurde erstmals 2003 im Verlag Lorenz Books, London, einem Imprint von Anness Publishing Limited, veröffentlicht.

Food-Styling: Lucy McKelvie

Druck und Bindung: L. Rex Printing Ltd., Hongkong
Printed in China

ISBN 3-88472-621-8

HINWEIS

Alle Informationen und Hinweise, die in diesem Buch enthalten sind, wurden von den Autorinnen nach bestem Wissen erarbeitet und von ihnen und dem Verlag mit größtmöglicher Sorgfalt überprüft. Unter Berücksichtigung des Produkthaftungsrechts müssen wir allerdings darauf hinweisen, dass inhaltliche Fehler und Auslassungen nicht völlig auszuschließen sind. Für etwaige fehlerhafte Angaben können Autorinnen, Verlag und Verlagsmitarbeiter keinerlei Verpflichtung und Haftung übernehmen. Korrekturhinweise sind jederzeit willkommen und werden gerne berücksichtigt.

Inhalt

Willkommen im Land des Lächelns

Geschichte	6
Traditionen und Bräuche	8
Die Regionen	9
Essen auf Thai-Art	10
Straßenküchen	14
Die Märkte	16
Feste und Feiern	18

Thai-Warenkunde

Reis	24
Nudeln und Teigblätter	28
Gemüse und Pilze	30
Früchte	38
Kokosnuss und ihre Produkte	44
Tofu und Tofuprodukte	45
Fisch und Meeresfrüchte	46
Geflügel und Fleisch	50
Spezialitäten	52
Kräuter und Gewürze	54
Currypasten und Currypulver	59
Zutaten aus dem Vorratsschrank	60
Getränke	63
Küchengeräte und klassische Techniken	64

Rezepte

Vorspeisen und Snacks	68
Suppen	86
Salate	100
Geflügelgerichte	118
Fleischgerichte	136
Fisch und Meeresfrüchte	152
Gemüsegerichte	170
Reisgerichte	190
Nudelgerichte	202
Beilagen	218
Desserts	234

Bezugsquellen	250
Register	252

Geschichte

Thailand liegt im Herzen Südostasiens. Seine Südspitze erstreckt sich in einer langen, schmalen Halbinsel bis nach Malaysia, im Norden und Westen grenzt das Land an Myanmar (früher Burma beziehungsweise später Birma), im Norden und Nordosten an Laos, im Osten und Südosten an Kambodscha und im Süden an den Golf von Thailand.

Die Geschichte Thailands umfasst jedoch ein sehr viel größeres Gebiet Südostasiens als das Territorium des jetzigen Staates. Im Laufe der Jahrhunderte siedelten sich zahlreiche Völker in der Region an, und die Grenzen der heutigen südostasiatischen Länder waren längst nicht so klar umrissen.

Mit den Wanderungen jener Völker veränderten sich die Gestalt, die Eigenart und der Name des Landes. Ihre Einflüsse sind auch heute noch deutlich. Die Religion der Thais basiert auf dem indischen Buddhismus, die Sprache ist eine Verschmelzung verschiedener Dialekte, und das Alphabet entwickelte sich aus den Schriften der Mon, der Khmer und der Inder.

Bis vor kurzem galt das prähistorische Thailand als kulturell rückständig, doch inzwischen haben Archäologen in den Gebieten um die Stadt Udon Thani im Nordosten Spuren einer entwickelten Kultur aus der Bronzezeit entdeckt. Unter den Funden waren Keramikgefäße, die auf 3000 v. Chr. datiert werden. Die neuere Geschichte Thailands, die den heutigen Staat geprägt hat, lässt sich in fünf unterschiedliche Perioden einteilen.

Die Geschichte Thailands umfasst auch die umliegenden Gebiete Südostasiens.

Tai- und Nan-Chao-Periode

Zu Beginn des 1. Jahrhunderts war Südchina die Heimat vieler verschiedener Stämme. Zwei der bedeutendsten, die Tai und die Nan Chao, besiedelten im Laufe der Zeit den Norden Thailands. Nach und nach dehnten die Nan Chao ihre Macht auf benachbarte Staaten aus. Als Reaktion darauf wurden sie von China angegriffen, das sie unter seine Herrschaft bringen und somit die Handelsroute nach Westen sichern wollte. Angriffe der Tibeter aus dem Westen ließen die Nan Chao und die Chinesen jedoch im Zuge mehrerer Kriege zu Verbündeten werden.

Man geht davon aus, dass die Tai weiter nach Süden wanderten, um von den Chinesen unabhängig zu bleiben. Die Mehrzahl der heutigen Thais sind die Nachkommen dieses frühen Stammes.

Ein Großteil Thailands war früher von vielen verschiedenen Stämmen besetzt, einschließlich der Tai und der Nan Chao. Den größten Einfluss besaßen die burmesischen Mon und die kambodschanischen Khmer. Im 10. Jahrhundert beherrschten die Mon Zentralthailand, wo sie im Gebiet von Nakhon Pathom auf dem Korat-Plateau bis nach Chiang Mai kleine buddhistische Königreiche errichteten.

Bereits im 11. Jahrhundert hatten die Khmer die Vormachtstellung erlangt. Ihr Einflussgebiet erstreckte sich über Kambodscha, Südlaos und Thailand. Angkor wurde ihre Hauptstadt. Zur gleichen Zeit machte den Chinesen die hartnäckige Gegenwehr der Mongolen (aus Zentralasien) zu schaffen, die einen Großteil des chinesischen Staats eroberten.

Schließlich wurden die Nan Chao im 13. Jahrhundert ebenfalls von den Mongolen unterworfen, und so flüchteten viele, um sich den Truppen der Tai-Stämme im Norden Thailands anzuschließen. Die Tai machten sich viele militärische Fertigkeiten der Mongolen zu Eigen und sicherten sich so in Verbindung mit ihren überlegenen organisatorischen Fähigkeiten die Machtposition über die Khmer. Als Folge wurde 1238 das unabhängige Königreich von Sukhothai gegründet.

Die Sukhothai-Periode

Das Volk der Tai war mittlerweile als Thai bekannt, und sein Gebiet bezeichnete es als das Königreich von Sukhothai. Die Chinesen hingegen nannten dieses Gebiet Siam und die Bevölkerung Siamesen – Namen, die sich bei den fremden Völkern allgemein durchsetzten.

In der thailändischen Geschichte wird diese Periode als goldenes Zeitalter betrachtet: ein perfekter Staat in einem Land des Wohlstands, das von väterlichen und wohlwollenden Königen regiert wurde. Einer der wichtigsten archäologischen Funde, der dies aufs Beste illustriert, ist eine Tafel mit folgender Inschrift:

Dieses Sukhothai ist ein gutes Land:
Im Wasser gibt es Fische
Auf den Feldern gibt es Reis
Wer Handel treiben möchte
Darf Handel treiben
Der König
Beutet sein Volk nicht aus
Die Gesichter seiner Untertanen
Strahlen vor Glück
Dies ist Wohlstand.

Der berühmteste König Sukhothais war Ramkamhaeng der Große, der das erste thailändische Alphabet geschaffen haben soll. Unter seiner Herrschaft begann außerdem der internationale Handel.

Die Blütezeit des Königreichs von Sukhothai dauerte bis 1350, als ein Führer der Mon, Ramatibodi, im Süden sein eigenes Königreich von Ayutthaya ausrief. Ayutthaya erlangte immer mehr Macht und eroberte schließlich Angkor, die Hauptstadt der Khmer. Das geschwächte Königreich von Sukhothai dagegen verlor seine Unabhängigkeit.

Die Ayutthaya-Periode

Die Kultur der Khmer übte von Anfang an großen Einfluss auf die Könige von Ayutthaya aus. Mit den väterlichen Monarchen von Sukhothai verband sie nur wenig – sie waren uneingeschränkte Herrscher, die den Titel *devaraja* (Gott-König) annahmen.

In der Frühphase dieser Periode dehnte Ayutthaya sein Herrschaftsgebiet auf die benachbarten Fürstentümer der Thais aus und verstrickte sich in Konflikte mit seinen Nachbarn. Eine Invasion der Burmesen führte 1767 zur erfolgreichen Einnahme von Ayutthaya.

Trotz des überwältigenden Sieges gelang es den Burmesen jedoch nicht, das Königreich längere Zeit zu kontrollieren. Der junge General Phya Taksin floh mit seinen Gefolgsleuten nach Chanthaburi. Nur sieben Monate nach dem Fall Ayutthayas segelten sie zur Hauptstadt zurück, vertrieben die Burmesen und riefen erneut das Königreich aus.

Thon-Buri-Periode

Nach seinem Sieg ernannte General Taksin sich selbst zum König und machte Thon Buri, das näher am Meer lag, zur neuen Hauptstadt. Dies förderte den Handel mit dem Ausland, sicherte die Beschaffung von Waffen und sollte die Verteidigung wie den Rückzug erleichtern, falls es zu einem erneuten Angriff durch Burma käme. Doch seit dem Fall von Ayutthaya fehlte eine zentrale Autorität, und das Königreich zerfiel. Taksin verbrachte seine Herrschaft mit der Wiedervereinigung der Provinzen.

Die Rattanakosin-Periode

Nach dem Tod General Taksins bestieg 1782 General Chakri den Thron und wurde als Rama I. der erste König der Chakri-Dynastie. Seine erste Amtshandlung als neuer König war die Verlegung der Hauptstadt von Thon Buri über den Fluss nach Bangkok (ursprünglich Krung Rattanakosin) sowie der Bau des Großen Palastes. Rama II., Phraphutthaloetla Naphalai (1809–1824), führte das Werk, das Rama I. begonnen hatte, fort.

Diese Buddhastatue steht zwischen den Ruinen von Wat Mahathat in Sukhothai, Thailands erster Hauptstadt.

König Nang Klao, Rama III. (1824–1851), nahm die Verbindungen zu westlichen Nationen wieder auf und entwickelte Handelsbeziehungen zu China. König Mongkut, Rama IV. (1851–1868), schloss Verträge mit europäischen Ländern, konnte die Kolonialisierung verhindern und bereitete den Weg für das moderne Thailand. Seiner Regierungszeit sind viele soziale und ökonomische Reformen zu verdanken. König Chulalongkorn, Rama V. (1868–1910), setzte die Reformpolitik seines Vaters fort, er schaffte die Sklaverei ab und verbesserte das Sozial- und Verwaltungssystem. König Vajiravudh, Rama VI. (1910–1925), führte die Schulpflicht ein und setzte weitere Schulreformen durch.

Unter König Prajadhipok, Rama VII. (1925–1935), wurde die absolute Monarchie in eine konstitutionelle umgewandelt. Der König dankte 1935 ab, und sein Neffe Ananda Mahidol trat als Rama VIII. (1935–1946) an seine Stelle. Den Wandel zum demokratisch regierten Land markiert 1939 auch die Umbenennung von Siam in Thailand. König Bhumibol, Rama IX., bestieg schließlich 1946 den Thron.

Traditionen und Bräuche

Zum Beten setzen sich die Mönche auf ihre Füße, damit diese nicht auf die Buddhastatue zeigen.

Das thailändische Verständnis von sozialem Verhalten, Kleidung, Religion und Autorität ist im Vergleich zu westlichen Auffassungen um einiges konservativer. Soziale Bräuche und Etikette sind eng mit den Grundlagen und Lehren des Buddhismus verbunden. Das Verhalten der Thais wird von ihrer Religion der Sanftmut bestimmt. In der thailändischen Gesellschaft gelten die Konfrontation und laute, öffentlich ausgetragene Streitigkeiten als ein Zeichen von Schwäche und fehlender Kontrolle.

Thailänder sind äußerst höflich und erwarten eine ebenso höfliche Behandlung. Wer ihnen mit Wut begegnet, bringt sie nur in Verlegenheit und kann kaum große Hilfsbereitschaft erwarten. Zwar sind die Thailänder in der Regel sehr tolerant, doch sollte man Peinlichkeiten und Missverständnisse vermeiden, indem man ihre Bräuche respektiert.

Respektvolles Verhalten

Die Thais empfinden legere Kleidung wie schulterfreie Kleider, kurze Röcke oder Shorts als anstößig. Für einen Tempelbesuch sind lange Röcke oder Hosen und bedeckte Schultern zu empfehlen: Besuchern mit unpassender Kleidung wird oft der Eintritt verwehrt. Beim Betreten eines Tempels oder Privathauses werden die Schuhe ausgezogen.

In der thailändischen Kultur gilt der Kopf als heiligster Teil des Körpers, darum sollte er niemals berührt werden. Es ist eine grobe Beleidigung, jemandem den Kopf zu tätscheln, auch als freundschaftliche Geste. Wer sich über eine ältere und weisere Person hinwegsetzt, deutet damit soziale Überlegenheit an.

Die Füße gelten als unbedeutendster Körperteil. Sitzt man auf dem Boden, sollten sie darum nie auf eine Person zeigen, da auch dies eine große Beleidigung darstellt. Ebenso wenig sollten die Füße auf einen religiösen Gegenstand oder Schrein gerichtet sein. Die meisten Thais setzen sich daher am Boden auf ihre Füße.

Jemanden zu berühren wird als Eindringen in die Privatsphäre empfunden, und so gibt man sich in Thailand auch nicht die Hand. Die traditionelle Begrüßung der Thais heißt *wai:* Die Handflächen werden dabei aneinander gelegt und nach oben zum Gesicht gerichtet, der Kopf leicht nach vorn gebeugt. Zur Begrüßung von Mönchen, Würdenträgern und Personen von hohem Rang hebt man die Hände höher, bis zum Nasenrücken. Kinder nicken nur, der *wai* ist für sie nicht angemessen. Für Besucher, die mit den Umgangsformen der Thais nicht vertraut sind, ist der *wai* eine hilfreiche Geste. Wer befürchtet, jemanden beleidigt zu haben, wird durch einen *wai* meist entschuldigt.

Auch öffentlich gezeigte Zuneigung ist unschicklich und wird abgelehnt. Zwar kann man junge Paare Händchen halten sehen, aber in der feinen Gesellschaft ist dies das Äußerste.

Eine Frau legt die Handflächen aneinander und senkt den Kopf – der traditionelle Thai-Gruß, der wai.

Die Regionen

Thailand besteht geographisch aus vier Hauptregionen: Nord, Nordost-, Süd- und Zentralthailand – jede deutlich anders als die andere.

Der Norden

Nordthailand, das an Myanmar und Laos grenzt, zeichnet sich durch bewaldete Berge mit fruchtbaren Flusstälern aus und liegt im sagenumwobenen Goldenen Dreieck. Eine wirkliche Integration mit dem restlichen Land vollzog sich erst in den letzten hundert Jahren und ist in Bezug auf die Bergstämme immer noch nicht abgeschlossen.

Im Norden leben viele verschiedene Stämme – am bekanntesten sind die Karen, Akkha, Lisu, Yao, Meo, Lahu und Hmong. Jeder Stamm besitzt seine eigene Kultur, eine typische Tracht und einen eigenen Dialekt. Früher verdienten zahlreiche Stammesangehörige ihren Lebensunterhalt durch Opiumanbau, doch heute kultivieren sie Erdbeeren, Pfirsiche, Kartoffeln und weitere Früchte. Berühmt ist auch ihr Kunsthandwerk, insbesondere die farbenfrohen Textilien und der Silberschmuck. Reisen zu den Stammessiedlungen sind daher auch große Touristenattraktionen.

Der Nordosten

In dieser Region, einem semi-ariden Hochplateau, betreibt man vorwiegend Viehzucht und baut Reis sowie Mais an. Es ist die ärmste, am wenigsten entwickelte Region Thailands, allerdings von großer landschaftlicher Schönheit mit bewaldeten Bergen, Nationalparks und hügeligem Farmland. Das von den Thais als I-San bezeichnete Gebiet grenzt im Norden und Osten an den Mekong und Laos, im Süden an Kambodscha. Viele Bewohner sind laotischer Herkunft.

Zentralthailand

Diese vorwiegend flache und fruchtbare Region erstreckt sich von den zerklüfteten Bergen an der Grenze zu Myanmar bis zum Hochplateau im Osten. Im Norden reicht es bis Nakhon Sawan, wo sich die Flüsse Ping, Wang, Nan und Yom zum Chao Phraya (Fluss der Könige) vereinigen. Dieser fließt durch Bangkok und mündet in den Golf von Thailand. Im Süden erstreckt sich das Gebiet bis zum schmalsten Punkt Thailands zwischen den Bergen im Westen und dem Golf von Thailand. In der Region liegen viele historische Stätten und auch Bangkok, Thailands beliebte Hauptstadt und bedeutende Anlaufstation.

Der Chao Phraya bewässert die Zentralebene, das wichtigste Reisanbaugebiet Thailands, das beträchtlichen Anteil an der weltweiten Reisproduktion hat und den besten Duftreis produziert. Der Fluss ist die Hauptwasserquelle des Landes, sein weit verzweigtes Kanalsystem versorgt üppige Obst- und Gemüsegärten. Mit seinen vielen schwimmenden Märkten ist der Fluss eine einzigartige Wasserstraße des Lebens. In der Zentralebene werden Thailands beste Früchte und Gemüse angebaut, etwa Durians, Mangos, Guaven, Pomelos, Papayas, Kohl, Pilze, Gurken und Kürbisse.

Der Süden

Südthailand erstreckt sich durch den Kra-Isthmus von Chumphon im Süden Bangkoks bis nach Malaysia. Im Osten liegt der Golf von Thailand, im Westen das Andamanische Meer. Die Region besteht vor allem aus Hügeln und Bergen und besitzt reiche Mineralvorkommen. Üppiger Dschungel bedeckt felsige Kalkberge und wird acht Monate im Jahr durch reichlich Niederschlag gespeist. Hier gibt es Kautschuk- und Kokosplantagen, Nationalparks, bewaldete Berge, Wasserfälle und historische Städte. Vor der Küste im Andamanischen Meer liegen die tropischen Inseln mit ihren schönen Palmenstränden.

Die Flüsse und Kanäle in Zentralthailand sind eine einzigartige Wasserstraße des Lebens, auf der viel gereist und Handel getrieben wird.

Essen auf Thai-Art

Das Besondere der Thai-Küche sind die einfachen, aber hervorragenden Zutaten. In fünf Geschmacksrichtungen kombiniert, ermöglichen sie eine reiche Palette an Gerichten. Die Küche jeder Region basiert auf diesen Geschmacksrichtungen, bringt jedoch ganz eigene lokale Spezialitäten hervor. Die königliche Palasttradition spielt ebenfalls eine wichtige Rolle, vor allem bei der kunstvollen Präsentation.

Die fünf Geschmacksrichtungen

Die fünf wichtigsten Geschmacksrichtungen in der Thai-Küche sind salzig, süß, sauer, bitter und scharf. Das Geheimnis aller thailändischen Speisen liegt in den subtilen Proportionen von würzenden und Aroma gebenden Zutaten.

Salzig

Salz verstärkt den Geschmack der anderen Zutaten. Meist wird es nicht in Form von Tafelsalz hinzugegeben, sondern durch salzige Würzmittel. Zu den wichtigsten zählt *nam pla*, eine häufig verwendete Sauce aus fermentiertem Fisch. *Kapi*, eine salzige Garnelenpaste, wird wegen ihres ganz eigenen Aromas verwendet. Weitere salzige Würzmittel der Thai-Küche sind Thai-Austernsauce (milder und mit stärkerem Austerngeschmack als die chinesische Variante); helle Sojasauce; dunkle oder hellgelbe Bohnensauce; getrockneter Fisch oder Garnelen (gemahlen als Zugabe für Suppen oder Salate); Salzpflaumen; salzig eingelegtes Gemüse wie Kohl oder *mooli* (Daikon-Rettich).

Süß

Thailändische Speisen besitzen häufig eine leichte Süße. So gibt man pikanten Gerichten oft süße Zutaten wie Palmzucker oder Kokoszucker hinzu, um die Aromen von Gewürzen und Kräutern zu verstärken. Weitere süße Würzmittel sind süße schwarze Sojasauce, die durch Fermentierung von Sojasauce mit Melasse gewonnen wird; süß eingelegter Knoblauch; brauner Reissirup. Manchmal wird auch Honig verwendet.

Sauer

Limettensaft gehört zu den beliebtesten sauren Würzmitteln, da er andere Aromen unterstreicht. Ebenso wird auch saure Tamarinde verwendet (im Handel als Tamarindensaft erhältlich). Beide Zutaten dienen zudem als Zartmacher für Fleisch und Fisch. Verschiedene Essigsorten wie weiß destillierter Kokosessig oder der mildere Reisessig sind weitere säuernde Würzmittel.

Bitter

Den bitteren Geschmack in der Thai-Küche erreicht man durch Zutaten wie Kräuter oder dunkelgrünes Gemüse. Sind sie gleichzeitig die Hauptzutaten eines Gerichts, muss das Bittere durch die anderen vier Geschmacksrichtungen ausgeglichen werden.

Scharf

Obwohl thailändisches Essen als besonders scharf gilt, sind längst nicht alle Gerichte übermäßig scharf. Das wichtigste scharfe Gewürz der Thai-Küche sind Chilis *(prik)*, die in vielen verschiedenen Sorten, frisch, getrocknet sowie in Pasten- und Saucenform erhältlich sind. Bevor die Chilischote nach Thailand gelangte, erreichte man die Schärfe durch Pfefferkörner, die auch heute noch eingesetzt werden. Beliebte »Scharfmacher« sind außerdem Ingwer, Zwiebeln und Knoblauch.

Würzmittel aus Chilis, etwa zerstoßene getrocknete Chilis (Chiliflocken) oder Chilipaste, stellt man meist auf den Tisch, sodass die Gäste nach Belieben nachwürzen können.

Eine Thai-Köchin bereitet ein klassisches pfannengerührtes Gericht zu.

Überall im Süden des Landes fahren die Bewohner der Küstendörfer zum täglichen Fischfang hinaus.

Die Küche im Norden

Im Gegensatz zum übrigen Thailand, wo Jasminreis sehr geschätzt wird, bevorzugt man im Norden Klebreis, der sich zu kleinen Kugeln rollen lässt, die man in Saucen oder Currys dippt. Die Currys sind oft eher dünnflüssig, denn Kokosmilch zum Eindicken ist hier nicht so leicht erhältlich. Auch werden die Gerichte hier nicht so stark gewürzt wie in den anderen Regionen. Zu den besonderen Zutaten des Nordens zählt zum Beispiel Büffelfleisch.

Viele typische Gerichte sind durch die Küchen von Myanmar und Laos beeinflusst. Das klassische Huhn-Nudel-Curry *koi soi* und das beliebte *gaeng hong lae* (Schweinefleischcurry) stammen aus Burma. *Nam prik nuum*, ein nicht zu scharfer Dip mit rauchigem Aroma zu pochiertem Süßwasserfisch und knusprig gebratenem Schweinefleisch, verweist auf die laotische Küche.

Beim traditionellen *Kantoke*-Mahl (*kan* bedeutet Schüssel) sitzen die Gäste auf dem Boden und bedienen sich selbst von den zahlreichen Speisen.

Die Küche im Nordosten

Den Thais im Nordosten wird eine abenteuerliche Küche zugeschrieben – mit ungewöhnlichen Delikatessen wie Ameiseneiern, Grashüpfern, Schneckencurry und scharf riechendem fermentiertem Fisch. Zwar rümpfen viele Thailänder über diese Essgewohnheiten die Nase, doch servieren Restaurants in Bangkok viele Spezialitäten der Region, etwa *som tam* (Salat von grünen Papayas), *laap*, ein Gericht aus würzigem Hackfleisch, oder *haw mok pla*, einen in Bananenblättern gedämpften Fischpudding.

Die nordöstliche Küche ist meist sehr scharf und würzig, hier wird gern mehr Chili verwendet als in den anderen Regionen. Auch der Einfluss aus Laos ist sehr groß. Ein delikater laotischer Festtagsklassiker ist *khanom buang* – knusprige Pfannkuchen, gefüllt mit Garnelen und Bohnensprossen.

Die Küche in Zentralthailand

Die traditionellen Speisen dieser Region, vor allem in den entlegeneren Dörfern, sind oft einfacher als im Rest des Landes. Ein typisches Gericht besteht aus Reis, pfannengerührtem Gemüse, Fisch aus einem nahe gelegenen Fluss oder Kanal und einem Salat mit eingesalzenen Eiern, Chilis, Frühlingszwiebeln und Limettensaft.

Im geschäftigen Bangkok bekommt man jedoch nicht nur viele regionale Spezialitäten, sondern auch internationale Gerichte – ein Paradies für Feinschmecker. Überall werden Speisen angeboten – in zahllosen Cafés und Restaurants sowie auf den Straßen und Flüssen.

Die Küche im Süden

Der Süden, der fast vollständig von Wasser umgeben ist, bietet Fisch und Meeresfrüchte in großer Fülle. Es gibt viele Gerichte mit Langusten, Krabben, Muscheln, Kalmaren und Garnelen. Man verwendet sie für Suppen und Currys, grillt oder dämpft sie.

Viele Länder und Kulturen haben hier ihre Spuren hinterlassen, besonders deutlich ist der muslimische Einfluss. Curry nach Mussaman-Art verweist auf Indien, und Satay stammt ursprünglich aus Indonesien. Die Speisen von Songkhla und der Insel Phuket mit vielen chinesischen Einwohnern lassen den Einfluss Chinas spüren.

Überall gedeihen Kokosnüsse, mit deren Milch Suppen und Currys eingedickt werden und deren Öl zum Braten dient. Frische Kokosnuss verwendet man für würzige wie süße Speisen. Cashewnüsse und Ananas wachsen hier. Die Gerichte sind in der Regel sehr scharf.

Die königliche Palasttradition

Die Tradition der dekorativen Präsentation von Speisen stammt ursprünglich vom Hof des Großen Palasts in Bangkok. Im inneren Palast lebte eine große Gemeinschaft von Frauen beinah völlig unabhängig von der Welt jenseits der Palastmauern. Aristokraten und Edelmänner legten großen Wert darauf, dass ihre Töchter in den Palast aufgenommen wurden, denn hier lehrte man sie, einen eleganten Haushalt zu führen und ihre Aufgaben als zukünftige Ehefrauen zur Zufriedenheit zu erfüllen. Ein wichtiger Bestandteil dieser Ausbildung war der Kochunterricht. Dabei wurde gleich viel Gewicht auf Geschmack und Ästhetik gelegt. Viele Stunden verwendete man auf die anstrengende Zubereitung, um Geschmack und Aussehen jeder Speise zu perfektionieren.

Eine visuell besonders beeindruckende Fertigkeit, die diese Frauen von Generation zu Generation weitergaben, war das Schnitzen von Gemüse und Früchten. Die Frauen lernten, verschiedene Gemüse- und Obstsorten in kunstvollste Kreationen zu verwandeln. Aus riesigen Wassermelonen und winzigen Chilis entstanden wunderschöne Blüten, und aus Kürbissen aller Größen und Ingwerwurzeln schnitzte man komplizierte abstrakte Gebilde oder hübsche Vögel.

Im Laufe der Zeit änderten sich jedoch die Sitten, und unter König Rama VI. wurde die weibliche Palastgemeinschaft schließlich aufgelöst. Die meisten Frauen verließen den Palast allerdings mit großem Unbehagen, und bis 1960 residierte noch mindestens eine Frau im Innern der Palastmauern.

Was einst eine blühende Stadt innerhalb einer Stadt gewesen war, die eigene Straßen, Häuser, künstliche Seen und Geschäfte besaß, ist nun zur Geisterstadt geworden und bleibt dem Großteil der Außenwelt verschlossen. Aber auch heute noch besuchen einige der letzten Palastfrauen täglich den Palast und sitzen in den wunderschönen Gärten.

Trotz all der Veränderungen haben jenseits der Palastmauern viele alte Traditionen überlebt. Kunstvoll geschnitzte Früchte und Gemüse gelten in ganz Thailand als Symbol für gutes Essen, und die Gerichte, die einst im Palast verfeinert wurden, sind in der einen oder anderen Variante längst Teil der ganz normalen thailändischen Küche geworden.

Eine dieser bemerkenswerten Speisen ist *foi thong*, mit Zucker verschlagenes Eigelb, das zu goldenen Fäden verarbeitet wird. Andere traditionelle Gerichte sind *look choop*, eine Mischung aus Bohnenpaste und Kokosmilch, zu kleinen Früchten geformt, deren Farben tatsächlich an Früchte erinnern, sowie *mae grob*, ein pikantes Gericht aus knusprigen Reisnudeln und Garnelen mit süßsaurer Sauce.

Erhalten hat sich auch die traditionelle Kunst des Blumenschmucks. Duftende, farbenfrohe Blüten werden zu eleganten Kränzen und Girlanden zusammengebunden. Heute symbolisieren sie Feinheit und Anmut. Man begegnet ihnen in ganz Thailand, vor allem aber in Bangkoks Restaurants, Geschäften und Privathäusern.

Im prächtig verzierten Großen Palast in Bangkok lebte eine große Gemeinschaft von Frauen, die dort die kunstvolle Präsentation von Speisen erlernten.

Eine Thailänderin genießt eine Schale Reis auf einem schwimmenden Markt.

Tischsitten

Für die Thailänder ist das Essen ein genussvoller Bestandteil des täglichen Lebens, ob man etwa bei einem der vielen Straßenhändler eine Schale Nudelsuppe kauft oder zu Hause in der Familie ausgiebig isst. Zu Hause nimmt man die Mahlzeiten in der Regel gemeinsam ein, die Basis bildet stets der Reis *(khao)*. Das thailändische Wort für »essen« lautet daher auch *kin khao* – »Reis essen«. In die Mitte des Tischs wird meist eine Schüssel Reis gestellt, und rundherum verteilt man die anderen Speisen und Würzmittel. Es gilt als höflich, die Mahlzeit mit einem Löffel Reis zu beginnen, um die große Bedeutung des Reiskorns in der thailändischen Kultur zu betonen.

Ehe die Gastgeber ihren Gästen etwas anbieten, geben sie sich selbst etwas Reis. Von den Gerichten nimmt man gerade so viel, wie man mit etwas Reis zusammen essen möchte. Ist die Mahlzeit beendet, sollte noch etwas Essen übrig sein – als Zeichen der Großzügigkeit der Gastgeber.

Der Einfluss der buddhistischen Tradition zeigt sich in der Thai-Küche vor allem beim Fleisch. Thailänder servieren stets nur kleine Mengen Fleisch, meist in mundgerechte Stücke geschnitten.

Da das Fleisch also vor dem Kochen zerkleinert wird, sind Messer auf einer thailändischen Tafel überflüssig. Man isst in der Regel mit Löffel und Gabel. Die Gabel wird in der linken Hand gehalten und dient dazu, die Speisen auf den Löffel zu schieben, den man dann zum Mund führt. Eine Gabel in den Mund zu nehmen gilt als schlechtes Benehmen. Nur Nudeln auf chinesische Art werden mit Stäbchen gegessen. Im Norden rollt man Klebreis zu Bällchen, die man mit der rechten Hand isst. Die Finger abzulecken gilt jedoch als sehr unhöflich, ebenso das Naseputzen bei Tisch.

Traditionelle Mahlzeiten

Bei den Mahlzeiten geht es in Thailand eher informell zu, es müssen keine besonderen Regeln beachtet werden. Man serviert jeweils einen pikanten und einen süßen Gang, zu denen alle Speisen gleichzeitig gereicht werden. Die Gäste bedienen sich selbst.

Die wichtigste Mahlzeit ist die letzte des Tages. Sie besteht traditionell aus verschiedenen Gerichten, die sofort serviert werden, wenn sie fertig zubereitet sind: gedämpftem Reis, den man meist mit klarer Brühe reicht (von der man sich während der Mahlzeit immer wieder bedient), einem gedämpften und einem gebratenen Gericht, einem Salat und einer würzigen Sauce wie *kruang jim, nam pla* oder *nam prik*. Zu den würzigen Beigaben zählen zerstoßene getrocknete sowie gehackte frische Chilis, eingelegter Knoblauch, Gurken, Tomaten und Frühlingszwiebeln.

Auf den Hauptgang folgen gewöhnlich frische Früchte und ein Dessert. Thailändische Desserts unterscheiden sich deutlich von den Süßspeisen im Westen. Die Grundlage bilden meist Früchte oder Kokosnuss sowie Reis oder Mehl, und oft sind die Speisen sehr süß und haben ein zartes Aroma.

Zu außergewöhnlichen Gelegenheiten wie Hochzeiten oder großen Festen werden besonders aufwendige Süßspeisen zubereitet – *foi thong* (goldene Fäden aus gesponnenem Zucker) oder Schalen aus Bananenblättern mit *takaw* (süßem Konfekt aus Tapioka, Mehl, Zucker und Kokosnuss).

An gewöhnlichen Tagen essen die Thais natürlich nicht so reichlich. Zum Frühstück gibt es dann etwa *khao tom*, in der doppelten Menge Wasser wie üblich gekochten Reis, der auf diese Weise eine suppenartige Konsistenz erhält, ähnlich wie *congee* in China. Hinein kommen entweder gekochtes Huhn, Schweinefleisch oder Fisch; oder es gibt Ei, gesalzenen Fisch und Pickles als Beilage dazu. Das Mittagessen ist meist eine leichte Mahlzeit, zubereitet aus Nudeln oder gebratenem Reis. Am reichhaltigsten ist das Abendessen, das jedoch sehr viel bescheidener ausfällt als die traditionelle Abendmahlzeit.

Straßenküchen

Wohin man in Thailand auch geht, überall begegnet man den lautstarken Straßenverkäufern, die ihre Gerichte am Straßenrand, auf Flüssen, Kanälen und Märkten zubereiten. Die Speisen und Snacks sind ebenso vielfältig wie Landschaft und Kultur, und man schätzt sie vor allem wegen des Geschmacks und der frischen Produkte. Sie sind ein wichtiger Bestandteil thailändischer Lebensart, jedermann verzehrt sie mit Genuss, unabhängig von Status oder Einkommen. Touristen sollten jedoch etwas Vorsicht walten lassen, um unangenehme Magen-Darm-Infektionen zu vermeiden.

In den meisten thailändischen Städten wird ein Spaziergang durch die Straßen und über die Stege zu einer faszinierenden Reise für die Sinne. Geräuschvoll bieten die Straßenverkäufer ihre Produkte an, klopfen mit Löffeln gegen Metalltöpfe, schwenken Glocken, schlagen Gongs, schreien die Namen der exotisch klingenden Delikatessen hinaus, während aus den Woks und Kochtöpfen das reiche Aroma einer Fülle von Gewürzen und Saucen steigt.

Der Krach der Straßenverkäufer ist in Thailand ebenso gang und gäbe wie das ständige Hupen der *tuk-tuk*-Fahrer. Ihre Speisen sind wegen der schnellen Zubereitung, der frischen Zutaten und des geringen Preises so beliebt. Dennoch haben schon viele Politiker versucht, den Straßenverkauf zu verbieten, denn es mangelt an Hygiene, und die Stände verstopfen die Straßen. Die Popularität dieser Speisen ist jedoch ungebrochen.

Essensstände

In Thailand gibt es eine Fülle mobiler Restaurants in Form von Ständen, Handkarren oder Fahrrädern. Die häufigste und einfachste Art heißt *hahp* – eine Bambusstange, an deren Enden man je einen Korb balanciert. Darin transportiert der Straßenverkäufer nicht nur die Zutaten für die Speisen, sondern auch Küchengeräte und einen Rost. Die Stange wird auf der Schulter getragen, sodass man sich auf den engen Stegen gut bewegen kann und auch auf den Booten, die die Flüsse hinauf- und hinabfahren, sehr mobil ist. Komfortabler sind die Handkarren. Mit Planen überspannt, sieht man sie oft am Straßenrand oder auf nächtlichen Märkten. Sie sind mit Tischen und Stühlen ausgestattet, und es gibt gehaltvollere Speisen.

Handel wurde früher ausschließlich auf den Flüssen getrieben. Auch heute begegnet man in Orten mit weit verzweigten Wasserstraßen, etwa der einstigen Hauptstadt Ayutthaya, noch häufig *gueyteow rua* (Nudelbooten).

Ein Straßenverkäufer bereitet auf dem Rost, den er in seinem hahp *transportiert hat, einen Imbiss zu.*

Straßenhändler, vor allem jene mit sehr einfachen Ständen, spezialisieren sich oft auf ein bestimmtes Gericht. Dieses ist meist sehr aromatisch und vielfältig, die Rezepte werden von Generation zu Generation weitergegeben.

Snacks und kleine Imbisse

In Thailand bekommt man an fast jeder Straßenecke schmackhafte kleine Spezialitäten. Frisch aufgeschnittene Früchte wie *sapparod* (süße Ananas), *ma-muang* (säuerliche grüne Mango) und *farang* (knackige Guaven) sind beliebte Snacks, die man mit einer Mischung aus Zucker, Salz oder Chiliflocken erhält.

Khao poot (Mais) ist ein anderer beliebter Snack. Häufig wird er in riesigen Aluminiumdämpfkörben zubereitet, und die Kunden können wählen, ob sie einen ganzen Kolben möchten oder in Salzwasser getauchten Mais, dessen Körner zum Verzehr ausgelöst wurden. Gedämpfte Maiskolben werden auch auf dem Rost gebraten.

Ebenfalls sehr populär sind *salapao*, gedämpfte Reismehlbällchen mit einer Füllung aus Schweinefleisch oder Bohnenpaste. Händler, die sich auf *salapao* spezialisiert haben, bereiten oft auch *khanom jip* zu, eine gedämpfte Spezialität aus gehacktem Schweinefleisch oder Garnelen, eingepackt in chinesische *won-tans* (Teigblätter). *Salapao*-Händler sieht man häufig auf Motorrädern mit Beiwagen, die mit ganzen Stapeln dieser kleinen weißen Snacks gefüllt sind.

Ein weiterer kleiner Imbiss ist *bah jang*, eine Mischung aus Klebreis und Erdnüssen sowie Schweinefleisch, Pilzen, chinesischer Wurst oder salzigen Eiern. Die Mischung wird in Bananenblätter gewickelt, mit Stroh zusammengebunden und an die Wagen der Händler gehängt.

Der Nordosten ist bekannt für seine knusprigen salzigen Grashüpfer, Ameiseneier und fermentierten Fisch, die man zwischendurch wie Erdnüsse oder Kartoffelchips knabbert.

Zudem bekommt man erfrischende Getränke wie *ka-fe dam yen* (eisgekühlten Kaffee) oder *nam pol-lamai* (Fruchtsäfte), die in kleinen Plastiktüten verkauft werden. An der einen Ecke haben sie eine Schlinge zum Tragen, an der anderen einen Trinkhalm. Die frisch gepressten Fruchtsäfte verfeinert man meist mit einer Prise Salz.

Hauptgerichte

Auch das Essen der Straßenhändler wurde von den Nachbarländern beeinflusst – gehaltvolle Saucen von Myanmar, Gerichte mit Fisch und Meeresfrüchten von Malaysia oder Fleischwaren von Laos. In Chiang Mai isst man *khanom jin* (Nudeln mit verschiedensten Beilagen); in ganz Thailand ist *gai yang* (über Holzkohle gegrilltes Huhn mit Klebreis und Salat von grünen Papayas) aus dem Nordosten sehr beliebt.

Eines der populärsten Gerichte der Straßenhändler ist *kuay tiao phad thai*. Es wird in Woks auf Handkarren zubereitet, rundum stehen Flaschen mit Saucen und Würzen. Für diese Spezialität werden Nudeln kurz mit Garnelen, Eiern, Frühlingszwiebeln, Bohnensprossen und Knoblauch gebraten, dann fügt man weitere Zutaten hinzu und streut zuletzt zerstoßene Erdnüsse darüber. Sehr beliebt ist auch *kuay tiao nam gai*, das im Gegensatz zu *phad thai* in würziger Brühe mit gegrilltem Hühnchen serviert und mit Koriandergrün bestreut wird.

Süße Spezialitäten

Wer es süß liebt, bekommt bei Thailands Straßenverkäufern alles, vom mundgerechten Konfekt bis zum Dessert. Viele der süßen Snacks werden von den Händlern zu Hause zubereitet und in Glaskästen auf der Straße angeboten. Die Auswahl reicht von Zuckerrohrstücken bis zu *kluay ping* (in Honig getauchten Bananen). Andere bekannte Süßspeisen sind etwa *khan Korea* (Kokos-Desserts, in Tongefäßen über Holzkohle zubereitet) und *sangkaya fuk thong* (gedämpfter Kürbispudding).

Eine Auswahl leckerer kleiner Spieße auf Bananenblättern, fertig für den Grillrost.

Verglaste Wagen, die mit frisch aufgeschnittenen Früchten gefüllt sind, sieht man überall in Thailand.

Die Märkte

In den Städten wie in den ländlichen Gegenden Thailands gibt es überall laute, bunte Märkte voller Menschen, auf denen man alles bekommt – von frischen Lebensmitteln und Blumen über leckere Snacks und Kleidung bis zu ganz exotischen Dingen. Diese Märkte sind das Herzstück des thailändischen Lebens, nirgendwo sonst sind die Thais so erregbar und unternehmungslustig – ein unvergessliches Erlebnis für Besucher.

Frische Produkte

Die thailändischen Märkte mit ihren übervollen Ständen liegen oft in engen Straßen, und das geschäftige Treiben sorgt für eine ganz besondere Atmosphäre. Es ist fast unmöglich, nur einmal kurz auf einem solchen Markt vorbeizuschauen, denn sofort wird man in den Strom der Fußgänger gezogen. Man braucht Zeit, wenn man über einen Thai-Markt geht, denn das Angebot ist bunt und vielfältig. Es gibt viele Essensstände, leuchtende Behälter, die von duftenden frischen Kräutern und Gewürzen überquellen. Männer und Frauen an kleinen Tischen unterhalten sich laut, während sie sich eine Schale mit dampfendem Essen schmecken lassen.

Die schwimmenden Märkte von Bangkok sind mit ihren leuchtenden Farben sowie den exotischen Düften und Klängen ein Erlebnis für die Sinne.

Ausländer werden hier vielen unbekannten Produkten begegnen, doch die Händler erklären gern mit vielen Gesten, worum es sich handelt. Am besten lässt man das beeindruckend ungewohnte Angebot auf alle Sinne wirken.

Die Fülle an frischen Produkten ist immens. An den Fleischständen werden Berge von Innereien und hoch aufgeschichtete küchenfertige Hühnchen angeboten. Meeresfrüchte sind ebenfalls sehr populär, und an vielen Ständen findet man riesige Behälter, randvoll mit lebenden Krabben, Schildkröten und Fischen. An leuchtend bunten Wäscheklammern hängen Reihen getrockneter, papierdünner Kalmare von den Ständen.

Zu den berühmtesten Märkten zählt Thailands schwimmender Markt in der früheren Hauptstadt Thon Buri. Die Produkte unterscheiden sich hier zwar nicht von denen anderer Märkte, aber sämtliche Stände schwimmen auf dem Wasser. Jeden Morgen bei Sonnenaufgang rudern die Bauern aus der Umgebung ihre Boote zum Markt, um ihr selbst gezogenes Obst und Gemüse zu verkaufen. Ihre flachen Boote ächzen unter dem Gewicht der frisch geernteten Produkte. Derart leuchtende Farben und knackige, saftige Stängel und Blätter sieht man nur bei ganz frischem Obst und Gemüse. Aber hier werden auch andere Waren angeboten, einschließlich Kleidung, frischer Getränke und kochend heißer Speisen, die man sofort verzehrt. Die Kunden gelangen ebenfalls nur im Boot auf diesen Markt.

Auf den Blumenständen türmen sich leuchtende, herrlich duftende Girlanden, die für Thailand so typisch sind.

Der Blumenmarkt in der Nähe des Großen Palastes in Bangkok wiederum ist ein opulentes Fest der Farben und Düfte. Hierbei handelt es sich um einen Großhandel für Blumenhändler, die jeden Morgen die frisch geschnittenen Blumen für ihre Läden kaufen.

Frische Blumen haben in der thailändischen Kultur eine wichtige Bedeutung. Man bindet sie zu Sträußen und Girlanden, um damit Häuser und Schreine zu schmücken. Blumengirlanden überreicht man gern Hochzeitsgästen oder auch wichtigen Persönlichkeiten als Zeichen des Respekts oder der Dankbarkeit. Große Kränze sieht man bei Beerdigungen und Feuerbestattungen.

Der Blumenmarkt in Bangkok ist ein spektakuläres visuelles Erlebnis. Oft werden hier besonders kunstvoll gebundene Girlanden und Sträuße mit exotischen Blumen in allen Farben und Formen angeboten, und mitunter kann man den Händlern bei der Kunst des Blumenbindens sogar zuschauen.

Wer auf einem thailändischen Markt Essen oder Lebensmittel kauft, braucht nicht zu handeln. Für das gewünschte Produkt wird der Preis entweder in Geld angegeben, etwa »zehn Baht« das Stück, oder als Thai-Maß – eine Hand voll. Die Menge wird auf einer Hand- oder stabilen Standwaage abgewogen.

Frischwaren wie Obst und Gemüse, rohes Fleisch und Fisch werden in Plastikbeutel eingepackt, ebenso auch Plätzchen und Konfekt. Flüssige Produkte, zum Beispiel frisch gepresste Säfte oder würzige Saucen, werden ebenfalls in Plastikbeutel gefüllt und oben zugeknotet.

Weitere Märkte

In Thailand gibt es nicht nur Märkte mit frischen Speisen und Lebensmitteln, sondern auch solche für Kleidung, lebende Tiere, Geschirr und vieles andere. Zu den berühmtesten zählt der Jatujak (Chatuchak) mit seinem ausgesprochen bizarren Angebot. Ursprünglich befand sich der Markt in Sanam Luang, wurde 1982 jedoch aus Platzgründen ins Zentrum von Bangkok verlagert. Nun liegt er direkt neben dem Jatujak-Park am Ende der Hochbahnlinie, zehn Minuten vom Stadtzentrum Bangkoks entfernt.

Geöffnet ist der Jatujak am Wochenende, der besten Zeit für Antiquitätensammler und all jene, die Seide, Porzellan, Kleidung oder antiquarische Bücher kaufen möchten. Er gehört zu den größten Märkten in Asien, und man kann wirklich Stunden damit zubringen, sich in dem komplizierten Labyrinth der Straßen und Gassen zurechtzufinden. Der Markt ist eine verwirrende Kombination aus Häusern und Ständen, die auf abenteuerliche Weise durch Segeltuchmarkisen miteinander verbunden sind.

Die Stände mit Tieren bieten ein ungewöhnliches, sogar befremdliches Spektakel; vor allem ihnen verdankt der Markt seinen dubiosen Ruf. Verschiedenste Tiere von Sumpfschildkröten bis zu Nagern und Klapperschlangen sind in winzige Käfige gepfercht. Einige werden als Haustiere verkauft, andere erwartet ein trauriges Schicksal.

In Thailand gibt es außerdem viele Märkte für Touristen, die Tag und Nacht geöffnet haben. Sehr bekannt ist der Nachtmarkt im berüchtigten Patpong-Distrikt von Bangkok. Patpong gilt als internationale Hauptstadt der Sexshows, und die Touristen kommen in Scharen, um die eigenwilligeren Aspekte Bangkoks kennen zu lernen.

Der Nachtmarkt liegt im Zentrum dieses Distrikts, im grellen Neonlicht der Sexclubs, belebt vom Sound der Tanzmusik. Hier kann man umherwandern und die elektrisierende Atmosphäre von Patpong in sich aufnehmen. Auf diesem lauten, farbenfrohen Markt bekommt man alle Arten von nachgemachten Designerprodukten – Uhren, Kleidung, Handtaschen und Schmuck.

Das Handeln ist auf solchen Märkten nicht nur möglich, sondern ein echtes Muss und stets eine amüsante Angelegenheit. Die Händler der meisten Touristenmärkte kommen auf interessierte Kunden gleich mit einem Taschenrechner zu. Sie zeigen ihnen den Preis und lassen die Kunden dann den Betrag eintippen, den diese zu zahlen bereit sind. So wird der Taschenrechner ein paarmal hin- und hergereicht, bis man sich auf einen Preis einigt. Dieses Hin und Her ist oft Grund für große Heiterkeit.

Ein Händler bietet auf einem der vielen Straßenmärkte seine Waren an.

Feste und Feiern

Der Theravada-Buddhismus ist die Hauptreligion Thailands, er übt großen Einfluss auf die thailändische Kultur und das Alltagsleben aus. Dies zeigt sich besonders in den vielen Festen und natürlich in den Speisen, die man dazu reicht. Die Buddhisten bereiten zu solchen Gelegenheiten gern aromatische Gerichte und Desserts.

Nach den Regeln ihrer Religion dürfen buddhistische Mönche Speisen nur als Spende oder Geschenk annehmen. So entstand die Tradition, Mönchen bei den meisten Zeremonien und Feiern Speisen anzubieten. Das sorgsam zubereitete Essen besteht aus frisch gekochtem Reis, verschiedenen pikanten Gerichten, frischen Früchten und Desserts.

Dieser Ethos des Gebens spiegelt sich in den Namen vieler traditioneller Desserts wider, die Glück und Wohlstand bescheren sollen. *Khanom chan* ist ein Dessert aus mehreren Schichten, die die verschiedenen Stufen des Erfolgs bei der Arbeit repräsentieren; *khanom mong koot* symbolisiert großen Erfolg bei der Arbeit, und *kha noon*, ein Dessert aus den Samen der Jackfrucht, steht für beständige berufliche Unterstützung.

Ein anderes beliebtes Element dieser festlichen Desserts ist Gold *(thong)*. Die Bezeichnungen *thong yib, thong yod, foy thong, thong eg, thong plu, thong prong* und *thong muam* bedeuten allesamt Wünsche für Geld und Reichtum.

Die zahlreichen Feste haben unterschiedliche Ursprünge. Einige sind religiöser Art, andere würdigen den jährlichen Kreislauf des Reisanbaus oder sind Dankesfeiern für die Früchte der Erde, und wiederum andere werden zu Ehren der Monarchie gefeiert. Je nach Anlass kann die Eigenart einer jeden Festlichkeit stark variieren. Manche feiert man zu bestimmten Zeiten, religiöse Feiern werden dagegen häufig vom Mondkalender bestimmt und können jedes Jahr zu einem anderen Termin stattfinden.

Die wichtigsten nationalen Feiertage sind große, allumfassende Ereignisse, die um das Ideal des Neuanfangs, um überwundene Probleme und Sünden kreisen. Oft finden sich Familie und Freunde in großen Gruppen zusammen, um zu feiern und traditionelle Speisen zu genießen. Zu einigen Feiern gehören ein farbenfroher, fröhlicher Schmuck und Prozessionen, während andere eher ernste und bescheidene Zeremonien sind, die Schmerz, Gedenken und Wertschätzung zum Thema haben.

Viele Feste sind von ansteckender Fröhlichkeit und oftmals eine gute Gelegenheit, alle Hemmungen abzulegen. Das Essen hat dabei einen hohen Stellenwert, die Mahlzeiten bestehen aus traditionellen, herrlich angerichteten Speisen. Auch Straßenhändler verkaufen zu diesen Gelegenheiten wunderbare Speisen und Snacks. An traditionellen landesweiten Feiertagen wie *Songkran* bekommt man neben *Singha*-Bier vom Fass auch den berüchtigten Thai-Whisky. *Ya dong*, schwarzgebrannter Alkohol, ist mitunter ebenfalls erhältlich, oft mit heilenden Zusätzen wie Rinde, Kräutern, Wurzeln oder sogar Schlangenblut.

Buddhistische Mönche vor einem Tempel in Bangkok, die zu morgendlicher Stunde Spenden entgegennehmen.

Buddhistische Weihe

Jeder junge Mann hat in Thailand das Recht auf die buddhistische Weihe. Es ist keine lebenslange Verpflichtung damit verbunden, man kann sich auch für einen kürzeren Zeitraum weihen lassen, doch mindestens für drei Monate.

Vor allem in den ländlichen Gegenden ist die Weihe noch sehr verbreitet. Junge Männer unter zwanzig können zu Novizen geweiht werden; sind sie über zwanzig, erhalten sie die höheren Weihen der Mönche. Mönche haben die Wahl zwischen einem Waldkloster, in dem sie sich in der Meditation üben, oder einem städtischeren Umfeld, wo sie die buddhistischen Schriften und Lehren studieren.

Eines der beeindruckendsten Weihefeste ist *Poi Sang Long*, dessen Ursprung in Mae Hong Son in Nordthailand liegen soll. Zu der dreitägigen Feier gehört auch eine farbenfrohe Prozession, bei der Opfergaben wie Speisen, Kerzen und Räucherwerk umhergetragen werden.

Neujahrsfeier

Heutzutage wird das neue Jahr in Thailand gleich dreimal in drei verschiedenen Monaten gefeiert. Die internationale Neujahrsfeier am 1. Januar wurde vom Westen übernommen, das neue Jahr der Chinesen beginnt im Februar, und das traditionelle Mondfest *Songkran* (auch als *Trut* bekannt) findet im April statt.

Der thailändische Neujahrstag ist der 13. April, gefeiert wird aber drei Tage lang. Die Menschen gehen auf Pilgerschaft, bringen an Tempeln oder von der Regierung ausgewiesenen Stellen Opfer dar. Auch die Zubereitung und das Teilen von Speisen sind von großer Bedeutung. Weitere Bräuche sind Bootsrennen und die Vorführung traditioneller Tänze.

Ein wichtiges Element der Feierlichkeiten ist das Wasser als Symbol der Reinigung und Erneuerung. Darum werden Buddhastatuen in Wasser getaucht, und zu einem ausgelasseneren Treiben gehört der alljährliche Wasserkampf *ofsat nam*. Am 13. April sind die Straßen voll von Kindern und Erwachsenen, die mit Wasserpistolen und anderen Wassergeschossen die Passanten beschießen – mit Ausnahme von Mönchen und uniformierten Polizisten.

Tanz und Drama

Tanzvorführungen haben in Thailand eine lange Tradition und sind oft fester Bestandteil von Festen. Die klassische Tanzform heißt *lakhon*, ist eine Verquickung von Tanz und Drama und erzählt ein Volksmärchen. Es soll über hundert verschiedene Arten von *lakhon* geben, die in unterschiedlichen Gebieten Thailands entstanden sind. Viele Tanzformen haben sich vermutlich aus den klassischen höfischen Tänzen der Khmer entwickelt, die wiederum auf javanische Traditionen zurückgehen.

Gewöhnlich sind die Tänzerinnen und Tänzer barfuß und tragen reich verzierte Kostüme nach dem Vorbild der höfischen Kleidung aus der Ayutthaya-Periode. Der Tanz selbst ist relativ statisch, betont die Bewegungen der Arme und Hände.

Die klassische Form heißt *lakhon nai* (Theater des Inneren), die populärere Form *lakhon nok* (Theater des Äußeren). Letztere ist enger an buddhistische Tempelfeste gebunden und wurde von Schauspielern vorgeführt, inzwischen dürfen Frauen die weiblichen Rollen übernehmen. In Südthailand sieht man heute noch die alte Form von *lakhon manora, nora* oder *chatri*, die Einflüsse aus Indien, Malaysia und Indonesien zeigt.

Das Lichterfest

Die *Loy-Krathong*-Zeremonie, besser bekannt als Lichterfest, findet im November bei Vollmond statt. *Loy* bedeutet schwimmen, *krathong* heißt Blätterschale.

Das Fest beginnt, sobald der Vollmond am Himmel steht. Die Menschen gehen mit *krathongs* (wie Lotosblüten geformte Bötchen aus Bananenblättern, die Kerzen, Räucherwerk und Münzen enthalten) zu nahe gelegenen Flüssen, entzünden Kerzen und Räucherwerk, sprechen ein Gebet und lassen die *krathongs* zu Ehren der Geister und der Göttin des Wassers schwimmen. Im ganzen Land werden die Flüsse und Wasserstraßen von Tausenden kleiner *krathongs* erleuchtet.

Der Ursprung des Festes ist unbekannt, doch glauben viele, die davonschwimmenden Bötchen symbolisieren Unglück und Sünden, die von den Menschen genommen und in die Dunkelheit des Wassers fortgetragen werden. Oft versuchen Liebespaare, ihre Zukunft zu ergründen, indem sie ihre *krathongs* zusammen schwimmen lassen. Bleiben sie auf ihrem Weg flussabwärts beieinander, wird die Beziehung ein Leben lang halten.

Makkha-Puja-Fest

Dieses Fest ist auch als *Makkha Bucha* bekannt und wird in der Regel zum Vollmond des dritten Mondzyklus gefeiert. Es findet in Erinnerung an die Rede statt, die Buddha vor 1250 erleuchteten Mönchen hielt, die ohne vorausgegangene Aufforderung zu ihm gekommen waren. Im ganzen Land bringt man zu der Feier Opfer dar, singt und wandert schließlich um einen *wat* (Tempel).

Phi Ta Khon

Im Juni oder Juli wird dieses Fest vor allem im Den-Sai-Distrikt von Loei an der Grenze zu Laos gefeiert. Es ist mit dem Feiertag *Bun Pha Ves* verknüpft, an dem Buddha zahlreiche Opfer dargebracht werden. Die Ursprünge gehen auf den Prinzen Vessandorn zurück, die vorletzte Inkarnation des Buddha. Nach der Legende war der Prinz ein großzügiger Wohltäter, der zwei der besten Elefanten des Dorfes weggab und dadurch für großen Unmut sorgte.

Von den Dorfbewohnern verjagt, begab er sich mit seiner Frau und seinen Kindern auf Pilgerschaft durch einen nahe gelegenen Wald, wo er einem armen Bettler seine zwei Kinder als Sklaven überließ. Die Geister des Waldes waren von seiner Großzügigkeit so beeindruckt, dass sie, als er sich zur Rückkehr in sein Dorf entschied, zu einer Lebewohl-Prozession zusammenkamen.

Heute begeht man das meist zweitägige Fest zu Ehren der letzten Inkarnation des Buddha. Die Kinder, Tänzer und Unterhalter der Region tragen groteske Masken aus Kokosnussschalen, tanzen durch die Straßen und necken die Zuschauer, während sie auf den Haupttempel zustreben. Früher wurden die Masken zum Ende des Festes in den Man-Fluss geworfen, um echte Geister fern zu halten. Doch heute verkauft man sie oft als Souvenir an Touristen.

Ein Buddhist trägt zum Makkha-Puja-Fest ein farbenfrohes Kostüm.

Ernte- und Erntedankfeste

In Thailand gilt es als besonders wichtig, für all die Nahrungsmittel zu danken, die die Natur den Menschen schenkt. Dies zeigen die viele Feste, mit denen man das ganze Jahr hindurch die Früchte des Landes feiert. Die Wechsel der Jahreszeiten werden feierlich begangen. Eine besondere Ehrung gilt dem Reis, dem unverzichtbaren Nahrungsmittel der Thais. Auch einzelne Früchte und Gemüse kommen mit Beginn ihrer Marktsaison auf speziellen Volksfesten zu Ehren.

Bun Bung Fai

Vor Beginn der Monsunzeit, etwa in der zweiten Maiwoche, ist der Himmel im Nordosten Thailands hell erleuchtet von Tausenden großer Feuerwerke. Dieses Fest zahlloser Raketen heißt *Bun Bung Fai* und wird zu Beginn der Reispflanzzeit gefeiert. Mit dem Feuerwerk bittet man um reichlich Regen und um eine gute Ernte.

An *Bun Bung Fai* können die Bauern und Arbeiter von den Reisfeldern noch einmal ausgelassen feiern, ehe die mühevolle Reispflanzung beginnt. Während der Festtage gibt es viele verschiedene Unterhaltungsangebote, die zu ausgelassenen Vergnügungen einladen, aber auch solche, die nach einer ernsthafteren Tradition verdienstvolle Taten würdigen.

Während des Festes sind die Straßen voller Wagen mit reich geschmückten Feuerwerkskörpern, die später in den Himmel geschossen werden. Zur Straßenprozession erscheinen die Menschen der Region in farbenfrohen Kostümen. Gruppen der berühmten »Lady-Boys«, wunderschön gekleidet und hergerichtet, führen manchmal Tänze vor. Natürlich wird auch viel gegessen und getrunken, und jede Menge Straßenverkäufer bieten ihre Speisen an.

Die Kokosnuss ist eine wichtige Zutat der thailändischen Küche und eine der vielen Früchte, die man zu den verschiedenen Erntedankfesten würdigt.

Die Reispflanz-Zeremonie

Etwa zur selben Zeit wie *Bun Bung Fai* begeht man in Sanam Luang in Bangkok eine Reispflanz-Zeremonie. Bei diesem Ereignis ist auch der König oder ein anderes Mitglied der königlichen Familie anwesend. Es handelt sich um eine alte brahmanische Zeremonie, die den Bauern im folgenden Jahr eine reiche Ernte bescheren soll.

Zu einem ganz bestimmten Zeitpunkt der Zeremonie pflügt der *Phray Raek Na* (Herr der Bauern), heute meist der Landwirtschaftsminister, ein Stück Land in Palastnähe – als Zeichen für den Beginn der Pflanzzeit. Die Kühe erhalten eine Auswahl verschiedener Futtersorten, einschließlich Heu, Reis, Mais, Bohnen, eine Art Likör und Wasser. Anhand des von den Tieren gewählten Futters versucht man dann den Erfolg der kommenden Ernte vorauszusagen.

Das Sart-Fest

Dieses Fest, das den Beginn der Reisernte einleitet, war ursprünglich eine brahmanische Feier, die in Indien zum Ende des zehnten Mondzyklus stattfand. Heute wird es in den buddhistischen Tempeln gefeiert. Doch der zehnte Mondzyklus ist in Thailand nicht die normale Erntezeit, und so pflanzen die Bauern eine spezielle flache Reissorte, *khow mow*, die man zu dieser Zeit ernten kann. *Khow mow* dient zur Herstellung von *krayasart*, einem einfachen Konfekt aus Reis und Erdnüssen, das gewöhnlich mit kleinen Bananen gegessen wird. *Krayasart* wird zuerst den Mönchen angeboten, ehe andere es genießen dürfen.

Regionale Lebensmittelfeste

Im Dezember finden in Chiang Mai viele Landwirtschafts- und Volksfeste statt. Vom 8. bis 12. Dezember wird mit dem Chiang-Mai-Fest die Kunst der thailändischen Küche gefeiert. Man kann Schnitzereien aus Früchten und Eis bewundern sowie die Zubereitung von Speisen und Desserts miterleben. Auch kulturelle Veranstaltungen begleiten das Fest.

Über hundert Restaurants, Bäckereien und Lebensmittelhändler errichten unter dem nächtlichen Himmel ihre Stände und bieten ebenso wundervolle wie günstige Kostproben der regionalen Küche an. Kuchen und Konfekt finden sich neben Klassikern wie *phat thai* und dem pikanten Salat *som tam*.

Obstfeste

Nicht nur Reis, auch Obst wird von den Thais sehr geschätzt, und so gibt es landesweit viele Volksfeste mit Obstmärkten. Mitunter leitet solch ein Fest nur den Beginn einer neuen Saison ein, doch manche Früchte, etwa die Mango *(mamuang)*, sind dabei von herausragender Bedeutung. Man glaubt, dass dem Buddha einst ein Mangobaum geschenkt wurde, unter dem er sitzen konnte, um Ruhe, Trost und Gelassenheit zu finden. Aus diesem Grund wird die Mango von den Buddhisten sehr verehrt und ist ein ganz besonderes Geschenk. Auch in Thailand ist sie sehr beliebt und wird in vielen Gerichten verwendet, etwa in *yam mamuang*, einem pikanten Salat aus unreifen Mangos. Die unreifen Früchte werden außerdem eingelegt und zu Chutneys und Saucen verarbeitet. Nur zwei Monate dauert die Mangosaison, die im April beginnt, und so nutzen die Thais die Frucht möglichst vielfältig.

In der östlichen Provinz Chanthaburi feiert man auf vielen jährlich stattfindenden Obstmärkten auch gleichzeitig die Ernte der Durianfrucht. Chanthaburi gilt weltweit als Hauptanbaugebiet der Durian und produziert etwa die Hälfte des gesamten Ertrags in Thailand. Auf dem Obstmarkt im Juni kann man bis zu fünf verschiedene Duriansorten kaufen. Doch gibt es auch andere Früchte wie Rambutans, Jackfrüchte und Mangostanen. Zu Beginn des zehntägigen Festes findet eine Straßenparade mit großen Festwagen statt, die mit einer Fülle farbenprächtiger exotischer Früchte geschmückt sind.

Weitere regionale Obstfeste Thailands reichen vom Palmzuckerfest in der Provinz Pisanulok, das Anfang Mai stattfindet, bis zum Litschi-Festival in den Provinzen Payao und Chiangrai.

Zur Pflücksaison im August gibt es im nördlichen Lamphun ein Fest für Longanen und in Surat Thani im Süden ein Rambutan-Fest. Dazu gehören Straßenprozessionen sowie traditionelle Vorführungen und Zeremonien. In Surat Thani war 1926 die erste Rambutan gepflanzt worden – inzwischen erhält man die Frucht in ganz Thailand. Die Märkte sollen durch zusätzliche landwirtschaftliche Ausstellungen den Verkauf regionaler Waren fördern. Bewundern kann man etwa die Produkte der Region, Zierpflanzen und trainierte Affen beim Kokosnusspflücken.

Vegetarierfest

Im Süden Thailands findet im Oktober auf der Insel Phuket dieses außergewöhnliche Fest statt, bei dem die Inselbewohner neun Tage rein vegetarisch essen. Das ursprünglich chinesische Fest, das 1825 erstmals auf Phuket begangen wurde, beginnt mit einer Parade ganz in Weiß gekleideter Teilnehmer sowie zahlreichen bunten Vorführungen. Dazu zählen Löwentänze, Barfußlaufen über glühende Kohlen und mehrere Arten von Body-Piercing – ein faszinierendes, aber auch schauriges Erlebnis.

Für die Ernte dankt man nicht nur mit Gebeten, sondern auch mit Räucherwerk, Speisen und Blütengirlanden.

Thai-Warenkunde

Das Geheimnis der thailändischen Küche liegt in ihren einfachen Zutaten von bester Qualität. Frischen Fisch aus dem Meer, Reis von den Feldern, aromatische Kräuter und Gewürze sowie regionale Früchte und Gemüse, um nur einige zu nennen, genießt man in ganz Thailand. Jede Region besitzt zwar eigene Spezialitäten aus lokalen, frisch geernteten Produkten, doch sind die Würzmittel und Kochtechniken in ganz Thailand dieselben und tragen zu einer herrlich abwechslungsreichen Küche bei.

Reis

Die wichtigste Zutat der thailändischen Küche ist der Reis. *Gkin khao*, die Aufforderung, zu Tisch zu kommen, bedeutet wörtlich übersetzt »Zeit, Reis zu essen«. Alle anderen Lebensmittel, aus denen eine Mahlzeit bereitet wird, etwa Fleisch, Fisch und Gemüse, gelten als Beigaben und heißen *ghap khao* – »Dinge, die zum Reis gegessen werden«.

Im Durchschnitt isst jeder Thailänder 158 Kilogramm Reis pro Jahr, also fast ein Pfund am Tag. Diese Menge wird in unterschiedlicher Form konsumiert, von einfachem gedämpftem Reis bis zu Reisnudeln, -crackern und -kuchen.

In Thailand sind zwei spezielle Reissorten sehr beliebt. Zum einen schätzt man den zart duftenden Langkornreis, der zu allen Mahlzeiten gereicht wird. Dieser Reis ist in mehreren Qualitätsstufen erhältlich, seine Körner werden beim Kochen weiß und fallen locker auseinander. In Nordthailand bevorzugt man dagegen einen stärkereichen Klebreis, der nach dem Kochen zusammenhaftet.

Der beste Reis wird im Dezember geerntet, wenn die Körner bei kühlem, trockenem Wetter langsam gereift sind. Den Rest des Jahres sorgt das wechselhafte Klima mitunter für Probleme. Ist es zu heiß, reifen die Körner zu schnell; ist es zu feucht, besteht die Gefahr, dass sich an den Spelzen Schimmel bildet.

Zwar gilt frisch geernteter Reis in manchen Regionen als eine Art Delikatesse, doch gewöhnlich kommt er erst nach etwa einem Jahr zum Verkauf. So kann der Reis ein wenig trocknen, denn es ist gar nicht so einfach, »neuen« Reis zu kochen. Die Körner sind noch sehr zart, und die benötigte Wassermenge lässt sich nur schwer abschätzen.

Die Reismutter

In den traditionellen Reisanbaugebieten Thailands wird *Mae Pra Posop*, die »Reismutter«, ganz besonders verehrt. Während der verschiedenen Phasen des Reisanbaus hält man in ihrem Namen prächtige Zeremonien ab, damit sie die Felder Jahr für Jahr mit einer reichen Ernte segnen möge.

Jasminreis (thailändischer Duftreis) hat zarte, aromatische Körner und wird in Zentral- und Südthailand bevorzugt. Bei uns bekommt man ihn in Supermärkten und Asia-Läden.

Jasminreis – *Khao chao*

Dieser Langkornreis, auch als Duftreis bekannt, ist das wichtigste Nahrungsmittel in Zentral- und Südthailand. Wie der Name schon verrät, hat der Reis ein sehr feines Aroma. Der Geschmack ist nussartig und erinnert an Basmatireis aus Indien. Die rohen Körner sind durchscheinend, beim Kochen werden sie weiß und locker. Der meiste Langkornreis wird in Zentral- und Nordostthailand angebaut, wo der Boden aus Ton und Sand besteht. Frisch geernteten Reis aus dieser Region schätzt man wegen der feinen Textur seiner Körner.

Klebreis – *Khao niow*

Klebreis ist die bevorzugte Reisart der nördlichen und nordöstlichen Regionen Thailands. Er besitzt einen hervorragenden Geschmack und ist zudem sehr sättigend. Die Bezeichnung lässt keinen Zweifel über seine stärkereiche und damit klebrige Konsistenz. Der Anbau erfolgt an den Berghängen und hohen Plateaus und ist unkompliziert, da Klebreis in der Wachstumsperiode weniger Wasser benötigt als der Nassreis aus dem zentralen Tiefland.

Erhältlich ist Klebreis als Lang- und Rundkornreis. In Thailand bevorzugt man allerdings die Langkornsorten, während Rundkornreis häufiger in der japanischen und chinesischen Küche Verwendung findet. Einige der langkörnigen

Klebreis kann schwarz (eigentlich dunkelrot) oder weiß sein. Außerdem gibt es noch eine Hybridform, die als »süßer Jasminreis« bekannt ist. Man isst ihn vor allem in Nord- und Nordostthailand.

Beim Frittieren blähen sich die Reiswürfel zu knusprigen Crackern auf.

Sorten haben einen sehr feinen, aromatischen Geschmack und werden auch als »süßer Jasminreis« oder »Jasmin-Klebreis« ausgewiesen. Die Bezeichnung »Jasmin« wurde von dem berühmten Duftreis übernommen, der jedoch nicht zum Klebreis zählt.

Das Besondere an Klebreis ist das Zusammenhaften der gegarten Körner, sodass man ihn auch problemlos mit den Fingern essen kann. Dafür werden mundgerechte Häufchen abgenommen und zwischen den Fingern und der Handfläche der rechten Hand zu kleinen Bällchen gerollt. Vor dem Verzehr taucht man die Reisbällchen dann noch in eine Sauce oder ein Curry. Wurde der Reis richtig gegart, bleibt er beim Rollen nicht an den Händen kleben. Wer am Ende einer Mahlzeit Reisbällchen rollt, bekommt dabei saubere Hände, weil der Reis alle Saucen- oder Fettrückstände aufnimmt.

Dank des hohen Stärkegehalts hat ungegarter Klebreis eine ganz typische undurchsichtige weiße Färbung, die sich von den eher durchscheinenden anderen Reissorten unterscheidet. Durch das Einweichen und Dämpfen kommt es jedoch zum gegenteiligen Effekt: Klebreis wird durchscheinend, andere Reissorten werden opak.

Zwar ist Klebreis in den nördlichen und nordöstlichen Regionen Thailands am populärsten, doch wird er auch in anderen Gegenden des Landes gegessen, und zwar vor allem in süßen Gerichten und Desserts. Man süßt und aromatisiert ihn mit Kokosmilch. Besonders geschätzt wird dieser Kokosreis, wenn Mango und Durian Saison haben, dann wird er in großen Mengen als Beilage zu den herrlichen Früchten verkauft.

Schwarzer Klebreis – *Khao niow dam*

Hierbei handelt es sich um Vollkornreis, also nur entspelzten Reis, mit einem reichen, nussartigen Aroma, das sich vom feineren Geschmack des weißen Klebreises deutlich unterscheidet. Meist wird schwarzer Klebreis mit Kokosmilch und Zucker gesüßt und als kleine Mahlzeit oder Dessert verzehrt. Für pikante Gerichte verwendet man ihn weniger. Zu große Mengen können sehr schwer verdaulich sein und belasten, darum isst man den Reis gern als süßen Snack am Nachmittag oder auch später am Abend, einige Zeit nach dem Abendessen. Eine beliebte Version von gebackenem Klebreis, zu Kuchen flach gedrückt, ist *khao mow rang*, der überall in Thailand auf den Märkten verkauft wird.

Trotz des Namens ist schwarzer Reis natürlich nicht schwarz. Weicht man die Körner einige Zeit in Wasser ein, bekommt dieses eine intensiv burgunderrote Färbung – die eigentliche Farbe der Reissorte.

REISPRODUKTE

Fermentierter Reis – *Khao mak*

Eine süße Spezialität aus fermentiertem gegartem Klebreis. Man bekommt sie auf Märkten und bei Straßenhändlern.

Reiskruste – *Khao tang*

In einigen Ländern wird die Reiskruste, die sich bei einer speziellen Garmethode am Topfboden bildet, sehr geschätzt. In Thailand hebt man diese Kruste in Schichten aus dem Topf und trocknet sie in der Sonne. Vor dem Verzehr wird *khao tang* leicht geröstet oder gebraten.

Für die Zubereitung zu Hause eine etwa 5 mm dicke Schicht gegarten Reis auf einem gefetteten Backblech verstreichen. Im Backofen bei 140 °C mehrere Stunden trocknen lassen. Abkühlen lassen und in Stücke brechen. Nach Belieben einige Sekunden frittieren, bis der Reis sich aufbläht, aber noch nicht gebräunt ist. Mit einem Schaumlöffel aus dem Fett nehmen und auf Küchenpapier abtropfen lassen.

Reismehl wird pulverfein gemahlen. Dadurch ist es besonders locker und eignet sich gut für Desserts wie Pfannkuchen.

Trockene Reiswürfel

Diese Spezialität bekommt man in Asia-Läden. Beim Frittieren in heißem Öl blähen sie sich auf zu knusprigen Crackern, die im Aussehen an die beliebten Garnelen-Cracker erinnern.

Reismehl – *Paeng khao jao* und *paeng khao niao*

Dieses Mehl wird aus ungegartem Klebreis und anderen Reissorten hergestellt, die man dafür fein zermahlt. Aus Reismehl wird der Teig für frische Reisnudeln bereitet, es wird aber auch für Desserts wie Pfannkuchen verwendet. Erhältlich ist es in Asia-Läden. Besteht das Mehl aus herkömmlichem Reis, heißt es *paeng khao jao*, Klebreismehl nennt man *paeng khao niao*. Man bewahrt es wie Weizenmehl auf.

Im Unterschied zu anderen vermahlenen Getreidesorten ist Reismehl nicht backfähig. Es enthält zwar sehr viel Stärke, ist aber sehr kleberarm, sodass sich keine lockere Teigkrume bilden kann. Backwaren aus Reismehl bleiben deshalb flach.

REIS VORBEREITEN UND GAREN

Reis ist die wichtigste Zutat der Thai-Küche und sollte stets perfekt gegart werden. Jasminreis (oder thailändischen Duftreis) kocht man am besten nach der Absorptionsmethode, bei der sich das Aroma bestens entfaltet. Für Klebreis empfiehlt sich dagegen eine andere Methode, bei der man die Körner erst lange einweicht und dann dämpft.

Reis waschen

Jasminreis sollte immer gründlich gewaschen werden, um überschüssige Stärke sowie Staub, der sich bei der Lagerung festgesetzt hat, zu entfernen.

1 Den Jasminreis in einer großen Schüssel mit reichlich kaltem Wasser bedecken. Die Reiskörner mit den Fingern im Wasser durchmischen. Dabei wird das Wasser leicht milchig.

2 Den Reis stehen lassen, bis er sich setzt. Das Wasser abgießen. Alternativ den Reis durch ein Sieb abseihen, wieder in die Schüssel geben, nochmals mit kaltem Wasser bedecken, erneut durchmischen, stehen lassen und abgießen. Den Vorgang wiederholen (mindestens dreimal), bis das Wasser klar bleibt. Abtropfen lassen.

Absorptionsmethode (Quellreis)

Bei dieser Methode wird der Jasminreis in einer abgemessenen Menge Wasser gekocht, die vom Reis vollständig absorbiert, also aufgesogen wird. Die jeweilige Menge Reis und Wasser sowie die Garzeit können je nach Reissorte, Lagerzeit und Feuchtigkeitsgehalt variieren. Grundsätzlich rechnet man etwa 600 Milliliter Wasser auf 225 Gramm Reis.

1 Den Reis in einem Topf mit der abgemessenen Menge Wasser bedecken. Kein Salz hinzufügen. Aufkochen und die Hitze auf die niedrigste Stufe schalten.

2 Zugedeckt etwa 25 Minuten garen, bis der Reis das Wasser aufgesogen hat.

3 Den geschlossenen Topf vom Herd nehmen und an einem warmem Ort 5 Minuten stehen lassen.

Reis aromatisieren

Soll der Reis zusätzliches Aroma erhalten, empfiehlt sich die Absorptionsmethode im geschlossenen Topf. Einfach Kräuter oder Gewürze wie Zitronengras oder Ingwer mit der Flüssigkeit hinzufügen.

Noch aromatischer wird der Reis, wenn man das Wasser durch Kokosmilch oder Brühe (oder eine Mischung) ersetzt.

Reis perfekt kochen

- Der Topf muss unbedingt fest verschlossen sein. Schließt der Deckel nicht richtig, bedeckt man den Topf mit Folie oder einem sauberen Küchentuch, ehe man den Deckel aufsetzt. Folie oder Tuch dürfen nicht die Herdplatte berühren.
- Der Reis muss bei sehr schwacher Hitze garen. Keinesfalls darf man die Temperatur zwischendurch erhöhen, um die Garzeit zu verkürzen, da das Wasser sonst verdampft, ehe der Reis gar ist.
- Den gekochten Reis vor dem Servieren 5 Minuten stehen lassen, um den Garprozess abzuschließen. Ist er noch nicht richtig weich, weitere 5 Minuten zugedeckt stehen lassen.
- Der Reis saugt beim Kochen Wasser auf. Verwendet man bei der Absorptionsmethode jedoch zu viel Wasser oder kocht man den Reis zu lange, wird er zu weich.
- Wird gegarter Reis für ein gebratenes Reisgericht benötigt, kocht man den Reis im geschlossenen Topf, kühlt ihn zügig ab und stellt ihn vor dem Braten kalt. So lässt er sich am besten verarbeiten und verdirbt nicht.

Mikrowellenmethode

In der Mikrowelle lässt sich Reis ganz unkompliziert zubereiten, auch wenn die Garzeit sich nicht verkürzt.

1 Die gleiche Menge Reis und Wasser wie bei der Absorptionsmethode verwenden. Den Reis in einer hitzebeständigen Schüssel mit dem kochend heißen Wasser begießen. Kein Salz hinzufügen.

2 Die Schüssel mit Mikrowellen-Klarsichtfolie abdecken und den Reis bei höchster Stufe 10–15 Minuten in der Mikrowelle garen (Herstellerangaben für die Garzeit beachten). Den gegarten Reis vor der Verwendung 10 Minuten ohne Rühren stehen lassen.

Schutz vor Verderb

Gegarten Reis sollte man stets nur kurze Zeit warm halten. Vor allem in wärmeren Regionen kann Reis Bakterien *(bacillus cereus)* enthalten. Diese werden beim Kochen zwar abgetötet, doch können sich in zu kurz erhitztem oder zu lange warm gehaltenem Reis wieder Keime bilden. Auch frisch gekaufte Reisprodukte sollten darum innerhalb von 12 Stunden verwendet werden.

Elektrischer Reiskocher

Den Reis in den Reiskocher einstreuen und die erforderliche Wassermenge (siehe Herstellerangaben) dazugießen. Kein Salz hinzufügen. Den Deckel aufsetzen und den Kocher einschalten. Der Kocher schaltet sich automatisch aus, wenn der Reis fertig ist, und hält den Reis bis zum Servieren warm.

Dämpfen

Beim Dämpfen werden zwei Garmethoden kombiniert: Zuerst wird der Reis in köchelndem Wasser oder einer anderen Flüssigkeit bissfest vorgegart. Dann wird er abgegossen und gedämpft. Die Methode empfiehlt sich für gekochten/gedämpften Jasminreis und einige Gerichte (nicht alle!) mit Klebreis.

1 Den Reis nach der Absorptionsmethode in drei Viertel der normalen Zeit kochen. In ein Sieb abseihen.

2 Ein Metallsieb mit Musselin auskleiden, den Reis hineingeben und das Sieb auf einen Topf mit köchelndem Wasser setzen. Fest zugedeckt 5–10 Minuten dämpfen. Sind die Reiskörner in der Mitte immer noch leicht hart, etwas länger dämpfen.

Jasminreispudding

Für dieses köstliche Dessert für 4 Personen 150 Gramm Jasminreis in 475 Milliliter Wasser nach der Absorptionsmethode kochen, bis das Wasser aufgesogen und der Reis weich ist. Den fertigen Reis einige Minuten stehen lassen. 125 Milliliter Milch und extrafeinen Zucker nach Geschmack unterrühren. Zuletzt nach Belieben 60 Milliliter Kokoscreme untermischen. Heiß mit frischen Früchten servieren.

Klebreis garen

Klebreis sollte vor dem Garen mindestens 1 und maximal 4 Stunden eingeweicht werden. Für manche Gerichte wird eine noch längere Einweichzeit empfohlen. Anschließend abtropfen lassen und dämpfen. Im Gegensatz zu Jasminreis muss man Klebreis nicht vorkochen. Den eingeweichten Reis einfach in einem mit Musselin ausgelegten Metallsieb 10–15 Minuten dämpfen.

Klebreispudding

Klebreis, in Kokosmilch mit Zucker geköchelt, ergibt ein herrliches Dessert für 4 Personen.

1 In einer großen Schüssel 75 Gramm Klebreis mit kaltem Wasser bedecken und 3–4 Stunden einweichen. Gut abtropfen lassen und in einen Topf füllen.

2 300 Milliliter Milch oder Kokosmilch hinzugießen, aufkochen, die Hitze reduzieren. Zugedeckt 25–30 Minuten unter häufigem Rühren köcheln lassen.

3 Nach Geschmack Zucker, Kokoscreme und Gewürze untermischen. 5–10 Minuten ohne Deckel weiterkochen, bis der Reis die gewünschte Konsistenz hat. Dazu: exotische Früchte in Scheiben.

Reis aufbewahren

Fest verschlossene Päckchen Reis kann man kühl und trocken bis zu 3 Jahre aufbewahren. Alternativ eignen sich auch luftdichte Behälter. Reis darf jedoch nicht feucht werden, da er sonst verderben kann. Gegarter Reis lässt sich bis zu 24 Stunden aufheben: schnell abkühlen und zugedeckt in den Kühlschrank stellen. Im Tiefkühlfach hält er sich bis zu 3 Monate.

Nudeln und Teigblätter

NUDELN

An zweiter Stelle der Beliebtheitsskala thailändischer Zutaten stehen Nudeln, für die es eine Fülle von Zubereitungsarten gibt. Die Thais essen Nudeln zu jeder Tageszeit, auch zum Frühstück, und wer unterwegs einmal Hunger bekommt, erhält an einem der vielen mobilen Straßenstände einen schmackhaften Nudel-Snack. In Thailand sind Suppennudeln ganz besonders populär, Touristen bevorzugen dagegen *Pad Thai* (gebratene Nudeln).

In der thailändischen Küche werden vorrangig fünf verschiedene Nudelsorten verwendet: *sen ya, ba mee, sen mee, sen lek* und *wun sen*. Die meisten Sorten kann man in vielen Asia-Läden frisch kaufen, auf alle Fälle erhält man sie aber getrocknet. Es gibt zahlreiche verschiedene Formen, von ganz feinen, durchscheinenden Fadennudeln bis zu großen Teigblättern. Viele davon werden aus Reismehl hergestellt, was erneut die große Bedeutung von Reis in der Thai-Küche unterstreicht. Darüber hinaus gibt es auch Nudeln aus Weizenmehl oder gemahlenen Mungobohnen.

Leider variieren die Bezeichnungen der Nudeln oft stark, sodass die gleiche Nudelsorte je nach Hersteller und Landesregion unterschiedliche Namen haben kann. Nudeln ohne Ei werden oft als so genannte imitierte Nudeln ausgewiesen. Am besten verlässt man sich beim Kauf jedoch auf die Zutatenangaben.

Kleine Nudelkunde

Getrocknete wie frische Reisnudeln werden in heißem Wasser eingeweicht und dann in etwas Brühe mit Sojasauce bissfest gekocht. Die Gar- oder Einweichzeit variiert je nach ihrer Dicke und hängt auch davon ab, ob die Nudeln anschließend noch in Suppe oder Sauce gegart werden. Eingeweichte getrocknete Nudeln sind in der Regel in etwa 3 Minuten gar. Frische Nudeln brauchen dagegen nur knapp 1 Minute und müssen danach kalt abgeschreckt werden, um den Garprozess abrupt zu beenden.

Getrocknete Reis-Vermicelli werden nur eingeweicht, nicht gekocht.

Reisnudeln – *Kui teow*

Auf thailändischen Märkten bekommt man sowohl frische als auch getrocknete Reisnudeln in vielen verschiedenen Formen. Frisch sind sie leicht verderblich und müssen so bald wie möglich gegart werden.

Reis-Vermicelli – *Mee*

Diese feinen Fadennudeln bekommt man meist getrocknet und muss sie vor der Verwendung in kochend heißem Wasser einweichen. Getrocknet heißen die Nudeln *sen mee*.

Mitteldicke Reisnudeln – *Kui teow sen lek*

Die an Spaghetti erinnernden Nudeln werden meist getrocknet verkauft. Die Stadt Chanthaburi ist besonders berühmt für ihre *sen lek*, die auch mit dem Spitznamen der Stadt als *Jantoboon*-Nudeln bezeichnet werden.

Flache Reisnudeln – *Kui teow sen yai*

Diese Bandnudeln werden getrocknet, aber auch frisch angeboten, allerdings sind sie frisch beliebter. Die frischen Nudeln kleben recht leicht zusammen und werden vor dem Kochen getrennt.

Reisnudelnester – *Khanom jin*

Obwohl der thailändische Name dieser frischen dicken, runden Nudeln »chinesische Nudeln« bedeutet, handelt es sich um eine thailändische Spezialität aus Reismehl. Im Lackpavillon des Palastes von Suan Pakkad gibt es eine Wandtäfelung, die die Herstellung von *khanom chine* als Teil der Vorbereitungen für die letzte Mahlzeit des Buddha zeigt.

Khanom chine sind weiß und etwas dicker als Spaghetti. Auf den meisten Märkten in Thailand sind diese Nudelnester ein häufiger Anblick. Sie werden frisch gegart angeboten. Man kauft sie in großen Mengen und rechnet für eine Mahlzeit vier bis fünf Nester pro Person. Die billigeren Nester schmecken sogar noch besser als die teureren, sie sind nur nicht ganz so weiß. Die leicht verderblichen frischen Nudeln sollte man früh am Tag kaufen und zu Hause nochmals dämpfen.

Dazu passen *nam ya, nam prik, sow nam* und verschiedene Currys.

Die flachen Reisnudeln erinnern an italienische Tagliatelle.

Reisnudeln zubereiten

Reisnudeln muss man vor dem Servieren nur kurz in heißem Wasser einweichen. Dafür die Nudeln in einer großen Schüssel mit heißem Wasser bedecken und 5–10 Minuten stehen lassen, bis sie weich sind. Gelegentlich umrühren, um sie voneinander zu trennen. Bleiben die Nudeln zu lange im Wasser, werden sie schnell zu weich. Nach dem Einweichen haben sie meist das doppelte Gewicht: 115 Gramm getrocknete Nudeln wiegen dann zum Beispiel 225 Gramm.

Reisnudeln frittieren

Reis-Vermicelli blähen sich beim Frittieren auf und werden wunderbar knusprig. Die Nudeln einfach in einer großen Schüssel 15 Minuten in kochend heißem Wasser einweichen. Abgießen und auf Küchenpapier abtropfen lassen.

Etwa 1,25 Liter Öl in einer großen Pfanne mit hohem Rand oder in einem Wok auf 180 °C erhitzen. Das Öl ist heiß genug, wenn eine Nudel sich darin sofort aufbläht und zusammenrollt. Eine Hand voll getrocknete Nudeln ganz vorsichtig ins heiße Öl gleiten lassen. Sobald sie sich aufblähen (nach etwa 2 Sekunden), die Nudeln mit einem langstieligen Schaumlöffel wenden und weitere 2 Sekunden frittieren.

Thailändische Eiernudeln sind frisch und getrocknet erhältlich.

Teigblätter für Frühlingsrollen werden aus Weizenmehl und Wasser hergestellt.

Auf ein großes, mit Küchenpapier ausgelegtes Backblech heben und abkühlen lassen. Den Vorgang mit den übrigen Nudeln wiederholen. In einer versiegelten Plastiktüte bleiben die abgekühlten Nudeln etwa 2 Tage knusprig.

Eiernudeln – *Ba mee*

Dank des Eies im Teig haben diese Nudeln eine schöne gelbliche Farbe. Sie werden in Nestern verkauft, die vor dem Garen durch Schütteln aufgelockert werden. Es gibt flache und runde Eiernudeln sowie sehr feine Fadennudeln. Die flachen Nudeln werden gern für Suppen verwendet, die runden Sorten meist zum Frittieren. Luftdicht verpackt, lassen sich Eiernudeln auch gut einfrieren und werden vor der Verwendung ganz aufgetaut.

Eiernudeln kochen

Eiernudeln 4–5 Minuten (oder nach Herstellerangaben) in kochendem Wasser garen. Abgießen und servieren.

Glasnudeln – *Wun sen*

Diese dünnen, länglichen Nudeln werden aus gemahlenen Mungobohnen hergestellt. Sie haben die gleiche Form wie *mee,* sind allerdings weißlich durchscheinend. Man bekommt sie ausschließlich getrocknet.

Glasnudeln vorbereiten

Glasnudeln werden nie allein, sondern immer als Zutat in einem Gericht serviert. Sie werden 10–15 Minuten in heißem Wasser eingeweicht, abgegossen, in kleinere Stücke geschnitten und dem Gericht hinzugefügt.

TEIGBLÄTTER

Man verwendet sie in ganz Thailand für gefüllte Teigtaschen. Einige werden frisch verzehrt, andere frittiert. Sie sind im Asia-Laden manchmal frisch, oft tiefgefroren, aber immer getrocknet erhältlich.

Won-tans – *Bang giow*

Die dünnen gelben Teigblätter stammen aus China. Man bereitet sie aus Eiern und Weizenmehl, kann sie aber auch frisch oder gefroren kaufen. Frische *won-tans* halten sich etwa 5 Tage, wenn man sie doppelt eingewickelt im Kühlschrank aufbewahrt. Tiefgekühlte *won-tans* sollte man vor der Verwendung auftauen.

Reisblätter, Reispapier – *Bang trang*

Diese durchscheinenden, papierdünnen Blätter bestehen aus Reismehl, Wasser und Salz. Sie werden mit einer Maschine dünn ausgerollt und in der Sonne getrocknet. Im Handel erhält man Päckchen mit 50–100 Blättern. Aufbewahrung: kühl und trocken. Vor der Verwendung in Wasser tauchen, die Füllung einrollen und frisch oder frittiert servieren.

Teigblätter für Frühlingsrollen – *Bang hor*

Waffeldünn sind die Teigblätter für die klassischen chinesischen Frühlingsrollen. Die Quadrate gibt es von 8 bis 30 cm Größe, sie werden meist in Päckchen zu 20 Stück verkauft. Da die Blätter schnell austrocknen, sollte man sie gut verschlossen aufbewahren.

Gemüse

Auberginen – *Makhua ling*

Obwohl Auberginen wie Gemüse zubereitet werden, handelt es sich um Früchte, die wie Paprikaschoten und Tomaten zu den Nachtschattengewächsen zählen. Allerdings stammt die Aubergine im Gegensatz zu ihren amerikanischen Verwandten vermutlich aus Indien. Von dort fand sie schnell Verbreitung in China, Thailand und dem restlichen Südostasien. Die Ur-Aubergine glich in Form und Farbe einem Hühnerei, was ihr den englischen Namen »eggplant« (Eierfrucht) einbrachte.

Auberginen können oval, lang und schlank oder rund sein. Asiatische Sorten sind meist kleiner als europäische, Pea-Auberginen sogar kaum größer als Erbsen, während andere die Größe von Tennisbällen erreichen. Die Färbung variiert zwischen weiß, hellgrün, orange, violett und schwarz. In der Thai-Küche werden heute vier verschiedene Sorten verwendet.

Importierte Auberginen aus Thailand bekommt man in Asia-Läden. Beim Kauf sollte man feste, schwere Auberginen mit makelloser Schale bevorzugen. Solche Exemplare halten sich im Gemüsefach im Kühlschrank 3–4 Tage. Wer keine asiatischen Sorten bekommt, kann stattdessen die großen violetten Auberginen aus Südeuropa verwenden.

Thailändische Auberginen sind meist klein und rundlich geformt.

Lange Auberginen – *Makhua yaew*

Diese länglichen Auberginen ähneln in Aussehen und Geschmack den kleinen langen japanischen Auberginen. Allerdings ist die thailändische Varietät meist hellgrün, mitunter jedoch auch violett oder weiß. Man serviert sie gewöhnlich gegrillt oder in grünen Currys.

Runde Auberginen – *Makhua khun*

Die kleinen runden Auberginen sind hellgrün, gelb oder weiß. Man isst sie roh mit der beliebten Chilisauce *nam prik* oder gegart in Currys. Der Geschmack ist sehr schwach, aber die rohen Auberginen haben eine interessante Textur. Da sie sich beim Anschneiden schnell verfärben, legt man die vorbereiteten Früchte bis zum Garen in eine Schüssel mit Salzwasser.

Pea-Auberginen – *Makreu puang*

Diese erbsengroßen Beeren haben einen bitteren Geschmack und werden darum mit Vorliebe für würzige Currys oder als aromatische Zutat für *nam prik* verwendet. Botanisch handelt es sich allerdings nicht um Auberginen.

Behaarte Auberginen – *Maeuk*

Außerhalb Thailands sind diese orangefarbenen Auberginen mit den feinen Härchen kaum erhältlich. Die Härchen müssen gründlich abgekratzt werden, ehe man die säuerlichen Früchte als aromatische Zutat für *nam prik* zerreibt. Als Ersatz eignet sich jede säuerliche Frucht.

Bambussprossen bekommt man mitunter frisch, meist jedoch geschnitten in Dosen.

Die winzigen Pea-Auberginen sind leuchtend grün und wachsen in Trauben.

Auberginen zubereiten

Auberginen werden gewaschen, vom Stielansatz befreit und in Scheiben, Streifen oder Stücke geschnitten. Schälen muss man sie im Grunde nicht, denn die Schale ist weich und sorgt für Farbe, Biss und Geschmack. Für einige Gerichte sollten die Auberginenscheiben 30 Minuten vor dem Garen gesalzen werden, damit sie Wasser ziehen. Bei jungen, zarten Früchten ist das allerdings nicht nötig.

Damit Auberginen beim Braten nicht zu viel Öl aufsaugen, werden die Scheiben 4–5 Minuten ohne Öl geröstet, ehe man das Öl hinzugießt. So bleiben sie schön saftig.

Bambussprossen – *Nor mai pai tong*

Die gelblichen Sprossen einiger Bambusarten werden gewürfelt, gehackt, in Streifen oder im Ganzen als Konserve im Handel angeboten. Auf einigen Märkten bekommt man sie auch in größerer Menge, meist aus großen, mit Wasser gefüllten Plastikeimern. Frische Bambussprossen sind außerhalb Asiens kaum erhältlich. Nicht sachgerecht vorgekocht, können sie sogar giftig sein. Sprossen aus der Dose abgießen und gut abspülen.

Bohnen – *Thua*

Spargelbohnen – *Thua fak yao*

Diese auch als Strumpfband- oder Spaghetti-Bohnen bekannten grünen Stangenbohnen können bis zu 90 cm, meist jedoch um die 40 cm lang werden. Die beiden häufigsten Sorten sind hell- und dunkelgrün, wobei die dunkelgrünen Bohnen einen noch besseren Geschmack mitbringen. Beim Kauf sollte man die dünneren Exemplare mit kleinen Samen bevorzugen. Diese jungen Bohnen sind besonders zart und leicht süßlich – süßer und kerniger als unsere Gartenbohnen. Da sie keine Fäden haben, muss man nur die Enden entfernen und die Bohnen in kleinere Stücke schneiden. Ältere Bohnen können recht hart sein. Spargelbohnen sollte man nach dem Kauf innerhalb von 3 Tagen verwenden, ehe sie sich gelb verfärben.

Spargelbohnen schmecken ähnlich wie Buschbohnen, sind aber wesentlich länger.

Flügelbohnen – *Thua phuu*

Ihren Namen verdanken Flügelbohnen (auch Goabohnen genannt) den gewellten Flügeln an den vier Seiten ihrer langen, im Querschnitt quadratischen Hülsen. Die jungen Hülsen sind knackig und grün, werden beim Reifen aber härter und gelblich grün. In der Regel isst man nur die jungen Bohnen. Man kann sie blanchieren und mit Kokosmilch servieren, in Öl braten und mit *nam prik* reichen oder in dünne Scheiben schneiden und als Zutat für *tod man, keing phed* und pikante Salate verwenden. Die jungen Hülsen und Blüten werden gebraten oder in säuerlich-würzige Suppen gegeben. Die Wurzelknollen sind ebenfalls essbar. In Zucker eingelegt, isst man sie als Süßigkeit. Als Ersatz kann man grüne Buschbohnen oder grünen Spargel verwenden.

Petehbohnen – *Parkia* oder *sa-taw*

Bei diesen Bohnen handelt es sich um die Samen eines großen Baumes aus Südthailand. Sie haben etwa die Größe von Dicken Bohnen und sitzen in leuchtend grünen, flachen, gewellten Hülsen. Die Bohnen haben einen eigenartigen Duft und nussigen Geschmack, was regionalen Gerichten ihr typisches Aroma verleiht. Meist werden sie als Gemüse zubereitet, schmecken aber auch gut in süßsauren Gerichten. Mitunter isst man sie geröstet mit *nam prik* oder eingelegt als Pickles.

Bohnensprossen – *Thua ngok*

Viele Bohnensamen kann man keimen lassen, doch die beliebtesten Sprossen der Thai-Küche sind die kleinen »grünen« Mungobohnensprossen und die größeren »gelben« Sojabohnensprossen. Die Sprossen der Sojabohnen schmecken intensiver als die der Mungobohnen, doch beide Arten sind sehr delikat und angenehm knackig (und in den Rezepten beliebig austauschbar).

Frische Bohnensprossen erhält man in vielen Supermärkten, Bio- und Asia-Läden. Man kann sie aber auch zu Hause keimen lassen. Wenig empfehlenswert: schwammige, geschmacksarme Sprossen aus der Dose.

In der Thai-Küche sind Mungo- und Sojabohnensprossen sehr beliebt.

Bohnensprossen zubereiten

Frische Bohnensprossen in kaltem Wasser abspülen, um Hülsen und kleine Wurzeln zu entfernen. Die Sprossen schmecken roh, blanchiert oder kurz pfannengerührt. Nicht zu lange garen, da sie sonst weich und faserig werden und alles Knackige verlieren.

Mungobohnen(sprossen)

Die winzigen Mungobohnen sind meist grün gefärbt, aber es gibt auch einige gelbe und schwarze Sorten. Man kann sie in Bio-, Asia-Läden und Supermärkten kaufen. Sie sind gute Protein- und Vitaminlieferanten und werden sowohl für pikante Gerichte als auch für Desserts verwendet. Vor dem Garen weicht man die getrockneten Bohnenkerne in Wasser ein. Zum Keimen 1/4 Tasse Mungobohnen über Nacht in Wasser einweichen. Die Bohnen am nächsten Tag abgießen und nebeneinander auf einem mit einem feuchten Musselintuch ausgelegten Backblech verteilen. An einem dunklen, warmen Ort (etwa im ausgeschalteten Backofen) bei gleichmäßiger Temperatur (13–21 °C) keimen lassen. Die Bohnen sollten feucht, aber nicht nass sein. Nach etwa 5 Tagen sind die Mungobohnensprossen 5 cm lang und können verzehrt werden.

Die zarten, süßen Baby-Maiskolben eignen sich ideal für Wokgerichte.

Baby-Maiskolben – *Khaao phot on*

Mais ist in Thailand sehr beliebt, und Straßenverkäufer bieten oft gebackene Maiskolben an. Für pfannengerührte Gerichte und Suppen bevorzugen die Thais die knackigen Baby-Maiskolben. Man bekommt sie frisch und in Dosen. Frische Maiskolben sollte man bald nach dem Kauf verzehren, im Gemüsefach im Kühlschrank halten sie sich aber bis zu 1 Woche.

Vorbereiten und garen

Maiskolben aus der Dose unter fließendem kaltem Wasser abspülen und gut abtropfen lassen. Größere Exemplare längs halbieren oder diagonal in Stücke schneiden. Nicht zu lange garen, da die Maiskolben sonst die knackige Konsistenz verlieren. Frische Maiskolben 1 Minute in leicht gesalzenem Wasser blanchieren, abgießen und pfannenrühren.

Pak-Choi – *Hua ka-lum pee*

Pak-Choi ist die beliebteste Kohlart der Thai-Küche. Das bei uns auch als Chinesischer Senfkohl bekannte Gemüse hat grünlich weiße Stiele und Blattadern sowie intensiv dunkelgrüne Blätter. In China ist auch eine Form mit hellgrünen Stielen und Blättern bekannt. Pak-Choi bildet keine geschlossenen Köpfe.

In Thailand isst man Kohl gern roh mit einem Chili-Dip, aber auch als Pfannengericht und in Suppen. Pak-Choi wird meist in dünne Scheiben oder Quadrate geschnitten und schmeckt kurz gegart am besten.

Pak-Choi hat knackige Blätter und einen herrlich pfeffrigen Geschmack.

Chinakohl – *Phak kaet khaao-plee*

China- oder auch Japankohl hat zarte grünlich gelbe bis weiße Blätter, einen mild-süßen Geschmack und eine knackige Textur. Man bekommt ihn in den meisten Supermärkten, und seine dicke, zylindrische Form mit den locker geschlossenen Köpfen ist unverwechselbar. Beim Kauf sollte man schwere, feste Köpfe wählen. Zur Vorbereitung werden die äußeren beschädigten Blätter entfernt und das Wurzelende gekappt. Etwaige schwarze Pünktchen auf den Blättern sind völlig harmlos. Chinakohl ist lange haltbar und kann im Gemüsefach des Kühlschranks mehrere Wochen aufbewahrt werden. Man verwendet ihn für pfannengerührte Gerichte, Salate und Suppen.

Choisum (Blütenkohl) – *Phak kwaang tung*

Der chinesische Name für diese Kohlart lautet *choi sum*. Auch bei uns bekommt man ihn unter diesem Namen auf Wochenmärkten und in Asia-Läden. Die Stängel, Blätter und gelben Blüten sind essbar und haben einen delikaten Geschmack. Meist wird der Kohl in kurze Stücke geschnitten und für Suppen, Nudel- und Wokgerichte verwendet.

Chinakohl hat einen delikaten, sehr milden Geschmack.

Chinesischer Stangensellerie – *Kean ghai*

Diese Sellerieart erinnert an unseren Staudensellerie. Die Stangen sind jedoch dünner und weniger fest verbunden, dafür ist der Geschmack intensiver. Beim Kauf sollte man auf dicke, breite Stangen achten, denn diese sind am zartesten. Sie werden feiner gehackt als unser Sellerie, da sie meist Fäden haben, und wegen des intensiven Geschmacks sparsam verwendet. Die Blätter gibt man gern in Suppen.

Luffa – *Buap liam*

Das als Chinesische Okra bekannte dunkelgrüne Gemüse erinnert an lange, dünne Zucchini, wegen der ausgeprägten Längsrippen aber auch an große Okraschoten. Die glatte Luffa (= Schwammgurke) ist heller, größer und zylindrisch geformt, mit einem dickeren Stielansatz. Beide Arten schmecken mild, ähnlich wie Gurke, die man in den meisten Gerichten auch als Ersatz für Luffa verwenden kann.

Junge gerippte Luffa schmeckt fein aromatisch und süßlich.

Luffa werden jung verzehrt, solange sie noch einen süßlichen Geschmack haben. Mit der Reife werden sie unangenehm bitter. Man verwendet das Gemüse für pfannengerührte Gerichte und Suppen und reicht es häufig auch gekocht mit *nam prik*. Luffa harmoniert gut mit milden Zutaten, die ihren zarten Geschmack nicht überdecken, etwa Huhn, Fisch und Schaltieren. Sie wird auch in zahlreichen Gemüsegerichten verarbeitet. Junge Exemplare muss man nur waschen und in Scheiben schneiden. Mitunter werden die Längsrippen älterer Luffa hart und müssen weggeschnitten werden. Die Schale dazwischen entfernt man jedoch nicht, sodass grün-weiße Streifen entstehen. Eine besonders harte Schale wird allerdings abgeschält. Luffa isst man stets gegart, doch darf man sie nicht zerkochen.

Die Bittergurke ist in der Thai-Küche sehr beliebt.

Bittergurke – *Mara*

Die Bittergurke oder auch Balsambirne sieht wie eine warzige Gurke mit etwa zehn Längsrippen aus. Vor der Reife besitzt sie eine hellgrüne Färbung; in diesem Stadium wird ihr Fleisch ganz besonders geschätzt. In Thailand glaubt man, dass das Fruchtfleisch vor allem für Nieren und Blut heilsam sei.

Beim Kauf sollte man kleine, feste, noch grüne Exemplare bevorzugen. Diese werden nicht geschält, sondern nur vorsichtig, jedoch gründlich gewaschen, längs halbiert und von der watteartigen Mitte mit den Samen befreit. Das Fruchtfleisch kann man in Scheiben oder Stücke schneiden. Sehr bitteres Fruchtfleisch in Schichten in ein Sieb legen, salzen und 30 Minuten stehen lassen. Gründlich abspülen, mit Küchenpapier trockentupfen und in Suppen oder Currys geben. Als Alternative die Stücke vor der Verwendung in leicht gesalzenem, kochendem Wasser 2 Minuten blanchieren.

Wachskürbis – *Taeng*

Dieses Kürbisgewächs kann verschiedene Formen haben, von kurzen, plumpen Exemplaren bis zu langen, gurkenähnlichen Sorten. Am verbreitetsten ist die zylindrische Form. Unter der dunkelgrünen Schale mit der typischen weißen Wachsschicht verbirgt sich das feste weiße und saftige Fruchtfleisch. Ebenso wie eine Gurke hat diese Kürbisart weiße Samen, die mit der Reife braun werden. Für die Zubereitung werden Wachsgurken geschält und in 2,5 cm große Würfel geschnitten. Diese kann man kochen und mit *nam prik* verzehren oder in Suppen wie *kaeng liang* geben, die mit Schweineknochen gekocht wird.

Daikon-Rettich wird in Thailand meist gegart und nicht, wie in Japan, roh serviert.

Gegarte Wachsgurken behalten ihre Form, bekommen jedoch eine weichere Konsistenz, vergleichbar mit eingeweichtem Brot. Der Geschmack ist eher mild.

Daikon-Rettich – *Hua phak kaak*

In Thailand ist diese Rettichart äußerst beliebt, denn sie soll die Verdauung fördern, den Körper kühlen und den Kreislauf stärken. Der weiße Daikon-Rettich hat eine längliche Form und erinnert an lange, schlanke Pastinaken. Er kann bis zu 40 cm lang werden, doch häufig ist die thailändische Sorte deutlich kürzer. Große Exemplare sind mitunter faserig und darum nicht empfehlenswert. Roher Daikon hat einen kühl-scharfen, pfeffrigen Geschmack und knackiges Fleisch. Thailänder essen ihn selten roh, allerdings wird das geriebene Fleisch manchmal als Zartmacher für Fisch und Meeresfrüchte verwendet. Beim Garen bewahrt der Rettich seine typische Textur, bekommt jedoch einen recht süßen Geschmack, der ein wenig an Speiserüben erinnert, die ersatzweise verwendet werden können.

Für Suppen oder Eintöpfe wird Daikon-Rettich geschält und in dünne Scheiben oder Stifte geschnitten. Man kann den geschälten Daikon aber auch in eine Schüssel raspeln, leicht salzen, kurz vermischen und 2–3 Minuten stehen lassen. Anschließend in ein Sieb geben, unter fließendem kaltem Wasser abspülen, mit den Händen ausdrücken und nach Rezept verwenden.

Lotoswurzel – *Rak bua*

Lotoswurzeln wachsen in Zwischenknotenstücken (jedes 18–23 cm lang), die an große Wurststränge erinnern. Korrekt sind es keine Wurzeln, sondern Rhizome. Nach dem Abwaschen der Erdschicht zeigt sich eine blasse beigerosa Schale. Beim Kauf frischer Lotoswurzeln sollte man kleine, schwere Exemplare wählen, denn sie sind schön saftig. Das knackige Fleisch hat ein schwaches Aroma, schmeckt jedoch angenehm süß. Man erhält Lotoswurzeln auch in Dosen oder tiefgefroren, aber am knackigsten sind sie frisch.

Vor dem Garen müssen Lotoswurzeln geschält und in dünne Scheiben geschnitten werden. Dank der Röhren, die das Gemüse durchziehen, haben die Scheiben ein dekoratives Lochmuster. Zudem tritt beim Aufschneiden ein klebriger Saft aus. Damit die vorbereitete Lotoswurzel sich nicht verfärbt, legt man sie sofort in kaltes Wasser mit ein wenig Zitronensaft. Für Salate und Wokgerichte muss die Lotoswurzel zuvor kurz blanchiert werden, in Suppen und Eintöpfen verwendet man sie dagegen roh. Beim Kochen wird die Garflüssigkeit süß und hellrosa. Dünne Scheiben kann man außerdem wie Chips knusprig frittieren. Vor dem Frittieren jedoch gründlich trockentupfen!

Frische Lotoswurzeln haben eine beigerosa Schale und ähneln großen Wurststrängen.

Wasserkastanien – *Haew*

Die knackige Textur und der süß-nussartige Geschmack frischer Wasserkastanien sind einmalig. Es handelt sich dabei um die weißen Sprossknollen eines Riedgrasgewächses, die in einer dunkelbraunen Schale sitzen. Vor der Verwendung wird diese abgeschält. In der Thai-Küche verwendet man Wasserkastanien für Salate, Wokgerichte und sogar Desserts. Neben ihrem delikaten Geschmack schätzt man besonders die knackige Konsistenz, die sie auch beim Garen nicht verlieren.

Frische Wasserkastanien müssen sich bei Druck fest anfühlen. Eingelegt in Dosen bekommt man sie in Asia-Läden und vielen Supermärkten.

Trotz des Namens ist die Yamsbohne weder mit der Yam verwandt noch eine Bohnenart.

Wasserkastanien bekommt man als frische dunkelbraune Knollen und in Dosen.

Yamsbohne – *Mun kaew*

In ihrer amerikanischen Heimat heißt die Yamsbohne *jicama*. Sie ist weder mit der Yam verwandt noch eine Bohnenart. Das Gemüse sieht vielmehr wie eine große braune Rübe aus.

Das knackige, süße Fleisch schmeckt wie eine Mischung aus Apfel und Kartoffel. Man isst es am besten roh mit einem würzigen Dip, aber es findet auch in pfannengerührten Gerichten und Desserts Verwendung.

Beim Kauf sollte man schwere Exemplare mit makelloser, glatter Schale wählen. Die äußere Schale wird abgeschält und die faserige Schicht darunter weggeschnitten, bis man an das durchscheinende weiße Fleisch gelangt. So kann man die Yamsbohne im Plastikbeutel bis zu 1 Woche im Kühlschrank aufbewahren. Für Salate und Wokgerichte in dünne Stifte schneiden.

Taro – *Puak*

Diese Wurzelknolle wächst wild an den Ufern der thailändischen Flüsse und ist vor allem im Norden des Landes sehr beliebt. Taroknollen sind reich an Stärke und werden genauso wie Kartoffeln gekocht und verzehrt. Essbar sind auch die jungen Blätter. Beim Schälen Gummihandschuhe tragen.

Taro ist eine Wurzelknolle mit harter Schale.

Zwiebeln – *Hua hom*

Zwiebeln sind in der thailändischen Küche nicht ganz so beliebt wie Schalotten. Im Handel bekommt man vor allem relativ kleine Exemplare. Sie sind gelb, recht scharf mit einem süß-pfeffrigen Geschmack. Viele Thai-Gerichte werden mit Röstzwiebeln garniert, die man als Fertigprodukt in thailändischen Lebensmittelgeschäften erhält.

Frühlingszwiebeln – *Ton hom*

Frühlingszwiebeln werden in der Küche Thailands für pfannengerührte Gerichte und Suppen verwendet. Zum Garnieren werden sie in Scheiben geschnitten oder in zusammenhängende Streifen, die sich in Eiswasser zu Blüten öffnen.

Schalotten – *Hom dang*

Thailändische Schalotten sind kleiner und wesentlich schärfer als die im Westen bekannten Sorten. Sie haben eine rosaviolette Färbung und dienen vorrangig als würzige Zutat für Relishes, Suppen, Eintöpfe und Currys. In Ringe geschnitten, werden sie zum Garnieren gern frittiert. Schalotten sind süßer, milder und weniger saftig als Zwiebeln. Mit anderen aromatischen Zutaten wie frischen Chilis, Knoblauch und getrockneten Garnelen verarbeitet man sie zu den berühmten thailändischen Würzpasten.

Knusprige Schalottenringe

Schalotten muss man unbedingt langsam frittieren, da sie sonst nicht gleichmäßig garen. Sobald das Öl zu spritzen beginnt, die Hitze reduzieren und einige Prisen Meersalz hinzugeben.

1 10–15 thailändische Schalotten schälen, in ganz dünne Scheiben schneiden und in Ringe zerteilen.

2 In einem Frittiertopf 475 Milliliter Öl bei mittlerer Temperatur auf 170 bis 180 °C erhitzen, es darf jedoch nicht rauchen. Die Schalottenringe hineingeben und in 15–20 Minuten langsam goldbraun frittieren und dabei ständig rühren.

3 Vom Herd nehmen, leicht abkühlen lassen und das Öl in eine große Metallschüssel abseihen. Ein Backblech mit Küchenpapier auslegen, die Schalottenringe darauf ausbreiten und vollständig auskühlen lassen. Die kalten Ringe in ein sterilisiertes Schraubglas füllen und bei Raumtemperatur aufbewahren. Die Schalotten bleiben so bis zu 1 Monat haltbar. Das aromatisierte Öl für pfannengerührte Gerichte aufheben.

Thailändische Schalotten sind klein, rosaviolett, relativ scharf und weniger saftig als Zwiebeln.

Frühlingszwiebeln werden sowohl roh als auch gegart verzehrt.

Wasserspinat erinnert geschmacklich an unseren Spinat und ist in ganz Thailand sehr beliebt.

China-Lauch, Schnittknoblauch – *Kui chai*

Dieses scharf-aromatische Kraut erinnert eher an lange Frühlingszwiebeln als an unseren Lauch beziehungsweise Schnittlauch. Die Blätter schmecken pfeffrig und sind knackig, und man verzehrt sie roh wie gegart. Textur und Geschmack werden gleichermaßen geschätzt. Als Ersatz eignen sich Frühlingszwiebeln, doch haben sie nicht den gleichen typischen Knoblauchgeschmack.

Wasserspinat – *Pakk boog*

Der auch als Morning Glory bekannte Wasserspinat ist ein aromatisches Küchenkraut. Er wächst im nassen Boden in der Nähe von Flüssen und Kanälen. Eine »Landform« findet sich auch in europäischen Gärten. An den schlanken, hohlen grünen Stängeln sitzen ovale, dünne Blätter, die spitz zulaufen. In einigen Gebieten Asiens werden die Stängel eingelegt, in Thailand verwendet man dagegen nur die Blätter und die zarten Triebe. Der Geschmack ähnelt dem von Spinat. Die Triebe werden auch gern roh gegessen, sowohl mit als auch ohne weitere rohe Gemüsesorten. Dazu reicht man eine Auswahl scharfer Saucen. Beim Garen bleiben die Triebe fest, die Blätter fallen jedoch zusammen. Wasserspinat welkt schnell und muss sofort verwendet werden.

Pilze

In der thailändischen Küche verwendet man viele verschiedene frische und getrocknete Pilze *(hed)*. Neben den Zuchtpilzen werden in der Regenzeit auch viele Wildpilze gesammelt, vor allem im Norden Thailands. Dazu zählen etwa Steinpilze, Pfifferlinge und Täublinge, die man in Salate, Suppen und Saucen gibt.

Strohpilz – *Hed fang*

Ihren Namen verdanken die delikat süßlichen Pilze, deren Form an kleine Helme erinnert, der Zuchtmethode auf einem Bett aus (Reis-)Stroh. Sie sind die beliebtesten Pilze der thailändischen Küche. Man gibt sie gern in großer Menge in Suppen, Salate und Currys. Besonders gut harmonieren Strohpilze außerdem mit Garnelen- und Krabbenfleisch. In Dosen sind sie in vielen Asia-Läden und Supermärkten erhältlich. Leider haben diese weder den hervorragenden Geschmack noch die Textur der frischen Pilze, doch sie sind ein akzeptabler Ersatz. Frische Strohpilze verderben schnell und werden bei uns darum selten angeboten. Wer sie dennoch bekommt, sollte sie möglichst bald verwenden.

Rechts: Shiitake sind frisch und getrocknet, wie sie in Thailand wegen des intensiveren Aromas bevorzugt werden, im Handel zu finden.

Unten: Aus der Dose sind Strohpilze weniger aromatisch. Doch da man sie bei uns kaum frisch erhält, eignen sie sich durchaus als Ersatz.

Shiitake – *Hed hom*

Thailändische Köche ziehen die getrockneten den frischen Shiitake vor, da sie einen intensiveren Geschmack und mehr Biss haben. In Supermärkten und Asia-Läden sind sie getrocknet wie frisch erhältlich. Getrocknete Shiitake muss man vor der Verwendung einweichen. Die Stiele werden entfernt und weggeworfen, die Hüte in Scheiben geschnitten oder gehackt in Suppen oder Eintöpfe gegeben. Das abgeseihte aromatische Einweichwasser eignet sich für Suppen oder klare Brühen. Luftdicht verpackt, sind getrocknete Shiitake an einem kühlen, trockenen Ort lange haltbar. Übrigens: Shiitake ist der gebräuchliche japanische Name des geschätzten Speisepilzes, »take« heißt Pilz.

Getrocknete Holz- oder Wolkenohren – *Hed hunu heang*

Die getrockneten Holzohrpilze haben große Ähnlichkeit mit trockenem Laub. Weicht man sie in kochend heißem Wasser ein, gehen die Pilze auf, werden weich und glänzend schwarz. Die eingeweichten Pilze dehnen sich auf das sechs- bis achtfache Volumen aus, darum sollte man reichlich Wasser bemessen. Nach dem Einweichen lässt man die Pilze abkühlen und entfernt die harten Stiele. Nochmals abspülen, abgießen und etwaige Wurzeln und Sandreste entfernen. Holzohrpilze werden im Ganzen gegart oder in dünne Scheiben geschnitten und für Suppen und Wokgerichte verwendet. Die Textur ist knackig und fest. Die Pilze besitzen ein typisches holzartiges Aroma, nehmen aber auch andere kräftige Aromen auf. Man bekommt sie in Bio- und Asia-Läden.

Getrocknete Holzohren schätzt man wegen der knackigen Textur. Sie harmonieren gut mit aromatischen Zutaten.

Getrocknete Pilze verwenden

Getrocknete Pilze je nach Sorte und Größe 20–30 Minuten in kochend heißem Wasser einweichen. Abgießen, gut abspülen und von Sand und Schmutz befreien. Anschließend pfannenrühren, schmoren, dämpfen oder in Suppen geben. Die Garzeit von getrockneten Pilzen ist meist etwas länger als die frischer Exemplare.

Eingelegtes und eingesalzenes Gemüse

Thailändische Pickles werden meist als kleine Beilage serviert. Bei uns bekommt man sie in Asia-Läden.

Eingelegter Knoblauch – *Kratiem dorng*

In Thailand werden geschälte Knoblauchknollen im Ganzen in Essig eingelegt. Auf diese Weise entfalten sie ein besonders reiches Aroma: süß, sauer, salzig und scharf. Süß oder sauer eingelegter Knoblauch ist in Gläsern oder Dosen erhältlich. Er eignet sich als Beilage oder zum Würzen von Fleisch, Nudelgerichten und Saucen. Wird die Knolle horizontal durch alle Zehen hindurch in Scheiben geschnitten, sehen diese wie dekorative Blüten aus. Den Sud gibt man außerdem gern an Suppen oder Dressings. Im Kühlschrank hält sich der Knoblauch mehrere Monate.

Eingelegter Ingwer – *King dorng*

Eingelegter Ingwer ist dank des süßen Geschmacks und der knackigen Konsistenz eine raffinierte Würzzutat für thailändische Gerichte. Zarter junger Ingwer wird in sehr dünnen Scheiben oder Stücken, oft sogar noch kunstvoll zurechtgeschnitten, eingeweicht und dann mit Meersalz und frisch gepresstem Limettensaft vermischt. Dabei bekommt der weißliche Ingwer eine wunderschöne rosa Farbe. Anschließend legt man ihn in eine Zucker-Essig-Mischung ein und füllt ihn in Gläser. Es gibt zwei Sorten: der beste ist zartrosa, der andere leuchtend rot.

Eingelegte Mango ist wunderbar knackig und schmeckt süßsalzig.

Bambussprossen in Salzlake haben einen säuerlich-salzigen Geschmack und eine knackige, aber weiche Textur.

Eingelegter Kohl – *Phak gad dorng*

Gehackter Weißkohl wird für mindestens 3 Tage in eine Mischung aus Essig, Salz und Zucker eingelegt. Man serviert ihn als Beilage oder verwendet ihn als salzig-säuerliche Würzzutat.

Eingesalzener Kohl – *Phak gad khem*

Diese pikante Spezialität wird zum Würzen chinesisch-thailändischer Gerichte verwendet und lässt sich aus verschiedenen Kohlarten zubereiten. Der Kohl wird dünn gehobelt und mit Salz und Knoblauch vermischt. Besonders beliebt ist *Tang Chai*, der aus dem chinesischen Distrikt Tianjin stammt. Der Kohl wurde ursprünglich in bauchige runde Tontöpfe gefüllt, doch inzwischen wird thailändischer Salzkohl in durchsichtigen Kunststoffgläsern verpackt. Er bleibt lange haltbar und verleiht Suppen, Nudeln oder Eiergerichten Geschmack und Biss.

Eingelegte Bambussprossen – *Nor mai dorng*

In Thailand sind Bambussprossen nur in der Regenzeit (Mai bis Oktober) frisch erhältlich. Während der Trockenperiode verwendet man eingelegte Sprossen. Geöffnete Gläser halten im Kühlschrank bis zu 1 Monat. Vor der Verwendung die Bambussprossen mehrmals in frischem kaltem Wasser waschen und gründlich abtropfen lassen.

Eingesalzener Daikon – *Ho chai pok*

Er mutet wie lange gelbliche Gummiröhren an. In Streifen geschnitten, ist er eine raffinierte Zutat für Suppen und Nudelgerichte. Es gibt zwei Sorten: sehr salzig und leicht süßlich. Damit er nicht so salzig schmeckt, den Daikon vor der Verwendung waschen. In der Verpackung im Kühlschrank aufbewahren.

Salzpflaumen – *Giem bouy*

Die getrockneten, schrumpeligen Pflaumen sind etwa so groß wie Oliven. Sie sind gräulich braun und von einer feinen Salzschicht bedeckt. Verkauft werden sie in durchsichtigen Kunststoffbehältern oder Klarsichtfolie. Man würzt damit gedämpften Fisch und andere thailändische Gerichte. Pflaumen und Saft ergeben auch einen süßsauren Dip.

Eingelegte Mango – *Ma muang dorng*

Mangos kann man geschält oder ungeschält für einige Tage in Salzwasser einlegen, bis sie sich verfärben. Sie sind praktisch unbegrenzt haltbar. Diese so genannten Mango-Pickles sind nicht nur eine Würzzutat, sondern werden auch vor einer Mahlzeit als appetitanregender Snack gereicht. Eingesalzene sonnengetrocknete Mangoscheiben *(ma muang khem)* sollen gegen Übelkeit helfen.

Salzpflaumen, die zum Würzen verwendet werden, findet man in Asia-Läden in der Abteilung für Süßwaren.

Früchte

Banane – *Kluai*

Die in Thailand heimischen Bananen werden hier seit Tausenden von Jahren kultiviert. Die Bananenpflanze ist eine Staude, deren Fruchtstände aus der Mitte des fächerartigen Blattschopfes nach oben wachsen. Die Blätter lassen sich gut als »Teller« verwenden oder auch zu Behältern für Lebensmittel falten. Aus dem »Strunk« kann man ein schmackhaftes Curry bereiten, die gegarten Blütenknospen schmecken wie Artischocken. Es verwundert also kaum, dass man für die Geister einige Fruchtstände an den Stauden belässt oder für religiöse Zeremonien verwendet.

Die winzigen Baby-Bananen sind oft nicht länger als 7,5 cm. Man schätzt sie wegen ihres süßen Fleischs.

Wenn die kleinen Apfelbananen sehr reif sind, schmecken sie leicht nach frischem Apfel.

In Thailand wachsen über dreißig verschiedene Bananensorten, von den kleinen Baby-Bananen bis zu den großen, leuchtend gelben 'Cavendish Gros Michael'. Die Farbe reicht von blassem Creme bis Rot, die Form variiert von schlanken Fingern bis zu den dicken, gebogenen Exemplaren. Das Aroma ist mild bis süß und duftend.

Obstbananen kann man einfach so verzehren. Das zerdrückte Fleisch ist leicht verdaulich und für Babys und ältere Menschen besonders bekömmlich. Bananen werden aber auch in der Schale auf einem Rost gebraten, gebacken oder zu süßen Spezialitäten verarbeitet. Die Thailänder bereiten daraus köstliche Desserts, etwa in Kokosmilch gegarte Bananen *(kluat buat chi)*, und eine echte Delikatesse aus reifen Bananen in einem Mantel aus Klebreis und Mehl *(kluithod)*.

Kochbananen haben festes, roséfarbenes Fleisch und müssen vor dem Verzehr gegart werden. In Thailand gibt man sie in Currys und stellt daraus einen beliebten Snack her: geschälte, in einem Kokosmilch-Reismehl-Teig getauchte und anschließend frittierte Bananen.

Bananenblüten – *Hua plee*

Hierbei handelt es sich um die zarten Herzen der noch geschlossenen Bananenblüten, die von den rotvioletten Blütenblättern befreit wurden. Man erhält sie frisch auf einigen asiatischen Märkten, aber auch in Dosen oder getrocknet. Angeschnittene frische Knospen verfärben sich schnell und sollten darum mit Zitronensaft bestrichen werden. In Nordthailand gibt man sie in eine schmackhafte

Im Herzen der Bananenblüte sitzt die zarte Bananenknospe.

Bananenblätter

Die großen, biegsamen grünen Blätter der Bananenstaude verwendet man in der Küche Thailands sehr gern, um Speisen zum Dämpfen, Schmoren oder Grillen einzuwickeln. Während des Garens geben die Blätter einen mild-rauchigen Geschmack an die Speisen ab und mitunter verleihen sie ihnen sogar eine zartgrüne Farbe. Zudem dienen die Blätter zur Präsentation – als Sets, zum Auslegen von Schüsseln und Platten sowie für attraktive Verpackungen, die mit Bambusspießen fixiert werden.

Bananenblätter werden nicht gegessen, sind aber in der Küche sehr nützlich.

Kürbissuppe. Dank ihres feinen Artischockenaromas verwendet man sie auch gern in Salaten.

Papaya – *Malako*

Die Papaya stammt zwar aus Südamerika, hat jedoch längst Eingang in die Thai-Küche gefunden. Die beiden häufigsten Sorten sind *khak nuan*, eine plumpe, zylindrische Papaya mit gelber Schale und süßem orangefarbenem Fleisch, sowie *wuak dam*, auch zylindrisch, aber spitz zulaufend. Ihre Schale und das süße Fleisch sind rötlich.

Reife Papayas serviert man oft nur mit Limettensaft beträufelt. Unreife Früchte werden wie Gemüse zubereitet und entweder gekocht, roh in Salate gegeben oder zu Relish verarbeitet.

Beim Kauf sollte man reife Früchte mit gleichmäßig orangefarbener Schale wählen oder noch feste grüne Exemplare, falls sie länger gelagert werden. Die Früchte reifen an einem dunklen Ort weiter. Beschädigte oder runzelige Früchte sollte man meiden. Reife Papayas halten sich etwa 1 Woche im Kühlschrank.

Zum Vorbereiten die Früchte einfach halbieren und die Samen entfernen.

Papayas werden in ganz Thailand für süße und pikante Gerichte verwendet.

Mango – *Ma muang*

In Thailand gibt es verschiedene Mangosorten. Einige werden als Dessertfrucht gezogen, andere isst oder gart man, solange sie noch grün sind. *Okrong* ist eine sehr kleine Dessertfrucht mit blassgelber Schale, die man problemlos mit der Hand umfassen kann. Das Fleisch ist zwar etwas faserig, doch ihr sehr süßes, duftendes Aroma macht sie zu einem idealen Begleiter von Kokosreis. Eine andere beliebte Sorte ist *nam dawg mai* (»Blütennektar«), eine herrlich duftende, saftige Mango. Sie hat eine glatte, dünne Schale, zartes, faserfreies Fleisch und einen dünnen Stein. Mit Vorliebe grün verzehrt wird die Sorte *ma-muang mun*. Anders als die sehr sauren, noch unreifen grünen Mangos, die man in Saucen und Salate gibt, schmeckt sie nussartig.

Reife Mangos geben auf Druck nach. Im Gemüsefach des Kühlschranks bleiben sie einige Tage frisch.

Guaven besitzen einen süßlich-scharfen Geschmack.

Guave – *Farang*

In der Thai-Küche werden viele Guavensorten verwendet. Am beliebtesten ist die runde, grünlich gelbe Zitronenguave (etwa 225 Gramm) mit hartem weißem Fleisch und kleinen weißbraunen Samen. Die Thais bevorzugen die Frucht, solange sie noch nicht zu reif ist und den typischen säuerlichen Geschmack entwickelt. So hat das Fleisch noch Biss, schmeckt mild und lässt sich gut in Chilisauce dippen.

Beim Kauf von Guaven sollte man feste (aber keine harten) Früchte mit apfelgrüner bis gelber Färbung und makelloser Schale wählen. Die empfindlichen Früchte stets vorsichtig handhaben. Bei Raumtemperatur halten sie sich 3–4 Tage, im Kühlschrank etwa 1 Woche. Zur Vorbereitung die Frucht halbieren, von den Samen befreien, mit Zitronensaft beträufeln und das Fleisch mit einem Teelöffel auslösen. Oder das Fleisch in Segmente oder Scheiben schneiden und in Salz oder gemahlene Chilis dippen.

Für ein einfaches Dessert die Frucht in Scheiben schneiden, mit Zucker bestreuen und fest zugedeckt über Nacht stehen lassen.

Rambutan – *Ngoh*

Die Rambutan ist bei den Thailändern so populär, dass sie ihr einen speziellen Tag im August gewidmet haben. Sie erinnert ein wenig an Esskastanien, allerdings mit einer haarigen, je nach Sorte roten, grünen, gelben oder orangefarbenen Schale. Das süße, durchscheinend weiße Fleisch umschließt einen großen Samen. Die süßeste Sorte heißt *rongrian*. Beim Kauf sollte man auf leuchtend gefärbte Früchte achten, deren Härchen grüne Spitzen haben. Im Kühlschrank halten sie sich bis zu 1 Woche.

Rambutans haben eine unverwechselbare Schale mit weichen Haaren.

In Thailand sind Longanen sehr beliebt. Auf den Märkten werden oft ganze Berge davon aufgeschichtet.

Litschi – *Lin-chi*

Ein weiterer Import aus China ist die Litschi, von der heute etwa 20 Sorten in Thailand kultiviert werden und die ein wichtiges Exportprodukt ist. Unter der warzigen, brüchigen rötlichen Schale liegt saftiges weißes Fleisch, das leicht faserig ist. In der Mitte sitzt ein relativ großer, braun glänzender Samen. Litschis duften wunderbar, ihr Geschmack erinnert an Muskattrauben. Sie eignen sich als erfrischender Abschluss eines Essens. Litschis sollten eine feste, makellose Schale haben. Bei Raumtemperatur halten sie sich 3 Tage, im Kühlschrank bis zu 1 Woche.

Litschis besitzen ein wunderbar süßes Aroma.

Longan – *Lamyai*

Diese Frucht gelangte Ende des 19. Jahrhunderts von China nach Thailand, obwohl sie vermutlich in Südindien beheimatet ist. Botanisch ist sie mit der Litschi eng verwandt, und so hat ihr Fleisch auch eine ähnliche Farbe und Textur, schmeckt jedoch weniger intensiv. Die kleinen, runden Longanen besitzen eine hellbraune, brüchige Schale. In der Saison schichten die Händler am Straßenrand ganze Berge davon zum Verkauf auf. Die Früchte sollten möglichst noch am Stiel sitzen und eine unbeschädigte Schale haben. Wegen des hohen Zuckergehalts sind sie leicht verderblich, im Kühlschrank aber 4–5 Tage haltbar. Man kann sie sogar einfrieren.

Langsat und Duku – *Langsat* und *long gong*

Der botanische Name beider Früchte lautet *Lansium domesticum*, dennoch kann man sie leicht voneinander unterscheiden. Sie sind eiförmig und wachsen in Trauben. Die Duku ist jedoch etwas größer als die Langsat, hat eine dickere Haut, und es wachsen nur etwa zehn Früchte an einer Traube; bei der Langsat sind es ungefähr zwanzig. Das Fleisch beider Früchte ist meist weiß, bei einigen Duku-Sorten mitunter auch rosa. Die saftigen, erfrischenden Früchte schmecken säuerlich bis süß. Sie eignen sich zum Rohverzehr und werden auch in Zucker eingelegt. Beim Kauf auf eine glatte, straffe gelbliche Haut achten. Im Kühlschrank halten sie sich etwa 5 Tage.

Mangostane – *Mangkhut*

Die in Südostasien beheimateten Mangostanen werden in Thailand kommerziell angebaut. Die etwas plump aussehenden Früchte sind relativ klein, etwa so groß wie Pflaumen, und ihre dicke dunkelviolette Haut umhüllt die einzelnen Segmente des cremefarbenen, rosa geäderten Fruchtfleischs. Das sehr süße Fleisch hat einen ausgeprägten Geschmack, der an Pfirsiche und Trauben erinnert.

Bis vor kurzem waren Mangostanen im Westen noch kaum erhältlich. Zu empfehlen sind große, feste Früchte, die auf Druck leicht nachgeben. Im Kühlschrank halten sie sich bis zu 2 Wochen.

Die delikaten Mangostanen sollte man am besten roh verzehren.

Passionsfrucht – *Saowarot*

Die Früchte werden in Thailand erst seit etwa sechzig Jahren angebaut. Sie haben die Größe dicker Pflaumen, ihre ledrige Haut ist braun oder gelblich orange. Im Innern sitzen die essbaren dunklen Samen im süßen, gallertartigen Fruchtfleisch, das ein leichtes Zitronenaroma besitzt. Der Saft ist sehr beliebt, und auch die Samen werden verzehrt, meist mit einer Prise Salz. Ältere Früchte schrumpeln, darum nur Exemplare mit glatter, makelloser Haut kaufen. An einem kühlen Ort halten sie sich 1 Woche.

Schuppenannone – *Noina*

Ihre Heimat ist Lateinamerika, doch wurde sie bereits vor etwa dreihundert Jahren in Thailand eingeführt. Das Äußere der Früchte kann man mit einer kleinen, dichten grünen Weintraube vergleichen. Die Frucht lässt sich leicht in zwei Segmente teilen, und das weiße Fruchtfleisch mit den harten, ungenießbaren glänzend braunen Samen kommt zum Vorschein. Das Fleisch der reifen Früchte ist süß und cremig, daher auch der Name »Rahmapfel«. Verwendet werden Annonen für Eiscreme, Getränke und Desserts.

Beim Kauf sollte man auf Früchte achten, die auf Druck leicht nachgeben. Im Kühlschrank kann man sie 5–7 Tage aufbewahren.

Wasserapfel – *Chomphu*

In Thailand kennt man verschiedene Sorten dieser Frucht. Geschätzt wird sie vor allem als Durstlöscher, weniger jedoch wegen ihres eher milden Geschmacks. Die Sorte *tubtimjan* ist länglich, mit roter Haut und knackigem Fleisch. *Phetch* ist glockenförmig und hat in der Mitte einen Samenkern. Ihr festes, saftiges Fleisch schmeckt süß mit leichter Säure. Außerhalb Thailands bekommt man Wasseräpfel nur selten.

Karambole – *Mafuang*

Die Karambole, auch als Sternfrucht bekannt, stammt aus Malaysia oder Indien und ist heute in allen tropischen Ländern verbreitet. Die Frucht ist leuchtend gelb und schmeckt mild-säuerlich. Die Haut glänzt wächsern. Dank der fünf ausgeprägten Längsrippen sehen die quer aufgeschnittenen Scheiben wie Sterne aus. Sie ergeben eine wunderschöne Garnitur für Fisch oder Geflügel.

Die Früchte bekommt man in vielen Supermärkten und Asia-Läden. Kaufen sollte man nur glänzende Exemplare mit makelloser Haut. Im Plastikbeutel im Kühlschrank halten sie sich 2–3 Tage.

Sapodillas haben eine matte Haut, doch darunter verbirgt sich ein wunderbar süßes, aromatisches Fleisch.

Pitahaya – *Gaew mungkorn*

Diese hübsche Frucht einer Kakteenart ist etwa 10 cm lang und hat eine leuchtend rosa oder gelbe Schale, die von kleinen Warzen mit grünen Spitzen überzogen ist. In dem weißen Fruchtfleisch sitzen viele winzige essbare Samen. Das Fleisch schmeckt melonenartig. Reife Pitahayas geben auf sanften Druck nach. Am besten werden sie gekühlt serviert: längs halbieren, mit Limettensaft beträufeln und auslöffeln.

Sapodilla – *Lamut*

Sapodillas sind etwa so groß wie Kiwis und haben eine ähnliche Textur. Die Haut ist bräunlich orange, das süße Fruchtfleisch erinnert an Honig und Karamell. Die Früchte werden geschält, halbiert und die ungenießbaren Samen ausgelöst. Die Thailänder schätzen Sapodillas mit frischem Limettensaft. Nur unbeschädigte Früchte kaufen, die auf Druck leicht nachgeben. Im Kühlschrank halten sie sich bis zu 5 Tage.

Jujube – *Phutsa*

Die Früchte erinnern an Pflaumen. Sie haben eine grüne, glänzende Haut mit bräunlichen Stellen. Darunter verbirgt sich das knackige weiße Fleisch, das einen einzelnen großen Stein umschließt. Der Geschmack ähnelt unreifen Pfirsichen: süß mit leichter Säure. Die festen Früchte lassen sich dekorativ zurechtschneiden. Beim Kauf ist eine makellose Schale wichtig. Sie halten sich bei Raumtemperatur 3–4 Tage.

Süße Tamarinde – *Makman wan*

Diese an Bohnen erinnernden Früchte bestehen aus ungleichmäßigen Hülsen von 7,5 bis 15 cm Länge. Darin sitzt das süße weiße Fruchtfleisch mit zahlreichen braunen Samen. Junge Tamarinde wird in Thailand gern mit einem würzigen Dip gegessen und auch für Suppen verwendet. (Siehe auch Kräuter, Gewürze und Aromen, Seite 58.)

Karambolen kennt man auch als Sternfrucht.

Das knackige Fleisch der Jujuben erinnert an unreife Pfirsiche.

Limetten werden in der Thai-Küche gern zum Aromatisieren verwendet.

Limette – *Manao*

Die kleinen grünen, sehr sauren Zitrusfrüchte finden in Thailand reichlich Verwendung. Dünne Limettenscheiben bilden einen angenehmen Kontrast zu sehr süßem Obst wie Mango und Papaya. Der frische Saft, mit Salz und Zucker serviert, ist ein beliebtes Getränk und wird auch für Dressings verwendet.

Kaffirlimette – *Makrut*

Sie enthält fast keinen Saft, doch wird die aromatische Schale gern für pikante Gerichte verwendet. Die Blätter sind ein unverzichtbares Gewürz der Thai-Küche. Sie haben einen zitronenartigen Duft, fein zerpflückt gibt man sie an Suppen, Fisch und Huhn. Unbeschädigte Früchte halten sich im Kühlschrank bis zu 1 Monat. Die Blätter werden in Tüten verkauft.

Orangen – *Som tra*

In Thailand kommen zwei Hauptsorten in den Handel: die Zuckerorange mit grüner/orangefarbener Schale und süßsaftigem gelbem oder orangefarbenem Fleisch sowie die süßsäuerliche Tangerine, die sich leicht in Spalten zerteilen lässt. Die Früchte sollten eine glänzende, makellose Schale haben. Orangen kann man bei Raumtemperatur mindestens 1 Woche aufbewahren.

Pomelo – *Som-o*

Pomelos sind große, bis zu 1 Kilogramm schwere Zitrusfrüchte. In Thailand werden mehrere Sorten kultiviert, am beliebtesten sind jedoch die besonders süßen *khao hom* und *thongdi*. Beide haben eine rundliche Form. Die *khao hom* besitzt eine grünlich gelbe Schale und gelbliches Fleisch.

Die aromatische Schale und die duftenden Blätter der Kaffirlimette werden in Thailand in zahlreichen Gerichten verwendet.

Die Schale der *thongdi* ist dunkelgrün, ihr Fleisch saftig und rosa. Ebenso wie Papayas werden Pomelos gern zum Frühstück verzehrt und auch als harmonische Ergänzung in scharfen Gerichten verwendet. Am besten sind feste Früchte mit glatter Schale, die auf Druck leicht nachgeben. Ganze Früchte halten sich bei Raumtemperatur etwa 1 Monat.

Ananas – *Sapparot*

Die beiden wichtigsten Ananassorten Thailands sind die *phuket* mit bräunlich gelber Schale und süßem Fleisch sowie die *pattawia*, eine größere dunkelgrüne, nicht ganz so süße Frucht. Das rohe Fleisch und der Saft sind sehr beliebt, aber Ananas wird auch gern für gegarte süße und pikante Gerichte verwendet. Beim Kauf sollte man an der Frucht riechen – reife Ananas duftet süßlich; der Blattschopf sollte frisch und grün aussehen. Frische Exemplare halten sich an einem kühlen Ort bis zu 1 Woche. Zur Vorbereitung den Blattschopf abschneiden, die Frucht längs vierteln

Der Ananasanbau in Thailand ist von großer Bedeutung.

Jackfrüchte können bis zu 40 Kilogramm wiegen.

oder in Scheiben schneiden. Das holzige Mittelstück sowie die Schale und die »Augen« wegschneiden.

Wassermelone – *Taeng mo*

Das saftige Fleisch der großen, runden Früchte ist ausgesprochen erfrischend. Ihre dicke grüne Schale und das rosa Fruchtfleisch sind äußerst dekorativ und, zurechtgeschnitten, auf einer Tafel ein echter Blickfang. Beim Kauf auf feste Früchte achten, die beim »Anklopfen« leicht hohl klingen. Zum Servieren die Wassermelone in Spalten schneiden und die schwarzen Samen entfernen. Das Fleisch lässt sich auch würfeln oder in Scheiben schneiden und ergibt einen schmackhaften Salat. Übrige Melonenstücke in Klarsichtfolie bis zu 3 Tage im Kühlschrank aufbewahren.

Durian, Stinkfrucht – *Thurian*

Die riesigen Früchte wiegen bis zu 10 Kilogramm. Ihre olivbraune Schale ist wie ein Igel von kleinen, dicken Stacheln überzogen, das feste cremeweiße Fleisch umschließt große Samen. Oft wird der unangenehme, beißende Geruch der Früchte mit Abwasser oder überreifem Blauschimmelkäse verglichen. Trotz ihres unangenehm penetranten, beißenden Geruchs gilt die Durian bei den Thailändern als Königin der Früchte, ja sogar als Aphrodisiakum. *Mon tong* heißt die beste und teuerste Sorte. Das Fruchtfleisch schmeckt so köstlich, dass beim Verzehr der Geruch nicht mehr als störend empfunden wird.

Kaufen sollte man nur feste, ganze Früchte, denn an der Luft verdirbt das aufgeschnittene Fleisch schnell. Aufbewahren kann man sie bei Raumtemperatur 3–5 Tage, jedoch nicht in der Nähe anderer Lebensmittel – wegen des Geruchs am besten im Freien.

Die Früchte werden mit einem scharfen, stabilen Messer längs in Segmente geschnitten, zum Schutz vor den spitzen Stacheln Arbeitshandschuhe tragen. Das weißliche ungenießbare Fruchtfleisch abziehen und die Samen, die von einem dicken Samenmantel umgeben sind (die essbaren Teile), mit einem Löffel auslösen. Die Samen kann man rösten und ebenfalls essen.

Jackfrucht – *Khanun*

Ihr Aussehen ähnelt dem der Durian, doch ist die Schale nicht ganz so stachlig. Sie kann bis zu 40 Kilogramm schwer werden und eine Länge von 90 cm erreichen. Reife Jackfrüchte haben eine grünlich gelbe Schale mit kleinen Warzen, die beim Kauf möglichst fest sein sollte. Die Früchte verströmen einen milden Duft. Riechen sie unangenehm, sind sie bereits überreif.

Das cremige, saftig-süße Fleisch besteht aus vielen kleinen, sackartigen Einzelfrüchten, die aus der gallertartigen Haut, die jedes dieser Gebilde umhüllt, herausgelöst und von ihren braunen Samenkernen befreit werden. Es erinnert im Geschmack an Ananas und Banane und passt hervorragend zu Eiscreme oder in einen bunten Obstsalat. Man kann es aber auch wie Gemüse verwenden. Die gerösteten Samen werden ebenfalls verzehrt.

Zur Vorbereitung die Jackfrucht in Segmente schneiden und die Einzelfrüchte mit den Samen entfernen. Fest eingewickelt hält sie sich 3–5 Tage im Kühlschrank, im Tiefkühlfach 2–3 Monate.

Dank ihres hohen Wassergehalts ist die Wassermelone äußerst erfrischend.

Kokosnuss und ihre Produkte

Kokospalmen wachsen nicht nur überall in Thailand, sondern in ganz Südostasien. Sie stehen an den goldenen Stränden, säumen kleine Dörfer und lockern die Silhouetten von Palästen und Tempeln auf.

Der »Baum des Lebens« liefert den Thailändern zudem wichtige Rohstoffe. Aus den Palmblättern werden Körbe geflochten und einfache Dächer gefertigt, die Faserhülle der Kokosnuss eignet sich als Brennstoff oder zur Herstellung von Matten und Seilen. Die jungen Sprosse sind eine delikate Gemüsezutat für Currys, und aus den Blüten wird Zucker gewonnen. Sogar die harte Schale der Kokosnuss wird als einfaches Trinkgefäß oder Essgeschirr genutzt. Darüber hinaus wird daraus dekorativer Schmuck geschnitzt. Das nahrhafte Kokoswasser (im Volksmund Kokosmilch genannt) kann man trinken – sehr erfrischend! – oder für Currys und Desserts verwenden. Das nussartig schmeckende weiße Fruchtfleisch wird roh gegessen oder zu Öl und Kosmetikprodukten verarbeitet.

Junge Kokosnüsse enthalten eine geleeartige Substanz – das aus dem Kokoswasser gebildete unreife Fruchtfleisch, das man direkt aus der frisch gepflückten grünen Nuss verzehren kann. Es schmeckt köstlich. Beim Reifen wird das Fleisch fester und setzt sich an der Innenseite der Schale fest. Aus diesem Fruchtfleisch werden Kokoscreme und Kokosmilch hergestellt sowie süße Spezialitäten, etwa *kanom bah bin* (Kokosnusskuchen).

Kokosnüsse kommen meist ohne die lederartige äußere Schale und Faserschicht in den Handel. Beim Kauf sollte man schwere, intakte Nüsse wählen und auf etwaigen Schimmel in den drei »Augen« achten. Beim Schütteln sollte man das Kokoswasser hören. Ältere Nüsse enthalten weniger Wasser, ihr Fleisch kann bereits seifig schmecken.

Asia-Läden und Supermärkte bieten viele Kokosnussprodukte an. Am bekanntesten sind ungesüßte Kokosraspel, aber man bekommt auch Kokosmilch und gebrauchsfertige Kokoscreme. Feste Kokosmasse lässt sich mit kochend heißem Wasser leicht zu Kokoscreme verarbeiten.

Eine Kokosnuss öffnen

Am leichtesten lassen sich Kokosnüsse mit der stumpfen Seite eines Küchenbeils öffnen. Dafür über einer in die Spüle gestellten Schüssel arbeiten und die Kokosnuss so in einer Hand halten, dass die »Augen« oberhalb des Daumens liegen. Genau dazwischen ist die Schale dünner. Mit dem Beil nun rundum gegen die Schale klopfen, bis diese aufbricht. Das Kokoswasser in die Schüssel gießen. Das Fleisch auslösen und die innere braune Samenschale mit einem Sparschäler entfernen.

Zur Aufbewahrung das Fleisch in einem Behälter mit Wasser oder Kokoswasser bedecken und fest verschlossen in den Kühlschrank stellen.

Mit Kokosmilch und -creme kochen

Kokosmilch wird beim Kochen meist schon am Anfang unter die Speisen gerührt, Kokoscreme jedoch gegen Ende, damit sie nicht gerinnt. Ausnahme: die Verwendung von Kokoscreme zum Braten, wenn man für ein Thai-Curry zum Beispiel eine Würzpaste zubereitet.

Die wertvolle Kokosnuss ist vielseitig verwendbar.

Kokoscreme oder -milch herstellen

1 Das weiße Fleisch einer frischen Kokosnuss in der Küchenmaschine fein zerkleinern oder reiben. In einer großen, hitzebeständigen Schüssel mit kochend heißem Wasser übergießen. 10 Minuten stehen lassen.

2 Die Mischung durch ein mit Musselin ausgelegtes Sieb in eine andere Schüssel abseihen.

3 Die Masse fest ausdrücken. Die erste »Pressung« ergibt die cremige Kokosmilch. Für Kokoscreme die Flüssigkeit setzen lassen. Wie bei Kuhmilch steigt die fettere Creme an die Oberfläche und kann abgeschöpft werden.

Tofu und Tofuprodukte

Tofu ist ein hervorragender Eiweißspender, der von den Chinesen erfunden wurde und heute weltweit als gesunde Alternative zu Fisch und Fleisch Verwendung findet. Er enthält kaum Zucker oder Fett.

Tofu *(tow hoo)* stellt man aus gelben Sojabohnen her, die eingeweicht, geschält und mit Wasser zu Sojamilch zermahlen werden. Die Sojamilch wird gefiltert, gekocht und mit einem Gerinnungsmittel versetzt, sodass der als Tofu bekannte Sojabohnenquark entsteht.

Frischen Tofu bekommt man in zwei Formen. Der sehr weiche Seidentofu wird oft in Suppen gegeben. Die festeren, gepressten Tofublöcke lassen sich etwas vielfältiger verwenden. Beide Formen kommen in Wasser verpackt in den Handel. Frischen Tofu sollte man sofort verwenden, doch mit Wasser bedeckt, das täglich gewechselt wird, kann man ihn 3–4 Tage im Kühlschrank aufbewahren. In der thailändischen Küche schätzt man noch eine Reihe anderer Tofuprodukte.

Gepresster, Seiden- und fester Tofu (im Uhrzeigersinn).

Gepresster Tofu – *Tow hoo kao*

Hierbei handelt es sich um frischen Sojabohnenquark, aus dem die meiste Flüssigkeit herausgepresst wurde. So entsteht ein fester Block aus glattem Tofu. Außen braun und innen weiß, wurde er mit Sojasauce verfeinert oder geräuchert. Sojabohnenquark kann man zwischen zwei Tellern selbst pressen. Dafür den oberen Teller beschweren und beide leicht schräg stellen, damit die Flüssigkeit ablaufen kann.

Getrocknete Tofuhaut – *Fong tow hoo hang*

Tofuhaut kann man in Asia-Läden kaufen. Sie entsteht beim Erhitzen von Sojamilch, wird vorsichtig abgenommen und getrocknet. Im Handel erhält man sie als Blätter oder gerollt. Verwendet wird sie für Schmortöpfe, Suppen und Wokgerichte, die gerollte Haut vorwiegend für vegetarische Speisen. Tofuhaut muss vor der Verwendung in kaltem Wasser eingeweicht werden: die Blätter 1–2 Stunden, die gerollte Haut mehrere Stunden, am besten über Nacht.

Gepresster Tofu hat eine feste Konsistenz und ist eine wichtige Zutat für pad thai *(gebratene Nudeln).*

Tempeh, die indonesische Spezialität, ist auch in der Thai-Küche sehr beliebt.

Frittierter Tofu – *Tow hoo tod*

In heißem Öl frittierter Tofu bläht sich auf und bekommt eine goldbraune Farbe, einen intensiveren Geschmack sowie eine festere Konsistenz. Frittierte Tofuwürfel werden in Asia-Läden angeboten. Im Kühlschrank halten sie sich 3 Tage. Die Würfel nehmen andere Aromen gut auf und sind ein hervorragender Fleischersatz.

Eingelegter Tofu – *Tow hoo yee*

Für dieses Produkt wird frischer Tofu fermentiert, in der Sonne getrocknet und anschließend in eine Alkoholmischung eingelegt. Dieser Tofu kann rot oder weiß sein und hat einen sehr kräftigen Geschmack. Am besten schmeckt der eingelegte Tofu aus China, der in Gläsern verkauft wird.

Tempeh

Diese festen Blöcke sind eine indonesische Spezialität aus mit einem Schimmelpilz fermentierten gegarten Sojabohnen. Tempeh erinnert an festen Tofu, hat jedoch einen pikanteren, nussartigen Geschmack. Noch aromatischer wird er in einer Marinade.

Fisch

Thailand ist mit einem ganz beträchtlichen Fischreichtum gesegnet. Im nördlichen Teil des Landes gibt es in den vielen Kanälen, Flüssen, Reisfeldern, Seen und Teichen eine Fülle von Süßwasserfischen. Entlang den Küsten der schmalen Halbinsel im Süden werden im Indischen Ozean sowie im Golf von Thailand zudem die unterschiedlichsten Meeresfische und eine reiche Auswahl an Meeresfrüchten gefangen.

Die Zubereitungsmethoden variieren je nach Fischart. Fische mit viel Fleisch werden meist mit reichlich Pfeffer und Knoblauch oder Chilisauce gebraten, manchmal auch in Bananenblätter gewickelt und entweder im Ofen gebraten oder gegrillt. Fische mit zarterem Fleisch werden gern mit Chilis, Limettensaft und anderen aromatischen Zutaten gedämpft.

SÜSSWASSERFISCHE

In den vielen Binnengewässern Thailands leben verschiedene Arten von Süßwasserfischen.

Schlangenkopffisch – *Pla chorn*

In der Regenzeit fangen die Bauern in ihren Reisfeldern relativ große Exemplare dieser Fischart, obwohl das Wasser nur 35–40 cm hoch steht. Mit seinem großen Maul voller scharfer Zähne wirkt der Schlangenkopffisch recht bedrohlich. Sein Fleisch schmeckt mild und nimmt andere Aromen gut auf. Man verwendet ihn gern für *pla chorn pae za*, gedämpften Schlangenkopffisch, der in Brühe mit Limettensaft und Salzpflaumen serviert wird, sowie für die Suppe *tom yam*.

Das Aussehen des Katzenwelses ist recht bedrohlich. Sein Fleisch eignet sich für unterschiedliche Garmethoden.

Zudem kann man ihn in der Sonne trocknen, frittieren und mit einem würzigen Dip reichen.

Katzenwels, Katfisch – *Pla doog*

Der etwa 30 cm lange Fisch ist im Norden Thailands weit verbreitet. Er wird mit Vorliebe knusprig frittiert und im Anschluss mit einer würzigen Chilipaste und anderen Zutaten pfannengerührt. Gern verwendet man ihn auch für Currys und als Basis für den scharf-säuerlichen Salat *yum pla doong foo*. Neben dem Gemeinen Katzenwels gibt es auch noch eine etwas kleinere Art, den *pla boo*, der meist gedämpft und im Ganzen in Sojasauce oder Limettensaft serviert wird.

Tilapia (Buntbarsch) – *Pla nin*

Dieser beliebte und schmackhafte Fisch wird in ganz Thailand gezüchtet. Ein ausgewachsener Tilapia wiegt etwa 500 g. Verwendet wird er mit Vorliebe für *pla nin towd rad prig*, frittierten Tilapia, serviert in einer leicht süßen Sauce mit milden Chilis. Darüber hinaus gibt man ihn in das scharfe Thai-Curry *kaeng som* und manchmal auch in das würzig-aromatische *haw mok pla nin*, für das der Fisch mit Würzzutaten und Kokosmilch in einem Bananenblatt gedämpft wird. Ebenfalls beliebt ist die frittierte Haut des Tilapia. Dafür wird die Haut von den Schuppen befreit, in kurze, schmale Streifen geschnitten und frittiert. Man reicht sie als Fingerfood, verfeinert mit Limettensaft oder einer Zwiebelscheibe.

Grey Fish – *Pla grai*

Bei diesem hierzulande unbekannten Fisch handelt es sich um einen grätenreichen, grau gefärbten Fisch von etwa 60 cm Länge und ausgeprägten »Augen« auf der weichen Unterseite. Sein zartes Fleisch wird meist – zuvor von den Gräten gelöst, mit Chilis und anderen Würzzutaten vermischt und zu Fischküchlein geformt – frittiert und mit einem süß-würzigen Dip als kleine Vorspeise oder Snack serviert.

Forelle – *Pla wan*

Die Forelle ist in Thailand zwar nicht beheimatet, mittlerweile jedoch zu einem beliebten Zuchtfisch geworden, den man in den Restaurants im ganzen Land serviert. Ihr zartes, mildes Fleisch wird von den Thais als delikate Alternative zu vielen einheimischen Süßwasserfischen sehr geschätzt. Man bereitet sie auf vielerlei Arten zu, vor allem wird sie jedoch frittiert und mit einer scharfen Chilisauce serviert – *pla nuea orn*.

Der Tilapia hat festes weißes Fleisch von ganz hervorragendem Geschmack.

MEERESFISCHE

Vor den Küsten Thailands – im Andamanischen Meer im Westen und im Golf von Thailand im Osten – sowie im südöstlich gelegenen Indischen Ozean herrscht ein großer Reichtum an Meeresfischen.

Roter Schnapper (Red Snapper) – *Pla krapong daeng*

In den warmen Meeren rund um den Erdball gibt es über 250 verschiedene Schnapperarten. Der in Thailand geschätzte Rote Schnapper aus dem Indischen Ozean wird meist als Filet angeboten, denn er ist sehr grätenreich. Man dämpft ihn auf »chinesische Art« mit Limettensaft oder Sojasauce und serviert ihn auch frittiert mit gehackten milden Chilis oder einer Kokos-Curry-Paste.

Zackenbarsch – *Pla krapang khan*

Dieser Fisch besitzt ebenso wie der Wolfsbarsch feines, festes weißes Fleisch, das man auf verschiedenste Art zubereiten kann. Besonders gut eignet es sich zum Dämpfen. Dafür mariniert man den ganzen Fisch am besten in Gewürzen und wickelt ihn in ein Bananenblatt, um ihn dann über Holzkohle zu garen.

Ganz frische Makrelen schmecken besonders delikat und werden in Thailand gern gedämpft oder gebraten.

Oben: Der Silberne Pampel hat schmackhaftes, zartes Fleisch. Die weichen Flossen und den Schwanz kann man mitessen.

Unten: Wolfsbarsch lässt sich hervorragend im Ganzen garen oder in einem Bananenblatt dämpfen.

Makrele – *Pla to*

Die thailändischen Märkte bieten die kleinen, fettreichen Fische in großer Fülle auf dekorativen Rattantabletts an. Für *nam prig pla tu* werden gedämpfte Makrelen mit Currypaste und scharfen Chilis im Mörser zu einer Chilisauce zerrieben. Beliebt sind auch gedämpfte oder mit einer Chili-Garnelen-Paste gebratene Makrelen.

Gesalzene, getrocknete Makrelen werden in Öl eingelegt. Sie schmecken sehr salzig, doch in kleinen Mengen gebraten, ergeben sie mit Chili, Schalottenscheiben und Limettensaft die ideale Beilage zu einem Reisgericht.

Silberner Pampel (White oder Silver Pomfret) – *Pla jaramed*

Dieser kleine, plattfischartige Fisch besitzt ein schmackhaftes, festes Fleisch. Er hat eine halbmondartige Form, eine gebogene, gabelförmige Schwanzflosse und wird 30–50 cm lang. Da der Fisch kaum Schuppen und auch keine Afterflossen besitzt, kann man ihn leicht säubern und vorbereiten. Das feste Fleisch eignet sich ideal zum Dämpfen, etwa mit Ingwer und Frühlingszwiebeln, die seinen delikaten Geschmack unterstreichen. Darüber hinaus kann man ihn ebenso wie den Roten Schnapper zubereiten oder auch braten und mit Currysauce oder einer anderen würzigen Sauce überziehen.

Meeresfrüchte

Die Küstengewässer Thailands sind reich an Schal- und Krustentieren, ob Garnelen, Miesmuscheln, Venus- und Kammmuscheln, Krebsen oder Hummer. Besonders begehrt sind Krabben, und zwar sowohl aus dem Meer als auch aus den Flüssen.

Garnelen – *Gung foi*

Garnelen sind in der Thai-Küche unverzichtbar. Sie werden gebraten, man gibt sie in *tom yam*, eine Suppe, in Currys, bereitet sie mit Tamarinde im Wok zu und serviert sie auf Satay-Art. Aus fermentierten Garnelen entsteht eine Paste. Getrocknete Garnelen sind ebenfalls eine wichtige Zutat.

Garnelen vorbereiten

Mit etwas Übung lassen sich Garnelen problemlos schälen und vom Darm befreien.

1 Das Kopfteil abdrehen. Das Schwanzteil auf der Unterseite aufschneiden, die Schale mit beiden Daumen von unten abziehen und samt Beinen wegwerfen.

2 Die Garnelen mit einem scharfen Messer am Rücken leicht einschneiden.

3 Den schwarzen Darm mit der Messerspitze vorsichtig entfernen. Die Garnelen unter kaltem Wasser abspülen und trockentupfen.

Schmetterlinge schneiden

Diese dekorative Vorbereitung beschleunigt den Garprozess der Garnelen.

1 Die Garnelen von Kopfteil und Schale befreien, den Schwanzfächer jedoch daran belassen. Den Darm entfernen.

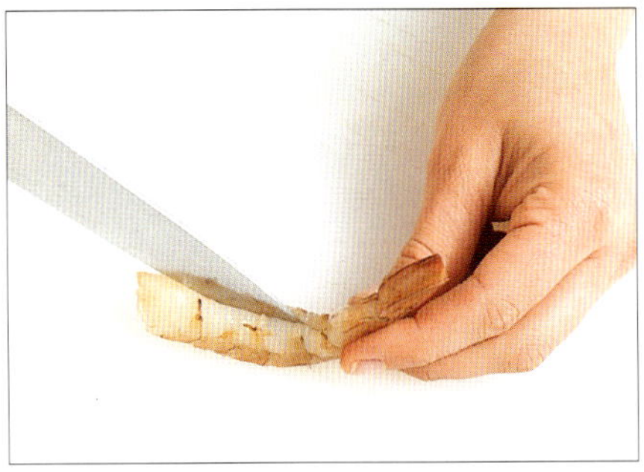

2 Von der Unterseite her bis zum Schwanzfächer durchschneiden und wie Flügel aufklappen.

Garnelenbällchen – *Look chin gung*

Diese kleinen Bällchen gehören zu den beliebten Speisen der thailändischen Alltagsküche. Sie werden frisch oder tiefgekühlt auf Thai-Märkten verkauft. Man kann sie in Suppen oder Currys geben, braten, grillen oder frittieren.

Hergestellt werden sie aus püriertem Garnelenfleisch, vermischt mit Knoblauch und Thai-Fischsauce. Die Mischung wird zu Bällchen geformt und einige Minuten in kochendem Wasser gegart. Im Kühlschrank halten sie sich in einem verschlossenen Behälter etwa 1 Tag, tiefgekühlt bis zu 3 Monate.

Rohe Garnelen können farblich variieren.

Beim Garen verfärben sich Garnelen rot, unabhängig von ihrer Größe, Art oder ursprünglichen Farbe.

Mies- und Venusmuscheln werden in Thai-Gerichten oft kombiniert.

Miesmuscheln, Venusmuscheln und Austern – *Hoi malang puu, hoi* und *hoi naang rom*

Mies- und Venusmuscheln stehen oft auf dem Speiseplan der Thailänder. Sie werden besonders gern mit Zitronengras und Kokoscreme verfeinert. Eine einfache, aber wirkungsvolle Spezialität sind mit Thai-Kräutern gedämpfte Miesmuscheln. Austern werden oft mit anderen Schaltieren für Meeresfrüchtesalat verwendet. Die Austern etwa 30 Sekunden blanchieren, abgießen, mit einem pikanten Kräuter-Dressing vermischen und warm servieren.

Miesmuscheln vorbereiten

Beim Kauf von Miesmuscheln (oder Venusmuscheln und Austern) darauf achten, dass sie aus sauberen, unbelasteten Gewässern stammen. Miesmuscheln aus Zuchtbetrieben muss man nicht unbedingt säubern, um etwaigen Sand zu entfernen. Selbst gesammelte Muscheln gründlich reinigen und für mehrere Stunden in einen Eimer mit Wasser und ein wenig Hafermehl legen.

Die Muscheln müssen fest geschlossen sein. Geöffnete Muscheln sollten sich bei Berührung sofort schließen. Exemplare, die offen bleiben, wegwerfen, denn sie könnten bereits verdorben sein. Die Schalen gründlich abbürsten und die Muscheln entbarten.

Zum Öffnen die Muscheln in einen Topf mit wenig kochender Flüssigkeit legen und 3–5 Minuten dämpfen. Sobald sie sich öffnen, herausnehmen. Noch geschlossene Muscheln wegwerfen. Wer mag, kann die Muscheln auch im vorgeheizten Ofen öffnen. Dafür die Muscheln auf einem Backblech ausbreiten und bei 150 °C für einige Minuten in den Ofen schieben. Die Muscheln in einer Schalenhälfte anrichten oder das Fleisch mit einem Messer auslösen.

Kalmar – *Pla meug*

Kalmar ist in Thailand sehr beliebt und frisch wie tiefgekühlt erhältlich. Das Wichtigste bei der Zubereitung ist eine kurze Garzeit, denn sonst wird das Fleisch gummiartig: in heißem Wasser etwa 30 Sekunden, beim Pfannenrühren 1–2 Minuten garen. Man kann sie auch braten, frittieren, dämpfen und in Suppen und Salate geben.

Kalmar eignet sich ideal zum Pfannenrühren, da er sehr schnell gart. Die Vorbereitung übernimmt gern der Fischhändler.

Kalmar vorbereiten

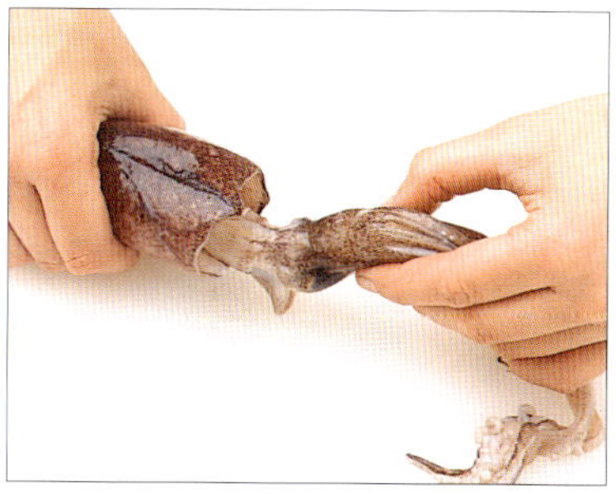

1 Mit einer Hand den Körper fassen und mit der anderen den Kopf und die Tentakel herausziehen.

2 Zwischen Augen und Tentakeln mit dem Messer durchschneiden, ohne den Tintenbeutel zu verletzen. Augen und Tintenbeutel wegwerfen. Die harten Kauwerkzeuge von den Tentakeln entfernen und wegwerfen.

3 Den Körper mit der Unterseite auf ein Brett legen und die dünne Haut mit den Fingern abziehen. Das transparente Fischbein aus dem Körperbeutel ziehen und diesen innen und außen mit Salz einreiben. 5 Minuten stehen lassen. Unter kaltem Wasser abspülen.

4 Die Tentakel voneinander trennen und die längeren halbieren.

5 Tentakel und Körperbeutel trockentupfen. Den Körperbeutel in Ringe schneiden oder füllen und die gehackten Tentakel als Teil der Füllung verwenden. Alternativ den Körper längs vierteln, einritzen und in Streifen schneiden.

Geflügel

In Thailand wird Geflügel lebend oder frisch getötet auf den Märkten angeboten. Das garantiert zwar äußerste Frische, doch haben die Bambuskäfige, voll gestopft mit oft abgemagerten Hühnern, Tauben und Enten, durchaus auch etwas Abschreckendes.

Huhn – *Kai*

Huhn gehört zu den beliebtesten Fleischsorten in Thailand, es ist schmackhaft, vielseitig verwendbar und passt ideal zur scharfen Thai-Küche mit ihren einfachen Garmethoden. Jede Region in Thailand besitzt vermutlich ein eigenes Rezept für Hühnercurry. Aber Huhn schmeckt auch mit Zitronengras oder Cashewnüssen sowie gebraten, gegrillt oder aus dem Ofen. Eine besondere Spezialität ist pfannengerührtes Huhn mit Chilis und Basilikum, deren kühle (Basilikum) und warme (Chilis) Aromen sich wunderbar ausgleichen. Köstlich schmeckt Brathähnchen mit Limetten und Süßkartoffeln, und ein Klassiker sind die Grillhähnchen auf den Märkten.

Ein Huhn zerlegen

Bei dieser Methode erhält man 8 Stücke. Werden noch mehr benötigt, etwa für ein pfannengerührtes Gericht, lassen sie sich weiter zerteilen. Geübte Thai-Köche können Brust und Flügel in 10, die Unterschenkel in 4 und die Oberschenkel in 6 Stücke zerteilen.

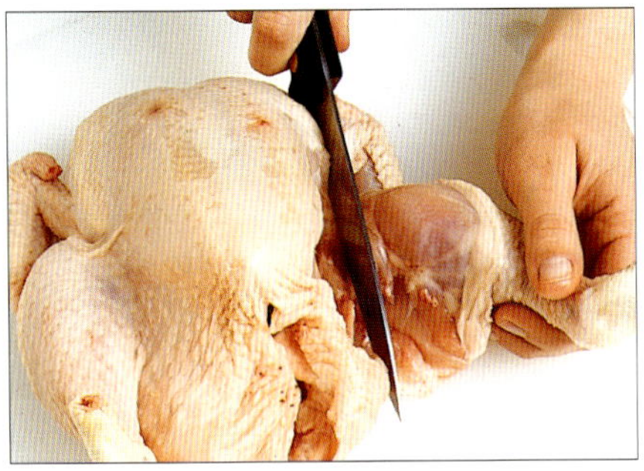

1 Das Huhn mit der Brust nach oben auf ein Brett legen. Einen Schenkel vom Körper wegziehen. Die Haut und das Fleisch so weit einschneiden, bis die Gelenkkugel sichtbar wird. Den Schenkel weiter aufbiegen und das Gelenk durchschneiden. Mit dem anderen Schenkel ebenso verfahren.

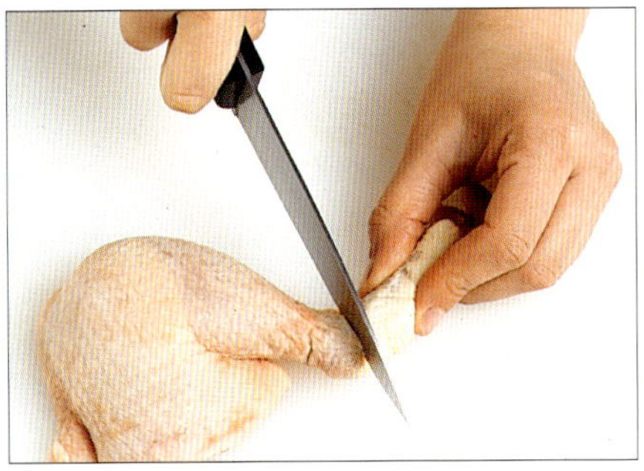

2 Die Enden der Unterschenkel mit einem scharfen Messer abtrennen. Die Schenkel mit der Oberseite nach oben auf das Brett legen und im Kniegelenk durchschneiden, um Ober- und Unterschenkel voneinander zu trennen.

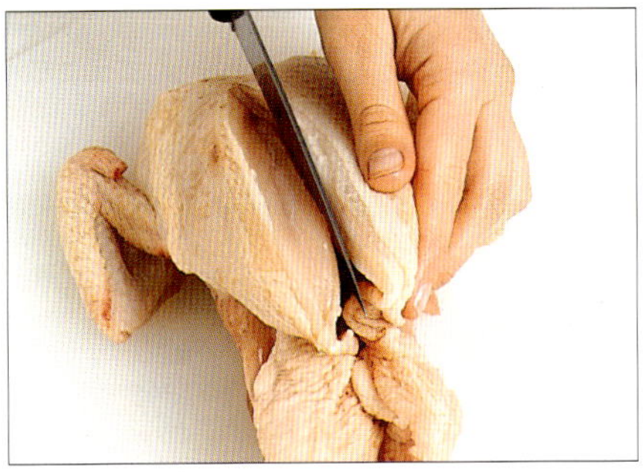

3 Mit einem größeren Messer oder der Geflügelschere das Brustbein vom Hals aus durchtrennen. Die Brüste und Flügel vom Rückgrat wegschneiden, dabei den Gabelknochen durchschneiden. Locker hängende Hautstücke entfernen.

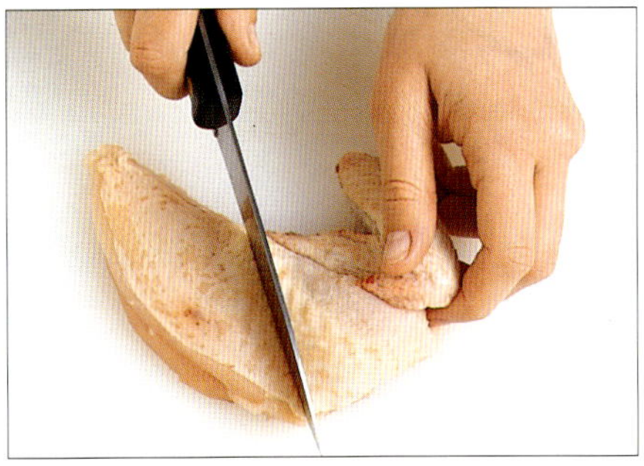

4 Flügel und Brüste in je 2 Stücke zerteilen. Dabei durch das Fleisch und die Knochen schneiden.

Küchentipp

Aus den verbliebenen Knochen mit Zwiebel, Sellerie und etwas zerdrücktem frischem Ingwer oder Zitronengras eine Brühe kochen.

Ente – *Paed*

Die Thai-Küche wurde stark von China beeinflusst, was sich vor allem in der Vorliebe für Ente zeigt. Oft bereitet man sie wie Huhn zu, manche Gerichte sind auch sehr aufwendig. Für *bet yahng* wird die Ente in einer Mischung aus Honig, Soja- und Bohnensauce, Chili, Knoblauch und Essig mariniert und am Spieß knusprig gebraten. Die Haut serviert man mit Reis, das Fleisch in einem pfannengerührten Gericht. Zudem wird Ente, in mundgerechte Stücke geschnitten, in Fünf-Gewürze-Pulver, Sesamöl sowie Saft und Schale einer Orange mariniert und mit Kokosmilch zu einem würzigen Curry verarbeitet; oder das Fleisch wird fein gehackt für ein Wokgericht mit Chili und Fischsauce.

Ente ist in Thailand sehr beliebt.

Fleisch

Obwohl Reis, Nudeln und Gemüse die wichtigste Rolle in der Thai-Küche spielen, sind die Thais grundsätzlich keine Vegetarier. Doch mengenmäßig rangiert Fleisch eher als Geschmack gebende wichtige Zutat. Mit Ausnahme der Moslems, die aus religiösen Gründen darauf verzichten, isst man vor allem Schwein. Die große muslimische Bevölkerung bevorzugt Rind oder Lamm.

Schwein – *Mu*

Schweinefleisch ist in Thailand so populär, dass jedes Teil des Tieres verwendet wird – von den Ohren bis zur Schwanzspitze. Es wird mit unterschiedlichsten Zutaten kombiniert, etwa Gemüse, Reis, Nudeln sowie den scharfen Gewürzen der Thai-Küche. Auch der Einfluss der chinesischen Küche zeigt sich in vielen Gerichten mit Schwein, einschließlich des beliebten würzig gegrillten Schweinefleischs sowie Schweinefleisch süßsauer. Für Wokgerichte sind Filet, mageres Bein- und Bauchfleisch, für Eintöpfe und Schmorgerichte Schweinebauch die bevorzugte Wahl.

In Thailand ist Schweinebauch zum Braten und für Snacks sehr beliebt.

Schweinebauch – *Mu sam chan*

Schweinebauch mit seinen Streifen aus rotem Fleisch und Fett sowie der Schwarte ist dasselbe Stück, das auch zu Frühstücksspeck verarbeitet wird. Trotz des hohen Fettanteils gilt er als das schmackhafteste Stück vom Schwein, ob kross gebraten oder mit Fünf-Gewürze-Pulver langsam gegart.

Durch langes Garen wird das Fleisch besonders zart und ein Großteil des überschüssigen Fetts ausgelassen. Auf diese einfache Weise zubereitet, serviert man es mit gekochtem Reis und Gemüse. Die Zugabe von gehacktem Schweinebauch lässt viele Gerichte aromatischer und saftiger gelingen. In Kombination mit Garnelen entstehen Garnelenküchlein, mit Rind die lockeren thailändischen Fleischbällchen.

Auch die Schweineschwarte findet in Thailand Verwendung. Frittiert ist sie ein knusprig-schmackhafter Snack.

Knusprig frittierter Schweinebauch

Dies ist in Thailand ein ausgesprochen beliebter Snack, der auch in Straßenküchen angeboten wird.

Ergibt etwa 675 Gramm

1 kg Schweinebauch
125 ml thailändischer Kokosessig
4 EL Salz
Sonnenblumenöl zum Frittieren

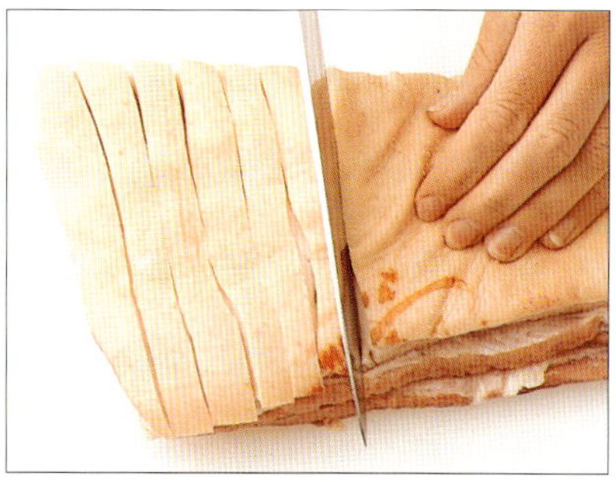

1 Mit einem scharfen Messer den Schweinebauch quer einschneiden.

2 Die Schwarte mit Kokosessig bestreichen und trocknen lassen. Dreimal wiederholen. Mit Salz einreiben.

3 Quer in dünne Streifen schneiden und auf einem Backblech verteilen. Für etwa 3 Stunden bei 120 °C in den vorgeheizten Ofen schieben, bis der Schweinebauch vollkommen trocken ist.

4 Das Öl in einem Wok erhitzen. Die Streifen portionsweise hineingeben und in etwa 5 Minuten goldbraun und kross frittieren.

Schweineschwarte – *Nang mu*

Diese thailändische Spezialität wird so verwendet, wie sie ist, oder frittiert. Von Borsten und Fett befreit, wird die Schwarte sauber abgeschabt, weich gekocht und in Scheiben geschnitten. So findet man sie tiefgefroren in Asia-Läden.

Rind – *Neua*

Bis vor kurzem wurde Rindfleisch in Thailand nur sehr selten gegessen, da man Rinder als Lasttiere betrachtete und diese für ihre schwere Arbeit hoch achtete. Inzwischen ist Rindfleisch kein solcher Luxus mehr, aber immer noch recht teuer, und so wird es eher sparsam verwendet.

Rindfleisch schneidet man gewöhnlich in mundgerechte Stücke. Für Wokgerichte wird es zuerst entlang den Längsfasern und dann quer in hauchdünne Scheibchen geschnitten. Außerdem wird es gebraten, als Satay serviert, gehackt und pfannengerührt, zu Fleischbällchen verarbeitet oder gewürfelt in Schmortöpfen verwendet.

Getrocknete Seafood-Spezialitäten

Getrockneter Fisch – *Pla haeng*

Auf den thailändischen Märkten bieten ganze Reihen von Ständen nur getrockneten und eingesalzenen Fisch an, sowohl Süßwasser- als auch Meeresfische. Sie werden in allen Formen und Größen und stets einfallsreich präsentiert, auch wenn einige der runzeligen Exemplare eher unheimlich aussehen. Geschmack und Salzgehalt variieren stark.

Kleine Fische werden im Ganzen verkauft. Besonders winzige Exemplare frittiert man und serviert sie mit Currys. Wer das Aroma des Fisches bevorzugt, ohne dass er selbst in dem Gericht »erscheint«, muss den getrockneten Fisch im Mörser zermahlen. Dies ist notwendig, weil die meisten Trockenfische beim Garen nicht zerfallen.

Größere getrocknete Fische sind in Scheiben zu haben. Man kann sie aufschneiden und für Wokgerichte verwenden oder langsam im Ofen braten.

Manche Fischarten werden ausgenommen, ehe man sie flach ausgebreitet in der Sonne trocknet. *Pla salit, pla chawn* und *pla nuea* oder *pla krob* gelten als die besten.

Eingesalzener Fisch ist auch in Öl erhältlich. Geöffnete Pakete oder Gläser sollte man allerdings fest in eine Plastiktüte wickeln, bevor man sie in den Kühlschrank stellt, damit nicht alle anderen Lebensmittel den intensiven Geruch annehmen.

Getrockneter Kalmar ist kein appetitlicher Anblick, steckt aber voller Aroma.

Oben: Getrocknete Garnelen dienen als Würze für Salate und andere Speisen.

Gemahlener getrockneter Fisch hat einen intensiven Geschmack. Mit weiteren Zutaten ergibt er ein gutes Würzmittel.

Getrocknete Garnelen – *Kung haeng*

Sie sollten eine natürliche rosa Färbung und einen scharfen, nicht zu salzigen Geschmack haben. Exemplare mit grauen Stellen sind bereits zu alt. Vor dem Trocknen in der Sonne werden die Garnelen gewöhnlich gekocht und geschält. Die Ausnahme bildet eine Art aus Songkla, die man ungeschält trocknet; frittiert gelingen diese besonders knusprig und sind auch für andere Zubereitungen zu empfehlen. Getrocknete Garnelen werden in verschiedenen Größen in den Kühlregalen von Asia-Läden angeboten sowie als vermahlenes Pulver.

In der Thai-Küche dienen getrocknete Garnelen mit ihrem intensiven Fischgeschmack vornehmlich zum Würzen. Manchmal werden sie vor der Verwendung in Wasser eingeweicht und je nach Rezept gehackt. Doch soll für ein Gericht, etwa einen Salat, ihre knusprige Textur erhalten bleiben, ist dies überflüssig. Der beim Garen anfänglich starke Geruch lässt übrigens schnell nach.

Gemahlener getrockneter Fisch – *Nahm phrik pla pahn*

Gebratenen oder gegrillten und anschließend zermahlenen Trockenfisch gibt man für kräftige Dips als Würze an Chilipasten und Chilisaft.

Getrockneter Kalmar – *Pla meug haeng*

Der hellbraune, gräulich schimmernde getrocknete Kalmar riecht nur leicht nach Fisch, schmeckt jedoch sehr intensiv. Im Vergleich zu frischem Kalmar ist sein Fleisch viel fester, beinahe zäh. Man verwendet ihn vor allem als Würze für Fleischtöpfe oder Suppen. Vor der Verwendung muss er etwa 30 Minuten in warmem Wasser eingeweicht, abgegossen und gründlich in frischem Wasser gewaschen werden. Zum Pfannenrühren ritzt man die Innenseite im Zickzackmuster ein und schneidet ihn dann in kleine Stücke, die beim Garen blütenförmig aufgehen. Locker verpackt und an einem kühlen, trockenen Ort aufbewahrt, hält sich getrockneter Kalmar fast unbegrenzt.

Konservierte Eier und Wurstwaren

Die kunstvolle Fertigkeit des Konservierens von Eiern und Fleisch haben die Thais mit den Chinesen gemein.

Salzig eingelegte Enteneier – *Kai khem*

Große Enteneier legt man in Holz- oder Keramikgefäßen 1–2 Wochen in gesalzenem Wasser ein. So werden sie entweder roh verkauft oder vom Händler bereits gekocht angeboten. Man kann sie wie normale Enteneier hart kochen, aber geschält werden sie in der Regel nicht. Stattdessen halbiert man sie mit der Schale. Die extrem salzigen Eier verwendet man sparsam: 1–2 Eier reichen für 6 Personen als Beilage zu einem Reisgericht oder Curry. Rohe eingelegte Eier halten sich in der Eierschachtel im Kühlschrank bis zu 1 Monat.

Tausend-Jahr-Eier – *Kai yew mah*

Diese Eier sind natürlich längst nicht so alt, wie ihr Name vermuten lässt, sondern nur etwa hundert Tage. Sie werden zum Fermentieren mit einer Paste aus Limette, Natron, Reisspelzen und Salz bedeckt. Das Eiweiß wird dabei durchscheinend schwarz und erinnert geschmacklich an salzige Gelatine; das Eigelb bekommt eine cremig-weiche Konsistenz und schimmert braun, schwarz und grau. Sie werden auf asiatischen Märkten angeboten und halten im Kühlschrank mehrere Monate. Ihr mildes, aber ausgeprägtes Aroma harmoniert mit heißem Senf oder pfannengerührt mit Knoblauch, Chili und Basilikum. Man serviert sie in Scheiben geschnitten, damit ihr farblich attraktives Innenleben sichtbar wird. Mit frischem Ingwer reicht man sie bei festlichen Mahlzeiten als Vorspeise.

Salzig eingelegte Enteneier werden als Beilage serviert.

Fermentierte I-san-Würste, eine Spezialität aus Nordthailand, haben einen kräftigen, typischen Geschmack.

Würste – *Moo yaw*

In Thailand schätzt man verschiedene Wurstsorten, die häufig auch als Straßensnack angeboten werden. Oft sind sie stark gewürzt und werden aufgeschnitten in verschiedene Gerichte gegeben.

I-san-Wurst – *Si grot issan*

Die Wurstspezialität aus dem Norden Thailands ist im ganzen Land beliebt. Die fermentierte Wurstmasse schmeckt leicht säuerlich. Straßenverkäufer bieten die Wurst auf Holzspießchen an, damit die Kunden sie beim Bummeln verzehren können. Sie wird außerdem in Scheiben serviert, garniert mit kleinen frischen Ingwerstücken, frischem Koriandergrün, Chili und gemahlenen Erdnüssen.

Nem-Wurst – *Nem*

Diese chilischarfe Wurst wird aus Schweinefleisch und -schwarte hergestellt und kräftig mit Knoblauch und schwarzem Pfeffer gewürzt. Traditionell wird die Wurstmasse in Bananenblätter eingewickelt und gegart, heute verwendet man aber auch in Thailand die konventionelle Wursthaut, in die die Wurstmasse maschinell eingefüllt wird.

Die würzig-pikante Nem-*Wurst ist mit scharfen Chilis, schwarzem Pfeffer und Knoblauch gewürzt.*

Kräuter und Gewürze

Eine der Besonderheiten der Thai-Küche ist der Einsatz speziell zusammengestellter Würzmittel, um den gewünschten Geschmack zu erzielen. Keines der aufgezählten Kräuter und Gewürze ist verzichtbar. Beim Kochen ist es also wichtig, den Empfehlungen zu folgen, um die richtige Balance zu erhalten. Manche asiatische Kräuter und Gewürze sind zwar nicht so leicht zu bekommen, aber es gibt einige ganz gute Alternativen.

Basilikum

In Thailand werden drei Basilikumsorten angebaut, deren Aussehen, Geschmack und Verwendung sich leicht unterscheiden.

Oben: *Thai-Basilikum hat ein kräftigeres Aroma als westliche Sorten.*

Unten: *Tulsi ist ein würziges Kraut mit relativ scharfem Geschmack.*

Thai-Basilikum – *Bai horapa*

Diese in der Thai-Küche wichtigste Basilikumsorte hat einen süßen Anisgeschmack und glänzend grüne Blätter, die an westliche Sorten erinnern. Diese sind auch ein guter Ersatz. Man würzt damit rote Currys.

Tulsi – *Bai grapao*

Diese Basilikumart stammt aus Indien und wird dort als heilig betrachtet *(Ocimum sanctum)*. In Thailand kultiviert man sie deshalb in der Nähe von Buddhatempeln. Es gibt grün- und rotblättriges Tulsi; Letzteres ist süßer. Dieses Kraut erinnert geschmacklich an Gewürznelken und ist ähnlich scharf – daher auch scharfes Basilikum genannt. Die Blätter entfalten ihr volles Aroma nur beim Garen. Man verwendet sie so frisch wie möglich für Fischgerichte und Currys mit Rind oder Huhn.

Zitronenbasilikum – *Bai manglaek*

Zitronenbasilikum ist außerhalb Asiens kaum erhältlich. Es erinnert an kleinblättriges italienisches Buschbasilikum und wird in Thailand auf Suppen und Salate gestreut.

Curryblatt – *Bai grawan*

Thailändischer und westlicher Lorbeer unterscheiden sich zwar, gehören aber beide zur Familie der Lorbeergewächse und schmecken ähnlich. Die Blätter würzen Mussaman-Curry und Suppen.

Kardamom – *Luk grawan*

Kardamom hat einen warmen, intensiven Geschmack. Bei dem Gewürz handelt es sich um etwa 1 cm lange Kapseln, die winzige, leicht klebrige schwarze Samen enthalten. Am besten sind die grünen Kapseln, die weißen wurden gebleicht. Man verwendet Kardamom für pikante und süße Speisen. In Thailand gehört er zu den Gewürzen für Mussaman-Curry. Vor dem Servieren die Kapseln entfernen.

Kardamom verleiht Speisen einen einzigartigen Duft.

Die kleinen Vogelaugen-Chilis sind feurig-scharf.

Chilis – *Prik*

Chilis zählen zu den wichtigsten Zutaten der Thai-Küche, und doch wurden sie erst im 16. Jahrhundert von den Portugiesen in Thailand eingeführt. Davor gab schwarzer Pfeffer den Gerichten ihre scharf-würzige Note. Es gibt Hunderte verschiedener Chilisorten. Allgemein gilt, dass die kleineren Sorten die schärferen sind, allerdings gibt es Ausnahmen. Ein Großteil der Schärfe sitzt in den Scheidewänden, die die Samen umhüllen. Wer es also nicht ganz so scharf mag, sollte Samen und Scheidewände entfernen.

Im Umgang mit Chilis ist Vorsicht geboten. Sie enthalten das Alkaloid Capsaicin, das die Haut stark reizen kann. Darum beim Vorbereiten nicht an Lippen oder Augen fassen und anschließend sofort gründlich die Hände waschen. Am besten trägt man jedoch Gummihandschuhe. Auch Messer und Schneidbretter müssen gründlich gereinigt werden.

Thailand gehört zu den wichtigsten Chiliproduzenten der Welt. Viele der angebotenen Sorten – ihre Farben Grün, Gelb und Rot sind übrigens keine Sorten, sondern Reifegrade – sind im Ausland unbekannt, doch die feurigen Vogelaugen-Chilis und die schlanken Long-Chilis werden weltweit verkauft.

Vogelaugen-Chilis – *Prik kee noo*

Diese beliebten kleinen, äußerst scharfen Chilis verwendet man für Currys, Pickles, Suppen und Saucen.

Long-Chilis – *Prik chee fa*

Die langen, schlanken Schoten können rot, gelb oder grün sein. In Thailand werden sie oft zum Garnieren von Currys und Salaten verwendet. Getrocknet gibt man sie in rote Currys oder vermahlt sie zu Pulver. Sie sind nicht ganz so scharf wie Vogelaugen-Chilis.

Die »long red chillies« besitzen zahlreiche Samen und eine dünne Haut.

Getrocknete rote Chilis – *Prik hang*

Die vielen verschiedenen getrockneten Chilis der Thai-Küche bekommt man abgepackt oder im Bund in Asia-Läden. Ohne Fett in einer schweren Pfanne geröstet, verstärkt sich ihr Aroma. Vor der Verwendung kann man sie auch im Mörser zerstoßen. Fest verschlossen halten sich ganze wie zerstoßene getrocknete Chilis mehrere Monate.

Chilipulver – *Prik kee nu bonn*

Das Pulver besteht aus zermahlenen getrockneten roten Chilis, manchmal mit zusätzlichen Gewürzen. Thai-Chilipulver ist stets sehr scharf.

Chilis vorbereiten

Nach dem Arbeiten mit Chilis die Hände gründlich mit Seife waschen. Gelangt das enthaltene Capsaicin an empfindliche Hautpartien oder in die Augen, kann es zu starken Reizungen kommen. Am besten Gummihandschuhe anziehen.

Frische Chilis vorbereiten

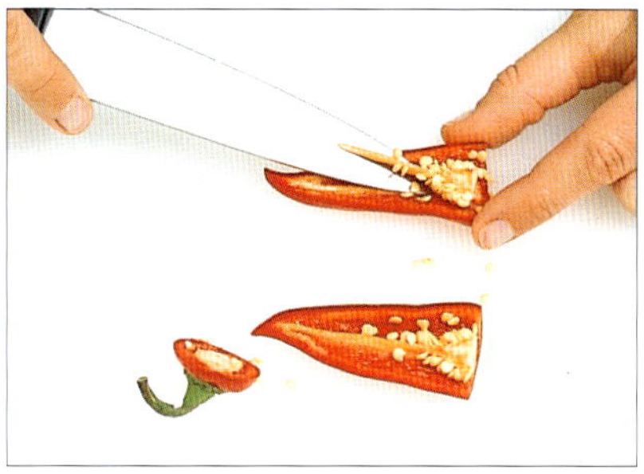

Stiele entfernen, Chilis längs halbieren. Samen und Scheidewände entfernen und die Chilis nach Bedarf in Streifen schneiden oder hacken.
Die Samen wegwerfen oder einen Teil (je nach gewünschter Schärfe) an das Gericht geben.

Getrocknete Chilis vorbereiten

1 Stiele und Samen mit einem Messer entfernen. Chilis ganz belassen oder in 2–3 Stücke schneiden.

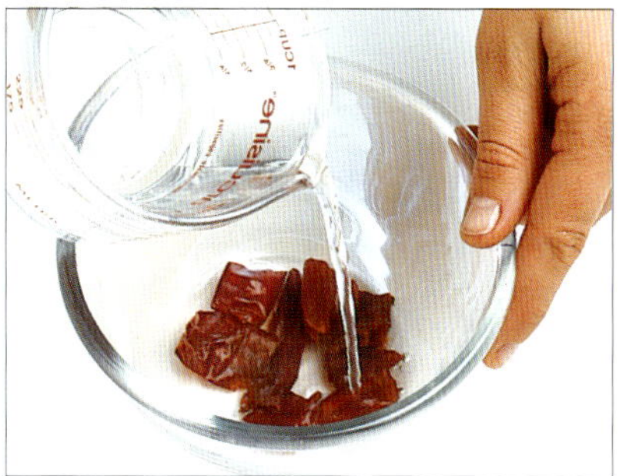

2 Die getrockneten Chilis in eine kleine Schüssel legen, mit heißem Wasser bedecken und 30 Minuten einweichen lassen. Abgießen, das Einweichwasser nach Belieben auffangen und dem Gericht zufügen. Eingeweichte Chilis so verwenden oder fein hacken.

Chiliblüten

Thai-Köche sind berühmt für ihre schönen Präsentationen, sie garnieren ihre Platten oft mit Chiliblüten.

1 Die Schote am Stiel fassen, längs halbieren, das Ende ganz belassen.

2 Vom Stielende aus die Chilihälften vorsichtig der Länge nach in dünne Streifen schneiden.

3 Einige Stunden in eine große Schüssel mit Eiswasser legen. Die Chilistreifen rollen sich nach außen und erinnern an Blütenblätter. Gut abtropfen lassen und als Garnitur verwenden. Kleine Chilis können sehr scharf sein, daher: Chiliblüten nicht essen!

Koriander – *Pak chee*

Alle Teile der Korianderpflanze werden in der Thai-Küche verwendet. Wurzeln, Stängel, Blätter und Samen haben einen ganz eigenen Geschmack und werden unterschiedlich eingesetzt: die frischen Blätter für Saucen und Currys sowie als Garnitur; Wurzeln und Stängel zerstoßen für Marinaden; die zermahlenen Samen für Currypasten (vor dem Zerstoßen kann man sie auch rösten).

In der Thai-Küche wird Kreuzkümmel stets gemahlen, ehe man ihn mit anderen Zutaten vermischt.

Koriander ist ein vielseitiges Kraut. Thai-Köche verwenden alle Teile – von den Blättern bis zu den Wurzeln.

Obwohl man heute in den meisten Supermärkten frisches Koriandergrün erhält, sollte man es lieber im Asia-Laden kaufen. Hier bekommt man das würzige Kraut meist mit den Wurzeln. Stängel und Blätter sollte man möglichst bald verwenden. Die Wurzeln halten sich gewaschen, abgetrocknet und gut verschlossen mehrere Tage im Kühlschrank.

Die kleinen, runden, braun gefärbten Koriandersamen kann man fast überall kaufen. Sie sind lange haltbar und lassen sich im Mörser oder in der Gewürzmühle leicht zermahlen. Es empfiehlt sich, die Samen, wenn ein Rezept dies vorsieht, jeweils frisch zu mahlen, da abgepackter gemahlener Koriander schnell sein warmes Aroma verliert.

Culentro – *Pak chii farang*

Dieser thailändische Verwandte des Korianderkrauts besitzt lange, schlanke, gezähnte Blätter, die geschmacklich an das Koriandergrün erinnern. Sie sind aber etwas schärfer. Man würzt damit Fleischgerichte.

Kreuzkümmel – *Mellet yira*

Ganze Kreuzkümmelsamen finden in der Küche Thailands keine Verwendung, doch gemahlener Kreuzkümmel ist ein wichtiger Bestandteil von Currypasten wie *krung gaeng*.

Großer Galgant – *Kha* oder *laos*

Großer Galgant ist das Rhizom einer Pflanze aus der Familie der Ingwergewächse. Er erinnert im Aussehen an Ingwer und wird auch ähnlich verwendet, nur seine Textur ist etwas fester. Junger Großer Galgant hat eine cremig-weiße Haut und rosa Seitensprossen. In diesem Stadium schmeckt er fast zitronenartig und eignet sich hervorragend für Suppen.

Mit der Reife wird die Schale dicker und das Fleisch hellgolden. Der nun intensivere, beinahe pfeffrige Geschmack passt gut zu Currypasten. Im Plastikbeutel verpackt, hält sich frischer Galgant etwa 1 Woche im Kühlschrank, er lässt sich aber auch einfrieren. Als Ersatz für frische Rhizome kann man getrocknete oder eingelegten Großen Galgant verwenden.

Krachai – *Kra-chai*

Die Büschel bildende Wurzel – ebenfalls ein Ingwergewächs – ist im Westen kaum bekannt. Geschmacklich erinnert sie an Ingwer und schwarzen Pfeffer. Verwendet wird sie vor allem für Dschungelcurrys mit Fisch. Krachai ist getrocknet und eingelegt erhältlich, doch die frische Wurzel bleibt unübertroffen. Sie wird wie Ingwer geschält und vorbereitet. In Asia-Läden findet man Krachai bei den Frischwaren.

Großer Galgant ist frisch und getrocknet erhältlich und erinnert in Geschmack und Aussehen an Ingwer.

Frischer Ingwer ist eine beliebte Aromazutat.

Ingwer – *Khing*

In Thailand gibt es mehrere Ingwersorten. Die Rhizome dienen zu medizinischen Zwecken und zum Würzen von Speisen. Am bekanntesten ist der King-Ingwer. Man erntet ihn in der Regenzeit, wenn die jungen Rhizome eine hellgelbe oder rosa Farbe haben. Verwendet wird er zum Aromatisieren von Getränken, zum Einlegen und Kandieren. Junge, frische Rhizome kann man außerdem zerreiben und unter Fleischmarinaden mischen. Später im Jahr geernteter »alter« Ingwer ist immer noch wunderbar saftig. Fest verpackt, hält er sich im Kühlschrank bis zu 2 Wochen. Er lässt sich auch gut einfrieren und kann sogar tiefgekühlt gerieben werden.

Knoblauch – *Kratiem*

Neben Korianderwurzel und schwarzem Pfeffer gehört Knoblauch zum beliebten Thai-Würztrio. Die Thais verwenden Knoblauch in großen Mengen. Thailändischer Knoblauch ist etwas kleiner und schärfer als die meisten Sorten im Westen. Seine Schale ist dünn, rosafarben und wird vor der Verwendung nur selten entfernt.

Frittierter Knoblauch

Diese Spezialität ist eine wunderbare Garnitur für Suppen und Salate. Dafür Knoblauchzehen schälen, längs in Scheiben schneiden und in Distelöl bei mittlerer Hitze goldgelb frittieren. Ständig rühren, damit der Knoblauch gleichmäßig gart. Nach 2–3 Minuten den frittierten Knoblauch mit einem Schaumlöffel herausnehmen und auf Küchenpapier abtropfen lassen. Das Öl darf beim Frittieren nicht zu heiß sein, da der Knoblauch sonst verbrennt und unangenehm bitter schmeckt.

Jasmin – *Malee horm*

Jasmin bildet die Basis von Jasminessenz – *yod nam malee*. Die Jasminknospen werden dafür über Nacht in Wasser eingeweicht, und das Einweichwasser dient später zum Aromatisieren von Kuchen und Desserts, wie etwa parfümierter Reis. Manchmal verwendet man stattdessen auch Rosenblütenblätter. Jasminessenz ist im Handel erhältlich, hat jedoch nicht das raffinierte Aroma von frischem Jasminwasser.

Zitronengras – *Takrai*

Zitronengras ist eine unverzichtbare Zutat der Thai-Küche und auch bei uns in vielen Asia-Läden und Supermärkten frisch erhältlich. Die Stängel werden im Bund zu 6–8 Stück verkauft und sind 12–23 cm lang. Verwendet wird die Gewürzpflanze mit dem Zitrusaroma für Currys und scharf-säuerliche Suppen. Die faserigen Hüllblätter werden entfernt, verwendet wird nur das zwiebelartig verdickte helle untere Ende (5–10 cm), allerdings werden mit den ganzen »Halmen« und den oberen Teilen manchmal Brühen aromatisiert. Zitronengras schneidet man in Scheiben oder zerreibt es zu einer Paste. Die Scheiben kann man einfrieren und direkt aus dem Tiefkühlfach verwenden. Zitronengras wird gehackt in Gläsern angeboten. Getrocknet ist es weniger zu empfehlen.

Zitronengras.

Frischen Ingwer vorbereiten

Frischer Ingwer wird vor der Verwendung in der Regel geschält. Die trockene Schale lässt sich mit einem scharfen Messer leicht abschaben oder abschälen. Im Anschluss wird der Ingwer in dünne Scheiben oder Stifte geschnitten, gehackt oder gerieben. Dient er nur zum Aromatisieren und wird nach dem Garen entfernt, sollte man ihn mit einem Messer kräftig andrücken.

1 Mit einem Sparschäler oder einem scharfen Messer dünn schälen.

2 Auf der Rohkostreibe fein reiben.

3 Alternativ zuerst in dünne Scheiben und dann in Stifte schneiden. Die Stifte nach Bedarf grob hacken. Wird er nach dem Garen entfernt, den Ingwer andrücken.

Minze wird in der Thai-Küche oft verwendet, vor allem für Salate.

Minze – *Bai saranee*

Minze ist in Thailand sehr beliebt. Die frischen Blätter gibt man gern in Salate.

Pandanblätter – *Bai toey hom*

Die duftenden Blätter einer Schraubenbaumart sind lang und schlank und erinnern leicht an einen Staubwedel. Man verwendet sie als schützende Hülle beim Garen von gewürztem Hühner- oder Schweinefleisch und zum Aromatisieren von Kuchen und Desserts. Pandanblätter haben einen leicht nussartigen Geschmack. Frische Blätter bekommt man in Asia-Läden. Tiefgekühlt duften sie zwar nicht so stark wie frische, haben jedoch ein besseres Aroma als die im Handel angebotene Essenz.

Grüne Pfefferkörner sind eine dekorative Garnitur.

Weiße Pfefferkörner.

Pfefferkörner – *Prik Thai*

Bevor Chilis nach Thailand gelangten, war Pfeffer das wichtigste scharfe Gewürz. Heute verwenden Thai-Köche nur zwei Pfeffersorten: schwarze Pfefferkörner zum Würzen und grüne Pfefferkörner zum Garnieren von Dschungelcurrys und Wokgerichten. Eine verbreitete traditionelle Thai-Gewürzmischung besteht aus gemahlenem weißem Pfeffer, Korianderwurzel und Knoblauch.

Tamarinde – *Mak-kaam*

Tamarindensaft gehört zu den wichtigsten Säuerungsmitteln in der thailändischen Küche. Er ist fruchtig und erfrischend, schmeckt sauer, aber nicht bitter. Für scharf-säuerliche Suppen ist er unverzichtbar. Bei frischer Tamarinde handelt es sich um die Fruchtschoten eines halbimmergrünen tropischen Baumes, die in Thailand nahezu überall erhältlich sind. Bei uns bekommt man Tamarinde jedoch eher als gepresstes Mark in Blockform, das an einen Block getrockneter Datteln erinnert und auch wie saure Datteln schmeckt. Daher auch ihre weiteren Namen Indische Dattel oder Sauerdattel.

Im Kühlschrank kann man Tamarindensaft bis zu 1 Woche aufbewahren. Tamarinde erhält man außerdem als getrocknete Scheiben, als Konzentrat und als Paste. Als Ersatz eignet sich Zitronensaft, doch benötigt man die doppelte Menge. (Siehe auch Süße Tamarinde auf Seite 41.)

Kurkuma – *Kamin*

Die im Innern leuchtend orangegelbe Kurkuma ist ein Rhizom und mit Ingwer und Pfeilwurz verwandt. Bis vor kurzem wurde sie zum Färben der Gewänder buddhistischer Mönche verwendet. Auch auf der Haut hinterlässt sie Farbspuren, bei der Vorbereitung also am besten Gummihandschuhe tragen! Aufgeschnittene Kurkuma duftet pfeffrig und verleiht Gerichten einen leichten Moschusgeschmack. In Thailand ist sie oft Bestandteil von Currypasten, vor allem von indischen Mischungen, und Reis bekommt durch Kurkuma eine goldene Farbe.

Kühl, dunkel und trocken gelagert, hält sich frische Kurkuma 2–3 Wochen. Für die Aufbewahrung im Kühlschrank gut einwickeln, da sie sonst austrocknet.

Fenchelsamen – *Yira*

Fenchelsamen haben ein warmes Aroma. Gemahlen sind sie Bestandteil des chinesischen Fünf-Gewürze-Pulvers, das in Thailand recht beliebt ist.

Kurkuma wird bei uns meist schon gemahlen verkauft, mitunter bekommt man aber auch das frische Rhizom.

Currypasten und Currypulver

Thai-Currys basieren fast immer auf »feuchten« Würzmischungen, also sämigen Pasten aus Gewürzen und aromatischen Zutaten, die im Mörser zerrieben werden. Nur Currys nach indischer oder burmesischer Tradition bereitet man mit Currypulver zu. In Thailand kann man die Pasten frisch auf den Märkten kaufen, im Ausland bekommt man sie nur in Gläsern.

Rote Currypaste – *Krung gaeng ped*

Ihre rote Farbe verdankt die Paste den vielen frischen roten Chilis, die die wichtigste Zutat bilden. Die reichhaltige Paste enthält traditionell Kreuzkümmel, Schalotten, Knoblauch, Galgant und Zitronengras sowie frische Korianderwurzel, Pfefferkörner, Zimt, gemahlene Kurkuma und Garnelenpaste. Man verwendet sie mit Vorliebe für Currys mit Rind und für kräftige Gerichte mit Huhn. Rezept siehe Seite 141.

Grüne Currypaste – *Krung gaeng keo wan*

Eine Currypaste aus Kräutern und frischen grünen Chilis. Sie wird vor allem für Hühnercurry verwendet. Rezept siehe Seite 138.

Grüne und rote Currypaste – die Basis vieler Thai-Currys.

Gelbe Currypaste ist sehr würzig und passt ideal zu Rindfleisch- und Hühnercurrys. Rezept siehe Seite 125.

Mussaman-Currypaste aus getrockneten Chilis und aromatischen Gewürzen. Rezept siehe Seite 140.

Orangefarbene Currypaste – *Krung gaeng som*

Rote Chilis und Garnelenpaste gehören in diese scharfe Paste für Meeresfrüchtecurrys und die säuerliche Garnelen-Curry-Suppe.

Gelbe Currypaste – *Krung gaeng karee*

Die Paste ähnelt der Mussaman-Currypaste. Für eine schnelle Variante mischt man einfach gemahlene Kurkuma unter rote Currypaste. Gelbe Currypaste ist sehr würzig und eignet sich für Hühner- und Rindercurrys.

Mussaman-Currypaste – *Nam prik gang mussaman*

Im Vergleich zu den farbigen Thai-Currypasten stammt diese mildere Paste aus Indien. Hauptzutaten sind getrocknete Chilis, Koriander und Kreuzkümmel.

Panang-Currypaste – *Nam prik gang panang*

Aus zermahlenen gerösteten Erdnüssen besteht diese süße, relativ milde Currypaste. Ursprünglich stammt sie aus Penang in Malaysia – daher der Name. Sie passt zu Huhn und Rind und ist ideal für Gerichte mit Kokosmilch.

Currypaste herstellen

Eine traditionelle Thai-Currypaste verlangt Zeit und Geduld, aber die Mühe lohnt sich. Mit einem Mörser werden die Zutaten zerrieben, um die aromatischen Öle freizusetzen, sodass sich die verschiedenen Aromen verbinden können und kein Geschmack hervorsticht. Werden die Gewürze in der Küchenmaschine zermahlen, hat man am Ende eine grobkörnige Mischung und keine harmonische, sämige Paste.

Für die Arbeit mit dem Mörser gibt es eine besondere Technik. Manche glauben, man brauche zum Zermahlen viel Kraft. Thai-Köche lassen jedoch den Stößel einen Großteil der Arbeit tun, indem sie ihn auf die Zutaten fallen lassen. Zutaten wie Ingwer und Knoblauch brechen dabei auseinander. Der Vorgang wird wiederholt, bis ein grobes Pulver entstanden ist. Erst dann zerreibt man die Mischung zu einer Paste.

Übrige Paste kann man im Schraubglas mindestens 1 Woche im Kühlschrank aufbewahren oder einfrieren.

Currypulver – *Pong gka-ree*

Diese trockene Gewürzmischung wird in der Thai-Küche kaum verwendet – außer für traditionell überlieferte indische oder burmesische Gerichte. Man nutzt das Pulver allenfalls für Wokgerichte, Marinaden oder eine Erdnusssauce.

Zutaten aus dem Vorratsschrank

ÖLE – *Naam man*

Früher war Schweineschmalz das bevorzugte Kochfett für thailändische Gerichte, doch inzwischen verwendet man vor allem leichte Pflanzenöle.

Erdnussöl

Erdnussöl eignet sich zum Pfannenrühren und Frittieren, denn es lässt sich stark erhitzen, ohne zu rauchen. Das milde Öl ist auch hervorragend für Salatdressings geeignet.

Maiskeimöl

Dieses Öl ist zum Braten bei hoher Temperatur ebenfalls gut geeignet, jedoch weniger für Dressings, da der kräftige Geschmack zu dominant sein kann.

Distel- und Sonnenblumenöl

Beide sind heller und milder als Erdnuss- oder Maiskeimöl, aber zum Pfannenrühren nicht so gut geeignet.

Sojaöl

Es wird gern zum Kochen verwendet, jedoch nicht für Salatdressings.

Sesamöl

Sesamöl verwendet man selten zum Braten, da es schnell verbrennt. Es hat einen kräftigen Nussgeschmack und eine braune Farbe. Als aromatisches Öl träufelt man es gern kurz vor dem Servieren über die Speisen.

Chiliöl

Das würzige Öl wird nicht zum Kochen verwendet, sondern als Dipsauce. Oft gibt man es vor dem Servieren auch über pfannengerührte Garnelen.

Rechts: Kokosessig schmeckt süßsäuerlich.

Unten: Bernsteinfarbener und weißer Reisessig haben eine ganz typische Schärfe.

Unten: Sesamöl und Chiliöl werden vorrangig zum Würzen, weniger zum Kochen verwendet. Meist gibt man sie erst kurz vor dem Servieren hinzu.

ESSIGE

Reisessig – *Nam som sai chu*

Dieser weiße Essig aus vergorenem Reis hat einen scharfen, reinen Geschmack. Die thailändische Variante ist allerdings milder als chinesischer oder japanischer Reisessig. Als Ersatz eignet sich destillierter weißer Essig.

Kokosessig – *Nam som maplow*

Kokosessig ist milchig weiß, hat ein fruchtiges Aroma und einen süßsauren Geschmack, der für die Thai-Küche so typisch ist. Wie der Name schon sagt, wird er aus Kokoswasser hergestellt. Man verwendet ihn vor allem zum Würzen von Seafood und für Salatdressings. Nach dem Öffnen im Kühlschrank aufbewahren.

SAUCEN UND PASTEN

Chili-Bohnen-Paste – *Nam prik pao*

Die Paste besteht aus Sojabohnen, Chilis und anderen Gewürzen und ist sehr scharf. Nach dem Öffnen der Gläser diese fest verschlossen im Kühlschrank aufbewahren.

Chilisauce – *Saus prik*

Chilis, Wasser, Essig, Zucker und Salz sind die Bestandteile von Chilisauce, die man vor allem als Dip für Seafood verwendet. Es gibt verschiedene Schärfegrade, und auch die Süße variiert. Süßere Sorten passen gut zu Huhn oder Seafood.

Garnelenpaste – *Kapee*

Garnelenpaste ist eine der häufigsten Zutaten in der Thai-Küche. Hergestellt wird sie aus winzigen Garnelen, die

Chili-Bohnen-Paste sollte man sparsam verwenden – sie ist sehr scharf.

Rechts: Austernsauce wird in Thailand häufig verwendet.

Oben: Die Schärfe von Chilisaucen variiert.

eingesalzen, getrocknet, zermahlen und fermentiert wurden. Die fertige Paste wird gepresst und in Blöcken, kleinen Dosen oder Gläsern verkauft. *Kapee* gibt es in vielerlei Sorten, die farblich von rosa bis dunkelbraun variieren. Die rosa Variante eignet sich gut für Currypaste, dunklere Sorten für Dips. Vor dem Verzehr sollte man *kapee* stets garen. Sie wird gegarten Gerichten hinzugefügt, doch meist wird empfohlen, die Paste vorher in Alufolie zu wickeln und in einer Pfanne ohne Fett zu erhitzen. Nach dem Garen schmeckt sie etwas milder.

Garnelenpaste schmeckt salzig und ausgesprochen würzig.

Thai-Fischsauce – *Nam pla*

Eine der wichtigsten Zutaten der Thai-Küche ist Fischsauce aus gesalzenem Fisch. Meist werden Sardellen fermentiert, um die dünne Flüssigkeit herzustellen, die die Basis der Sauce bildet. Beim Kochen bekommt sie einen milderen Geschmack.

Austernsauce – *Hoy nangrom*

Diese chinesische Spezialität wird auch in Thailand häufig verwendet und besteht vor allem aus Sojasauce und Austernextrakt. Sie schmeckt intensiv, jedoch gar nicht nach Fisch. Man bekommt sie in Supermärkten und Asia-Läden.

Sriracha-Sauce – *Nam jim sriracha*

Ihren Namen verdankt die süßsaure, scharfe oder milde Tischsauce der thailändischen Küstenstadt, aus der sie stammt. Sie besteht aus roten Chilis.

Chilipaste – *Nam prik*

Diese Paste ist das populärste Würzmittel der Thai-Küche und steht bei jeder Mahlzeit auf dem Tisch. Es gibt viele Varianten, doch die wichtigsten Bestandteile sind gehackte rote Chilis (mit den Samen), frischer Limettensaft, Garnelenpaste, Thai-Fischsauce, Knoblauch und etwas Zucker. Oft gibt man auch gehackte getrocknete Garnelen und Pea-Auberginen dazu. Für *nam prik pao* (geröstete Chilipaste) wird der Knoblauch zuvor mit Schalotten ohne Fett geröstet. Eine weitere Zutat können geröstete Erdnüsse sein.

Sojasauce – *Nam see ewe* und *nam see ewe sai*

In der Thai-Küche verwendet man zwei Haupttypen von Sojasauce: salzige und süße. Es gibt eine hellere und eine dunklere, dickflüssigere salzige Variante, und auch süße Sojasauce erhält man in zwei Stärkegraden. Eine davon wird mit Melasse zubereitet und ist etwas dicker. Ebenso wie salzige Sojasauce werden die süßen Varianten für Nudel- und Wokgerichte verwendet. Geschmacklich unterscheiden sich die Saucen stark. Geöffnete Flaschen im Kühlschrank aufbewahren.

Namya-Paste – *Prig gang nam ya*

Dieses Fertigprodukt erhält man in Asia-Läden. Die Mischung aus Knoblauch, Krachai und weißem Pfeffer wird in der Thai-Küche gern verwendet.

Thai-Fischsauce, eine unverzichtbare Würzzutat.

TROCKENE ZUTATEN

Agar-Agar – *Sarai talay*

Das pflanzliche Geliermittel aus Meeresalgen verwendet man in Thailand statt Gelatine. Es löst sich nur in kochender Flüssigkeit und hat eine stärkere Gelierkraft als Gelatine.

Palmzucker – *Nam taan peep*

Palmzucker wird aus dem Saft verschiedener Palmenarten gewonnen. Dafür wird der gezapfte Saft aufgekocht, bis zum Auskristallisieren gerührt und anschließend zum Erstarren gebracht. Er entwickelt einen leicht malzigen Eigengeschmack. Die Farbe variiert zwischen Goldgelb und Hellbraun. Palmzucker hat ein typisches Aroma und ist nicht ganz so süß wie Rohrzucker. Oft wird er als fester Block verkauft und muss vor der Verwendung gerieben werden. Brauner Zucker kann als Ersatz dienen.

Tapioka – *Meun*

Tapioka wird aus den stärkehaltigen Maniokknollen gewonnen. Die kleinen Tapioka-Sagokügelchen verleihen Desserts eine gelatineartige Konsistenz. Tapiokamehl dient als Bindemittel für Saucen, Desserts und dünne Teige und zum Bemehlen von Bratzutaten. Es ist lockerer als Maisstärke.

Geröstetes Reispulver – *Khao kua pon*

Dieses Würz- und Bindemittel erhält man in thailändischen Geschäften. Es hat eine hellbraune Farbe und schmeckt nussartig. Man verarbeitet es mit gehackten Garnelen oder Fleisch für Kebabs, streut es auf Suppen und vermischt es mit Fleisch oder Seafood für Salate.

Selbst herstellen: Rohen weißen Reis ohne Fett 3–5 Minuten bei mittlerer Hitze goldbraun rösten, kurz abkühlen lassen und anschließend in der Gewürzmühle fein zermahlen.

Palmzucker, auch Jaggery genannt, ist goldgelb bis dunkelbraun und wird nicht raffiniert. Er hat einen ausgeprägten, aber feinen Geschmack.

NÜSSE UND SAMEN

Lotossamen – *Med bua*

Frische Lotossamen werden als Snack verzehrt oder püriert mit Zucker als Kuchenfüllung verwendet. Die getrockneten Samen müssen vor der Verwendung in Wasser eingeweicht und die grünen Keime im Innern entfernt werden. Man schätzt die Samen wegen ihrer knackigen Textur und als Aromaträger. Getrocknete Lotossamen bekommt man in Asia-Läden und kann sie kühl und fest verschlossen lange aufbewahren.

Enthäutete, rohe und ganze Erdnüsse; weiße und schwarze Sesamsamen.

Erdnüsse – *Tua lii song*

Erdnüsse sind eine beliebte Garnitur und knackige Zutat für Salate. Gehackt bilden sie die Grundlage von Satay-Sauce und dicken roten Currys und sind der wichtigste Bestandteil von Panang-Currypaste.

Lotoswurzeln sowie frische und getrocknete Lotossamen.

Sesamsamen – *Ngaa*

Die winzigen Sesamsamen sind flach und meist weiß, können aber auch cremefarben bis braun, rot oder schwarz sein. Rohe Samen haben kaum Geschmack. Ihr typisch nussartiges Aroma entwickeln sie erst beim Rösten. Geröstet verwendet man sie in vielen von der chinesischen Küche beeinflussten Speisen. Man streut sie auch gern kurz vor dem Servieren über Salate und andere Gerichte.

Getränke

Bier – *Bia*

Von den bekannten alkoholischen Getränken passt Bier zweifellos am besten zu thailändischem Essen, vor allem wenn man das heiße Klima bedenkt. Es gibt zwei bedeutende Biermarken: Singha und Amarit. Das sehr beliebte Singha wird gern mit San Miguel oder Kirin verglichen. Amarit ist leichter und erinnert an ein gutes deutsches Export.

Reis-Whisky – *Wisakee*

Der bekannteste thailändische Reis-Whisky ist der Mekon, und so wird diese Marke auch gern als Synonym für Thai-Whisky verwendet. Sein Geschmack erinnert eher an Bourbon als an Scotch, ist aber deutlich billiger. Bei festlichen Anlässen wird häufig eine Flasche auf den Tisch gestellt und mit Sodawasser und einem Schuss Limettensaft getrunken. Als Mixgetränk mit Cola, Eis und Zitrone wird er sehr geschätzt, doch berüchtigt ist auch der schlimme Kater, der darauf folgt. Im Übrigen ist Reis-Whisky ein relativ günstiges Getränk.

Wein

Chaijudh Karnasuta, der Präsident des Oriental Hotel, produziert auf seinem Chateau de Loei einen durchaus akzeptablen Wein. Die meisten anderen Weine,

Singha ist das bekannteste und beliebteste thailändische Bier.

die in Thailand verkauft werden, sind unverschämt teuer, insbesondere europäische Weine. Der Großteil kommt aus Australien und ist ebenfalls sehr teuer.

Alkoholfreie Getränke

Sehr beliebt ist Kaffee, serviert mit Zucker und Kondensmilch. Auch eisgekühlter Kaffee wird immer populärer.

Gern trinkt man in Thailand auch das erfrischende Kokoswasser.

Thai- und China-Tees trinkt man heiß oder eisgekühlt. Von den vielen Kräutertees sind Ingwer- und Zitronengrastee am beliebtesten. Die Auswahl an frischen Fruchtsäften ist immens. Fruchtdrinks serviert man stets mit Salz und Zucker. Köstliche Durstlöscher sind Zuckerrohrsaft und das Wasser junger Kokosnüsse.

Bier passt hervorragend zu einem würzigen thailändischen Essen.

Mangosaft ist nur einer der vielen stets frisch gepressten Säfte.

Ein süßes Erfrischungsgetränk an einem heißen Tag: Zuckerrohrsaft.

Küchengeräte

Es sind nur einige wenige Küchengeräte erforderlich, um zu Hause problemlos authentische Thai-Gerichte nachkochen zu können.

Woks haben runde oder gerade Böden und einen oder zwei Griffe.

Mörser und Stößel – *Krok* und *saak*

Das wichtigste Küchengerät in jeder thailändischen Küche ist zweifellos der Mörser. Idealerweise sollte man mehrere Exemplare in verschiedenen Größen besitzen, mindestens aber zwei – einen für Gewürze, den anderen für Salate. Mörser gibt es aus Granit, Steingut und Holz. Sie sollten 450 Milliliter fassen und einen Durchmesser von 18 cm haben. Zum Zermahlen von Gewürzen und Kräutern eignet sich ein Granitmörser am besten. Mörser aus Steingut und Holz verwendet man zur weniger kraftaufwendigen Zubereitung von Salaten.

Man kann auch eine Kaffeemühle (nur für diesen Zweck), einen Mixer oder eine Küchenmaschine zum Mahlen von Gewürzen und Kräutern verwenden, doch erhält man dabei nicht die typische Textur und den Geschmack wie bei der traditionellen Methode.

Um Mörser und Stößel von starken Gerüchen und Speiseresten zu befreien, diese etwa 1 Stunde in einer Mischung aus destilliertem Essig und Wasser einweichen und anschließend abspülen. Bei Chiliresten lässt sich der Mörser mit einer Mischung aus Salz und Limettensaft reinigen.

Ein Granitmörser eignet sich gut zur Herstellung traditioneller thailändischer Gewürzpasten.

Wok – *Kata*

Beinahe ebenso wichtig wie Mörser und Stößel ist der Wok – eine chinesische Erfindung. Man kann ihn zum Pfannenrühren, Frittieren, Braten oder Dämpfen verwenden. Seine breite, geschwungene Form mit hohem Rand macht ihn zu einem ebenso effizienten wie einfach verwendbaren Kochgeschirr.

Woks sind in unterschiedlichen Materialien erhältlich: Flussstahl, Edelstahl oder Aluminium. Am besten geeignet ist Flussstahl. Es gibt auch Woks mit einer speziellen Antihaftbeschichtung, doch leiten sie die Hitze nicht so gut weiter wie traditionelle Woks, man kann sie auch nicht so stark erhitzen. Für einen Gasherd sollte man einen Wok mit gewölbtem Boden wählen, für einen Elektroherd muss der Boden eben sein. Ein Wokständer hält den Wok auf dem Herd gerade und ist besonders nützlich, wenn man den Wok zum Dämpfen, Frittieren oder Schmoren verwenden möchte.

Den leichten, hoch gewölbten Wokdeckel zum Dämpfen erhält man in Asia-Läden. Ersatzweise eignet sich aber auch jeder gut schließende Topfdeckel.

Vor der ersten Verwendung

Woks ohne Antihaftbeschichtung müssen vor der ersten Verwendung vorbehandelt werden. Einen neuen Wok sollte man erst einmal gründlich spülen, um das Maschinenöl zu entfernen, mit dem er für den Transport behandelt wurde. Das Innere des Woks zuerst mit Reinigungsmilch säubern, ausspülen und trockenreiben. Den Wok bei niedrigster Hitze auf den Herd setzen, 30 Milliliter Öl hineingießen und dieses gleichmäßig mit Küchenpapier verreiben. Den Wok weitere 10–15 Minuten leicht erhitzen und nochmals mit reichlich Küchenpapier ausreiben. Den Vorgang wiederholen, bis das Küchenpapier sauber bleibt.

Schnitzmesser – *Miit*

Dieses dünne, spitze Messer wird vor allem zum Schälen und »Schnitzen« von Obst und Gemüse gebraucht – einer herausragenden thailändischen Kunstfertigkeit.

Allzweckmesser – *Li-toh*

Das stabile, beilartige Allzweckmesser wird vor allem zum Spalten von Kokosnüssen verwendet.

Ein chinesisches Küchenbeil ist gut ausbalanciert.

Eine Bambusreibe eignet sich gut zum Reiben von frischem Ingwer.

Chinesisches Küchenbeil – *Miit muu*

Dieses äußerst vielseitige Gerät eignet sich zum Spalten/Hacken von Knochen, aber auch zum feinen Aufschneiden der Zutaten für Wokgerichte. Es muss stets ganz scharf sein. Als Ersatz eignet sich ein schweres Kochmesser.

Feuertopf – *Tao fai*

Das ungewöhnlich geformte Kochgeschirr kann aus Aluminium, verzinntem Kupfer oder Messing bestehen. Mitunter wird es auch als »mongolischer Feuertopf« (ein mit Holzkohle beheizter Topf) bezeichnet. Wichtig ist, dass er nicht mit korrodierendem Material (etwa Zinn) beschichtet ist.

Reibe – *Tsota-drap*

Bambusreiben eignen sich ideal zum Reiben von Ingwer, während man mit einer Allzweckreibe aus Edelstahl Gemüse und auch Kokosmark gut raspeln kann. Kokosnuss wurde traditionell auf speziellen Kokosreiben *(maew khuut ma-phroat)* gerieben, die heute allerdings eher Sammlerstücke sind als alltägliche Küchengeräte. Die einst einfachen kleinen Hocker mit scharfer Metallreibe an einem Ende wurden zu kunstvoll ausgearbeiteten Geräten weiterentwickelt, die oft in Form eines Kaninchens oder anderer Tiere geschnitzt waren.

Zur Verwendung der traditionellen Kokosreibe sitzt der Koch rittlings auf dem Hocker und hält die halbierte Kokosnuss gegen die Reibe. Er beginnt am äußeren Rand und reibt zur Mitte hin, sodass das Kokosmark dabei je nach Verwendungszweck unterschiedlich fein gerieben wird. Heute verwendet man sowohl elektrische als auch kleine Metallreiben.

Gebogener Spatel – *Phai*

Der gebogene Holzspatel mit langem Griff ist für das Pfannenrühren im Wok unverzichtbar.

Dämpfeinsätze

Der traditionelle Dämpfeinsatz in Thailand ist ein Set aus Bambuskörben *(huat)*, die in einen Wok mit kochendem Wasser gestapelt und zugedeckt werden. Chinesische Händler haben zudem gelochte Metalleinsätze eingeführt, die ebenso verwendet werden (und hygienischer sind). Auch elektrische Dämpftöpfe werden heute vielfach eingesetzt.

Damit die Speisen bei der Zubereitung nicht anhängen, legt man den Dämpfeinsatz mit Bananenblättern, einem feuchten Musselintuch oder Backpapier aus. Bambusdämpfkörbe vor der ersten Verwendung gründlich waschen, abspülen und mindestens 5 Minuten leer dämpfen.

Ein spezieller runder, flacher Dämpfeinsatz *(rang theung)* aus Stahl oder Bambus dient zum Dämpfen von feinem Fisch, Klößchen, Desserts und anderen Gerichten.

Schneidbrett – *Khiang*

Ein traditionelles thailändisches Schneidbrett ist rund, etwa 5 cm dick und besteht aus Tamarindenholz. Andere Hartholz- oder Acrylbretter eignen sich ebenso, da sie sich leicht reinigen lassen, hygienisch sind und lange halten. Gegartes Fleisch niemals auf ein Brett legen, das zum Schneiden von rohem Fleisch oder Geflügel verwendet wurde. Für rohes Fleisch stets ein eigenes Brett verwenden und nach jeder Benutzung gründlich waschen.

Siebe – *Kra-chawm*

Man benötigt Siebe in verschiedenen Größen und möglichst aus Metall zum Abseihen von Reis, Säften oder aromatisierten heißen Ölen.

Teigschalenformer – *Grathong*

Diese muschelförmigen Messingformen sitzen an einem langen Holzstiel. Sie werden in heißes Öl getaucht, dann in dünnflüssigen Teig und wieder ins Öl. Der Teig bäckt an der Form zu knusprigen kleinen Schalen, die man mit pikanten Mischungen füllt und als attraktiven Snack *(krathon)* reicht.

Stapelbare Bambuskörbe zum Dämpfen.

Klassische Techniken

Schonende Zubereitung lautet ein wichtiger Grundsatz der Thai-Küche, und dies gilt für die Vorbereitung und das Hacken der Zutaten wie für das Mahlen der Gewürze oder das Waschen und Zurechtschneiden der Garnitur.

Die gesamte Thai-Küche basiert auf wenigen klassischen Vorbereitungs- und Kochtechniken. Am wichtigsten ist selbstverständlich die Vorbereitung von Kräutern und Gewürzen, die den Thai-Gerichten ihr einzigartiges Aroma verleihen. Traditionell bereiten thailändische Küchenmeister alles frisch zu (bei uns erhält man allerdings einige gute Fertigprodukte, etwa Currypasten, die viel Zeit sparen helfen).

Die Gewürze werden geröstet und zu Pasten zermahlen – die Basis der meisten Gerichte. Das folgende Garen sind meist einfache Methoden: Dämpfen, Kochen, Pfannenrühren, Frittieren oder Grillen über Kohlenglut. Einige Speisen nach chinesischer Art, etwa gebratene Ente oder Schwein, werden im Ofen zubereitet, doch ist dies keine traditionelle Garmethode der Thai-Küche.

Gewürze mahlen

Zum Mahlen von Gewürzen eignet sich ein großer asiatischer Mörser (möglichst aus Granit) am besten. Seine raue Oberfläche »hält« die Gewürze geradezu fest, sodass sie beim Zermahlen nicht herausspringen. Trockene Gewürze werden meist in einer schweren Pfanne ohne Fett angeröstet *(pow)*.

1 Gewürze gleichmäßig in der Pfanne verteilen und bei starker Hitze etwa 1 Minute rösten, dabei die Pfanne schwenken. Hitze reduzieren und weiterrösten, bis die Gewürze sich verfärben und zu duften beginnen.

2 Im Mörser zu feinem Pulver zermahlen. Dabei werden die ätherischen Öle freigesetzt, die für das authentische Thai-Aroma sorgen.

Zerreiben und pürieren

Trockene wie feuchte Gewürze und Kräuter werden oft zu Gewürzpasten verarbeitet. Auch andere aromatische Zutaten, etwa die würzige Garnelenpaste, kommen oft hinzu.

1 Gewürze, Kräuter und aromatische Zutaten einige Minuten im Mörser zerreiben und gründlich zu einer weichen Paste verarbeiten.

Langsames Schmoren

Schmoren *(keang)* ist die typische Garmethode für Suppen und Currys, durch die lange Garzeit wird das Fleisch besonders zart. Traditionell verwendete man dafür einen schweren Tontopf (Claypot), der über ein Feuer von mittlerer Hitze gestellt wurde.

1 Sämtliche Zutaten in einen Tontopf füllen und in den vorgeheizten (Temperatur nach Bedarf wählen) Ofen stellen. Als Alternative eignet sich eine schwere Kasserolle, die man nach Belieben auch bei mittlerer Hitze auf den Herd stellen kann.

Dämpfen

Dies ist eine hervorragende Garmethode für empfindlichere Speisen wie Fisch und Gemüse. Beim Dämpfen *(neung)* bleiben die Form der Zutaten und ihr Geschmack erhalten.

1 Die Speise in einen Bambusdämpfkorb legen (bei Bedarf zuvor mit Bananenblättern auslegen). Den Dämpfkorb auf einem Einsatz in den Wok, halb gefüllt mit kochendem Wasser, stellen und dämpfen, dabei regelmäßig heißes Wasser nachgießen.

2 In Bananenblätter gewickelte Speisen werden im Ergebnis ebenfalls gedämpft. Die gut verschlossenen Päckchen auf einen Grillrost oder in den vorgeheizten Ofen legen. Die Feuchtigkeit im Innern dämpft die Speisen.

Pfannenrühren

Dies ist eine sehr schnelle Garmethode – meist dauert die Vorbereitung der Zutaten wesentlich länger. Vor dem Pfannenrühren *(pad)* müssen alle Zutaten fertig vorbereitet sein. Wichtig ist dann die Reihenfolge, in der die Zutaten in den Wok kommen.

1 Etwas Öl in einen Wok gießen und einige Minuten stark erhitzen.

2 Gewürze und trockene aromatische Zutaten kurz pfannenrühren.

3 Gleich groß geschnittene Stücke Fleisch, Geflügel, Fisch oder Meeresfrüchte 1–2 Minuten mitrühren. Den Wok ständig rütteln. Flüssige Würze zugeben.

4 Festes Gemüse wie Möhren, Bohnen oder Paprika hinzugeben und 1 Minute weiterrühren. Evtl. etwas Brühe zugeben.

5 Zartes Gemüse, das schnell gart, etwa Bohnensprossen, Spinat oder Wasserspinat, hinzugeben und 1 weitere Minute pfannenrühren.

6 Zuletzt noch weitere Gewürze und vor allem frische Kräuter wie Basilikum oder Koriandergrün, die nicht lange garen sollten, untermischen. Sofort servieren.

Frittieren

Spezialitäten wie *won-tans*, Frühlingsrollen oder Garnelen-Cracker werden frittiert *(tord)*. Für diese beliebte Garmethode muss das Öl hoch erhitzbar sein, wie zum Beispiel Erdnussol.

1 Das Öl zwei Drittel hoch in einen Topf oder Wok gießen und auf 180 °C erhitzen. Temperaturtest: etwas Teig oder ein Stück Zwiebel hineingeben. Sinken sie zu Boden, ist das Öl nicht heiß genug, verbrennen sie, ist es zu heiß. Zischen sie und steigen an die Oberfläche, ist die Temperatur perfekt.

2 Die Speisen in kleinen Portionen knusprig frittieren und mit einem Schaum- oder Sieblöffel herausnehmen. Auf einem mit Küchenpapier ausgelegten Gitter abtropfen lassen und sofort servieren oder im Ofen warm halten.

Kochen und Garziehen

Diese Garmethode *(dom)* dient häufig zur Zubereitung von feinem Fleisch wie Hühnerbrust oder Ente.

1 Das Fleisch mit den Würzzutaten in einen Topf füllen und vollständig mit Wasser bedecken. Zum Kochen bringen, vom Herd nehmen und zugedeckt 10 Minuten stehen lassen. Abgießen.

Grillen

Das Grillen über heißer Kohlenglut ist sehr verbreitet. Vor allem Straßenverkäufer bereiten auf ihren kleinen Grillgeräten nach dieser Methode Grillspieße als Snacks zu, etwa Satay, Hühner- *(kai yang)* oder Seafoodspieße.

1 Wird Holzkohle verwendet, diese durchglühen lassen, bis sie von einer dünnen Schicht weißer oder hellgrauer Asche bedeckt ist. Spieße, Fleisch, Geflügel, Fisch oder Meeresfrüchte auf den Rost legen und über der Glut grillen. Dabei ab und zu wenden, bis die Speisen rundum gebräunt und gar sind.

2 Wer keine Zeit hat, Holzkohle vorzubereiten, kann die Speisen unter den Backofengrill schieben.

Spieße aus Holz und Bambus

Werden beim Grillen Holz- oder Bambusspieße verwendet, diese zuvor 30 Minuten in Wasser legen, damit sie nicht verbrennen.

Vorspeisen und Snacks

Wer durch die Straßen einer thailändischen Stadt schlendert, begegnet bald den Straßenverkäufern, deren Woks schon bereitstehen für Knoblauch, Ingwer, Chilis und Gemüse. Die herrlichen Düfte verführen zum Kosten, und selten wird man enttäuscht. Doch muss man gar nicht so weit reisen, um diese Leckerbissen genießen zu können. Auf den folgenden Seiten finden sich herrlich unkomplizierte Rezepte für delikate Snacks wie geröstete Cashewnüsse mit Kokosflocken, Maispuffer und Garnelen-»Kracher«.

Garnelen-Sesam-Toast

Diese attraktiven kleinen Toastdreiecke sind ein idealer Snack zu einem Aperitif und vor allem auf Partys als heißer Imbiss sehr beliebt. Das besondere Plus: Sie lassen sich überraschend leicht vorbereiten und sind dann in wenigen Minuten fertig.

FÜR 4 PERSONEN

225 g geschälte Garnelen
1 EL Sherry
1 EL Sojasauce
2 EL Maisstärke
2 Eiweiße
4 Scheiben Weizentoastbrot
115 g Sesamsamen
Öl zum Frittieren
Süße Chilisauce zum Servieren

1 Garnelen, Sherry, Sojasauce und Maisstärke in der Küchenmaschine vermischen.

2 Die Eiweiße in einer fettfreien Schüssel steif schlagen und unter die Garnelenmischung ziehen.

3 Die Brotscheiben diagonal in je 4 Dreiecke schneiden. Die Sesamsamen auf einem großen Teller verteilen. Die Brotdreiecke auf einer Seite mit der Garnelenmischung bestreichen und fest in den Sesam drücken, sodass sie gleichmäßig bedeckt sind.

4 Das Öl in einem Wok oder Frittiertopf auf 180 °C erhitzen, sodass ein kleiner Brotwürfel in etwa 45 Sekunden darin bräunt. Die Brotdreiecke portionsweise mit der bestrichenen Seite ins Öl einlegen und 2–3 Minuten frittieren. Wenden und goldbraun frittieren.

5 Auf Küchenpapier abtropfen lassen. Heiß mit süßer Chilisauce servieren.

Reiskuchen mit würzigem Dip

Die Reiskuchen sind eine klassische thailändische Vorspeise und ganz einfach herzustellen. In einem luftdicht verschlossenen Behälter bleiben sie fast unbegrenzt haltbar. Damit der Reis über Nacht trocknen kann, sollte man mit der Zubereitung mindestens einen Tag im Voraus beginnen.

FÜR 4–6 PERSONEN

175 g Jasminreis
350 ml Wasser
Öl für das Blech und zum Frittieren
Für den Dip:
6–8 getrocknete rote Chilis
1/2 TL Salz
2 Schalotten, gehackt
2 Knoblauchzehen, gehackt
4 Korianderwurzeln
10 weiße Pfefferkörner
250 ml Kokosmilch
1 TL Garnelenpaste
115 g Schweinehackfleisch
115 g Cocktailtomaten, gehackt
1 EL Thai-Fischsauce
1 EL Palmzucker oder brauner Zucker
2 EL Tamarindensaft (Tamarindenmark, mit warmem Wasser vermischt)
2 EL grob gehackte geröstete Erdnüsse
2 Frühlingszwiebeln, gehackt

1 Für den Dip die Chilis von Stielen und Samen befreien und 20 Minuten in warmem Wasser einweichen. Abgießen, in einem Mörser mit dem Salz bestreuen und zerreiben. Schalotten, Knoblauch, Koriander und Pfefferkörner hinzugeben. Alles zu einer groben Paste verarbeiten.

2 Die Kokosmilch in einem Topf zum Kochen bringen. Sobald die Kokosmilch ausflockt, die Chilipaste unterrühren und 2–3 Minuten kochen, bis die Mischung duftet. Die Garnelenpaste unterrühren, 1 weitere Minute kochen lassen.

3 Das Hackfleisch gut unterrühren, sodass keine gröberen Stücke verbleiben. 5–10 Minuten kochen lassen. Tomaten, Fischsauce, Palmzucker und Tamarindensaft untermischen. Köcheln lassen, dabei ab und zu rühren, bis die Sauce eindickt. Erdnüsse und Frühlingszwiebeln einrühren. Vom Herd nehmen.

4 Den Backofen auf die unterste Stufe schalten, ein Backblech einfetten. Den Reis mehrmals in frischem Wasser waschen und mit 350 Milliliter Wasser in einem Topf zugedeckt aufkochen. Etwa 15 Minuten leicht köcheln lassen.

5 Den Reis locker durchrühren, auf dem Backblech verteilen und mit der Rückseite eines Löffels festdrücken. Im Ofen über Nacht trocknen lassen.

6 Den Reis in mundgerechte Stücke brechen. Das Öl im Wok oder Frittiertopf erhitzen. Die Reiskuchen portionsweise etwa 1 Minute frittieren, bis sie sich aufblähen, aber noch nicht braun sind. Abtropfen lassen, mit dem Dip servieren.

Geröstete Cashewnüsse mit Kokosflocken

Am besten serviert man die heißen süßen Cashewnüsse auf Partys in kleinen Papiertüten. Die köstlichen Nüsse kommen so besonders gut zur Geltung, und dank der Tüten bleiben auch Kleidung und Hände sauber. Die Tüten wirft man später einfach weg.

FÜR 6–8 PERSONEN

1 EL Erdnussöl
2 EL flüssiger Honig
250 g Cashewnüsse
100 g ungesüßte Kokosraspel
2 kleine, frische rote Chilischoten, von Stielansatz, Samen und Scheidewänden befreit, fein gehackt
Salz
Frisch gemahlener schwarzer Pfeffer

Küchentipp
Auch Mandeln oder Erdnüsse eignen sich gut und sind zudem etwas günstiger.

1 Das Öl im Wok erhitzen, den Honig einrühren. Nach wenigen Sekunden Cashewnüsse und Kokosraspel hinzufügen. Goldbraun pfannenrühren.

2 Die Chilis sowie Salz und Pfeffer dazugeben und alles gut vermischen. Warm oder abgekühlt in Papiertüten oder auf kleinen Tellern reichen.

Hühner-Satay mit Erdnusssauce

Diese kleinen Spieße sind in ganz Südostasien sehr beliebt. Über Holzkohlenglut gegrillt, schmecken sie besonders gut, und die Erdnusssauce zum Dippen harmoniert aufs Beste mit dem marinierten Hühnerfleisch.

FÜR 4 PERSONEN

4 Hühnerbrüste ohne Haut und Knochen
Für die Marinade:
2 Knoblauchzehen, zerdrückt
2,5 cm frische Ingwerwurzel, fein gerieben
2 TL Thai-Fischsauce
2 EL helle Sojasauce
1 EL flüssiger Honig
Für die Erdnusssauce:
6 EL Erdnussbutter mit Erdnussstücken
1 frische rote Chilischote, von Stielansatz, Samen und Scheidewänden befreit, fein gehackt
Frisch gepresster Saft von 1 Limette
60 ml Kokosmilch
Salz

1 Zunächst die Erdnusssauce zubereiten. Dafür alle Zutaten in der Küchenmaschine oder im Mixer glatt pürieren. Bei Bedarf mit zusätzlichem Salz und Limettensaft nachwürzen. Die Sauce in eine Schüssel füllen, mit Klarsichtfolie abdecken und beiseite stellen.

2 Die Hühnerbrüste mit einem scharfen Messer jeweils in 4 lange Streifen schneiden. Die Zutaten für die Marinade in eine große Schüssel füllen und gründlich vermischen. Das Hühnerfleisch darin wenden, bis es rundum überzogen ist. Zugedeckt mindestens 30 Minuten im Kühlschrank marinieren lassen. Inzwischen 16 Holzspieße in kaltem Wasser einweichen, damit sie beim Grillen nicht verbrennen.

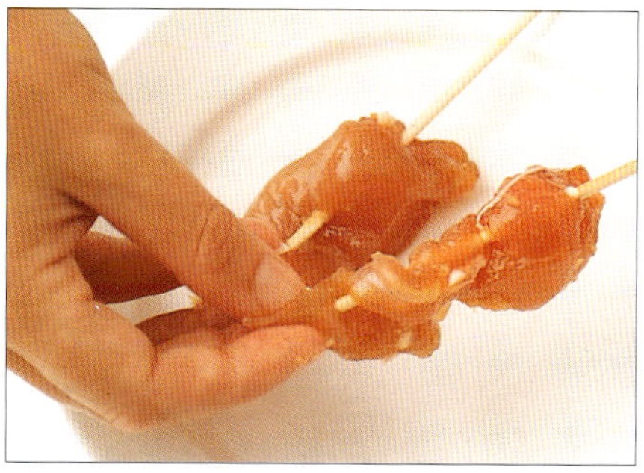

3 Den Backofengrill vorheizen oder die Glut in einem Holzkohlengrill vorbereiten. Die Holzspieße abtropfen lassen. Das Fleisch aus der Marinade nehmen und 1 Streifen auf jeden Spieß stecken. Die Hühnerspieße von beiden Seiten je 3 Minuten grillen, bis das Fleisch goldbraun und gar ist. Sofort mit der Sauce servieren.

Maispuffer

Manchmal schmecken die einfachsten Gerichte wirklich am besten. Diese Puffer mit den knackigen Maiskörnern sind ganz einfach zuzubereiten und entsprechend populär.

ERGIBT 12 STÜCK

3 frische Maiskolben (insgesamt etwa 250 g)
~~1 Knoblauchzehe, zerdrückt~~
1 kleines Bund frisches Koriandergrün, gehackt
~~1 kleine, frische rote oder grüne Chilischote, von Stielansatz, Samen und Scheidewänden befreit, fein gehackt~~
1 Frühlingszwiebel, fein gehackt
1 EL Sojasauce
75 g Reismehl, ersatzweise Weizenmehl
2 Eier, leicht verschlagen
60 ml Wasser
Salz
Frisch gemahlener schwarzer Pfeffer
Öl zum Braten
Süße Chilisauce zum Servieren

1 Die Maiskörner mit einem scharfen Messer direkt in eine große Schüssel vom Maiskolben lösen. ~~Knoblauch,~~ Koriandergrün, ~~Chilischote,~~ Frühlingszwiebel, Sojasauce, Mehl, Eier und Wasser hinzufügen und gut untermischen. Mit Salz und Pfeffer abschmecken. Die Mischung sollte zusammenhaften, aber nicht zu fest sein.

2 Das Öl in einer großen Pfanne erhitzen. Esslöffelweise die Maismischung hineingeben und vorsichtig zu runden Puffern flach drücken. Von beiden Seiten je 1–2 Minuten backen.

3 Auf Küchenpapier abtropfen lassen. Die Puffer warm halten, bis alle fertig sind. Heiß mit süßer Chilisauce servieren.

Tung Tong

Die knusprig frittierten Teigtaschen sind ein idealer vegetarischer Snack. Gefüllt werden sie mit einer Mischung aus Wasserkastanien, Mais und Koriandergrün.

ERGIBT 18 STÜCK

18 quadratische Teigblätter für Frühlingsrollen mit 8 cm Kantenlänge, Tiefkühlteig auftauen lassen
Öl zum Frittieren
Pflaumensauce zum Servieren
Für die Füllung:
4 Baby-Maiskolben
130 g Wasserkastanien aus der Dose, abgegossen und gehackt
1 Schalotte, grob gehackt
1 Ei, getrennt
2 EL Maisstärke
4 EL Wasser
1 kleines Bund frisches Koriandergrün, gehackt
Salz
Frisch gemahlener schwarzer Pfeffer

1 Für die Füllung die Maiskolben, Wasserkastanien, Schalotte und das Eigelb in der Küchenmaschine oder im Mixer grob verarbeiten. Das Eiweiß in einer Tasse mit der Gabel leicht verschlagen.

2 Die Maisstärke in einem kleinen Topf mit dem Wasser glatt rühren. Die Maismischung und das Koriandergrün hinzufügen und mit Salz und Pfeffer abschmecken. Unter ständigem Rühren schwach kochen lassen, bis die Mischung eindickt.

3 Abkühlen lassen. Die Teigblätter ausbreiten und je 1 Teelöffel Füllung in die Mitte setzen. Die Teigränder mit Eiweiß bestreichen. Die Ecken über der Füllung zusammenführen und festdrücken, sodass beutelartige Teigtaschen entstehen.

4 Das Öl im Frittiertopf oder Wok auf 180 °C erhitzen, sodass ein Brotwürfel darin in etwa 45 Sekunden bräunt. Die Teigtaschen portionsweise ins heiße Öl gleiten lassen und in etwa 5 Minuten goldgelb frittieren. Auf Küchenpapier abtropfen lassen. Mit der Pflaumensauce heiß servieren.

Garnelen-»Kracher«

Wie diese Garnelen-Snacks zu ihrem Namen (thailändisch »krathak«) gekommen sind, ist kein großes Rätsel. Sie erinnern nicht nur an Feuerwerkskörper, sondern sind eine wahre Geschmacksexplosion.

ERGIBT 16 STÜCK

16 große rohe Garnelen, Schale und Kopfteil entfernt, aber mit dem Schwanzfächer
1 TL rote Currypaste
1 TL Thai-Fischsauce
16 kleine quadratische *won-tan*-Teigblätter mit 8 cm Kantenlänge, Tiefkühlteig auftauen lassen
16 dünne, lange Eiernudeln, eingeweicht (siehe Küchentipp)
Öl zum Frittieren

1 Die Garnelen mit der Seite auf ein Brett legen und auf der Unterseite zweimal einschneiden. Der erste Schnitt sollte etwa 1 cm vom offenen Ende entfernt erfolgen, der zweite 1 cm daneben. So rollen sich die Garnelen beim Garen nicht ein.

2 In einer flachen Schale die Currypaste mit der Fischsauce verrühren. Die Garnelen in der Mischung wenden, bis sie gleichmäßig überzogen sind. Zugedeckt 10 Minuten marinieren lassen.

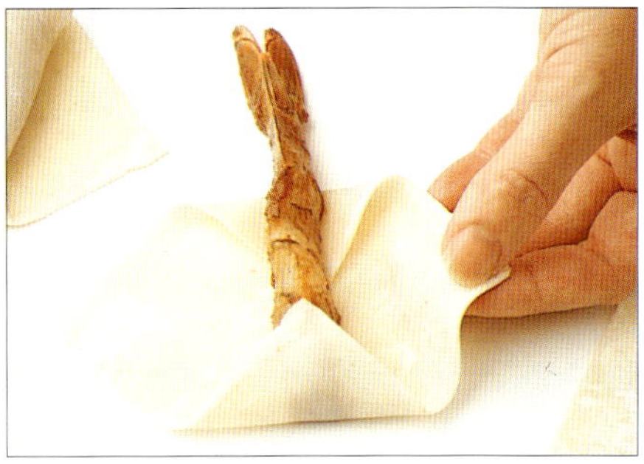

3 Ein Teigblatt so auf die Arbeitsfläche legen, dass eine Ecke zum Körper zeigt. Die obere Teigecke zur Mitte falten. Eine Garnele mit den Einschnitten nach unten so auf das Teigblatt legen, dass der Schwanzfächer über die gefaltete Ecke hinaussteht. Die gegenüberliegende Ecke über die Garnele klappen.

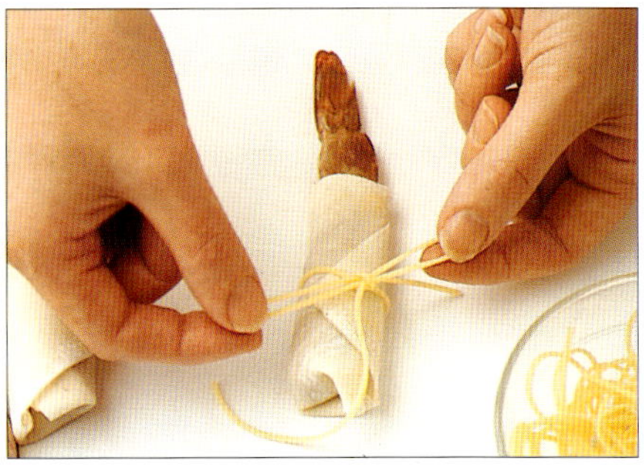

4 Die seitlichen Teigecken nacheinander fest um die Garnele legen. Die entstandene Rolle mit einer Nudel zubinden, dabei eine Schleife knoten. Mit den übrigen Zutaten ebenso verfahren.

5 Das Öl im Frittiertopf oder Wok auf 180 °C erhitzen, sodass ein Brotwürfel in etwa 45 Sekunden darin bräunt. Die Päckchen portionsweise 2–3 Minuten frittieren, bis sie goldbraun sind. Auf Küchenpapier abtropfen lassen. Warm halten, bis alle »Kracher« fertig sind.

Küchentipp
Die dünnen Eiernudeln zum Fixieren der Rollen in einer Schüssel mit kochend heißem Wasser 2–3 Minuten einweichen. Abgießen, unter fließendem kaltem Wasser abschrecken. Abtropfen lassen.

Teigtaschen mit grüner Currypaste

Garnelenpaste und grüne Currypaste verleihen diesen Teigtaschen ihren ganz eigenen würzigen Geschmack. Die Chilischote sorgt zusätzlich für eine raffinierte Schärfe.

ERGIBT 24 STÜCK

24 kleine quadratische *won-tan*-Teigblätter mit 8 cm Kantenlänge, Tiefkühlteig auftauen lassen
1 EL Maisstärke, mit 2 EL Wasser zu einer Paste verrührt
Öl zum Frittieren

Für die Füllung:

1 kleine Kartoffel (etwa 115 g), gekocht und zerdrückt
3 EL kleine Erbsen, gegart
3 EL Maiskörner, gegart
Frisches Koriandergrün, gehackt
1 kleine, frische rote Chilischote, von Stielansatz, Samen und Scheidewänden befreit, fein gehackt
1/2 Stängel frisches Zitronengras, fein gehackt
1 EL Sojasauce
1 TL Garnelenpaste oder Fischsauce
1 TL grüne Thai-Currypaste

1 Zunächst die Zutaten für die Füllung vermischen. Ein Teigblatt ausbreiten und 1 Teelöffel Füllung in die Mitte setzen.

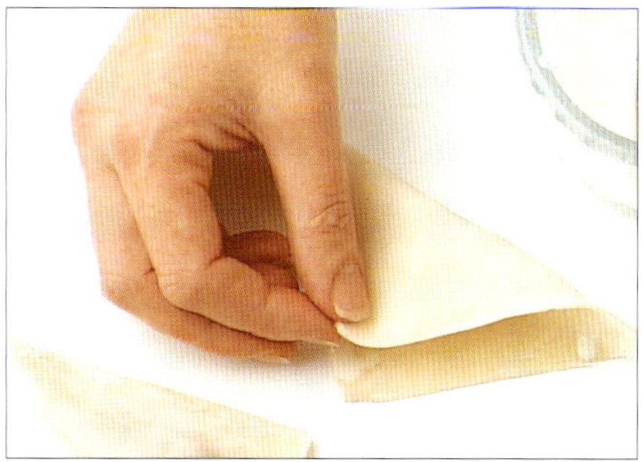

2 Etwas verrührte Maisstärke auf 2 gegenüberliegenden Seiten des Teigblatts verstreichen. Das Teigblatt über der Füllung zum Dreieck zusammenklappen und die Teigränder fest andrücken. Mit den übrigen Zutaten ebenso verfahren.

3 Das Öl im Frittiertopf oder Wok auf 180 °C erhitzen, sodass ein kleiner Brotwürfel in etwa 45 Sekunden darin bräunt. Die Teigtaschen portionsweise ins Öl gleiten lassen und in etwa 3–5 Minuten goldbraun frittieren.

4 Auf Küchenpapier abtropfen lassen. Sollen sie heiß serviert werden, die Teigtaschen bei niedriger Temperatur im Ofen warm halten, bis alle fertig sind.

Küchentipp
Won-tan-Teigblätter werden schnell trocken, darum sollte man sie bis zur Verwendung mit Klarsichtfolie abdecken.

Fischküchlein mit Gurken-Relish

Diese wunderbaren kleinen Fischkuchen sind nicht nur in Thailand, sondern inzwischen auch in ganz Südostasien eine beliebte Vorspeise. Dazu reicht man meist Thai-Bier.

ERGIBT ETWA 12 STÜCK

8 Blätter der Kaffirlimette
300 g Kabeljau, in Stücke geschnitten
2 EL rote Currypaste
1 Ei
2 EL Thai-Fischsauce
1 TL Zucker
2 EL Maisstärke
1 EL gehacktes frisches Koriandergrün
50 g grüne Bohnen, in dünne Scheiben geschnitten
Öl zum Frittieren

Für das Gurken-Relish:

4 EL Kokos- oder Reisessig
50 g Zucker
4 EL Wasser
1 eingelegte Knoblauchknolle
1 cm frische Ingwerwurzel, geschält
1 Salatgurke, in dünne Stifte geschnitten
4 Schalotten, in dünne Scheiben geschnitten

1 Zunächst das Gurken-Relish zubereiten. Dafür Essig, Zucker und Wasser in einen kleinen Topf füllen. Unter ständigem Rühren leicht erhitzen, bis sich der Zucker vollständig gelöst hat. Vom Herd nehmen und abkühlen lassen.

2 Die Knoblauchknolle in Zehen trennen, mit dem Ingwer fein hacken und in eine Schüssel geben. Die Gurkenstifte und Schalotten hinzufügen, mit der Essigmischung übergießen und alles locker vermischen. Zugedeckt beiseite stellen.

3 Für die Garnitur 5 Kaffirlimettenblätter beiseite legen, den Rest in dünne Streifen schneiden. Die Fischstücke mit der Currypaste und dem Ei in der Küchenmaschine zu einer glatten Farce pürieren und in eine Schüssel füllen. Fischsauce, Zucker, Maisstärke, Limettenblattstreifen, Koriandergrün und grüne Bohnen gut untermischen. Die Masse in 12 Portionen teilen und jeweils zu Küchlein formen – ½ cm dick, 5 cm im Durchmesser.

4 Das Öl im Frittiertopf oder Wok auf 180 °C erhitzen, sodass ein Brotwürfel in etwa 45 Sekunden darin bräunt. Die Fischküchlein portionsweise 4–5 Minuten im heißen Öl frittieren, bis sie gar und gleichmäßig gebräunt sind.

5 Auf Küchenpapier abtropfen lassen. Die fertigen Küchlein warm halten, bis alle frittiert sind. Mit den zurückbehaltenen Limettenblättern garnieren, mit Gurken-Relish servieren.

Knusprig frittierte Krabbenscheren

Viele Asia-Läden und Supermärkte bieten in ihren Tiefkühlabteilungen Krabbenscheren an. Vor der Verwendung lässt man sie ganz auftauen und tupft sie mit Küchenpapier trocken.

FÜR 4 PERSONEN

50 g Reismehl
1 EL Maisstärke
1/2 TL Zucker
1 Ei
4 EL kaltes Wasser
1 Stängel Zitronengras, Wurzeln weggeschnitten
2 Knoblauchzehen, fein gehackt
1 EL gehacktes frisches Koriandergrün
1–2 frische rote Chilischoten, von Stielansatz, Samen und Scheidewänden befreit, fein gehackt
1 TL Thai-Fischsauce
Frisch gemahlener schwarzer Pfeffer
Öl zum Frittieren
12 halb ausgelöste Krabbenscheren, tiefgekühlte Scheren auftauen lassen

Für den Chili-Essig-Dip:

3 EL Zucker
125 ml Wasser
125 ml Rotweinessig
1 EL Thai-Fischsauce
2–4 frische rote Chilischoten, von Stielansatz, Samen und Scheidewänden befreit, fein gehackt

1 Zunächst für den Dip Zucker und Wasser in einem Topf unter ständigem Rühren schwach erhitzen, bis sich der Zucker gelöst hat. Aufkochen, die Hitze reduzieren, 5–7 Minuten köcheln lassen. Die übrigen Zutaten unterrühren. Den Dip in einer Servierschüssel beiseite stellen.

2 Reismehl, Maisstärke und Zucker in einer Schüssel vermischen. Ei und kaltes Wasser verquirlen, unter die Mehlmischung rühren und alles zu einem dünnflüssigen Teig verschlagen.

3 Die unteren 5 cm vom Zitronengras abschneiden und fein hacken. Zusammen mit dem Knoblauch, Koriander, den Chilis und der Fischsauce unter den Teig mischen. Mit Pfeffer abschmecken.

4 Das Öl im Wok auf 180 °C erhitzen, sodass ein Brotwürfel in etwa 45 Sekunden darin bräunt. Die Krabbenscheren in den Teig tauchen und im Öl portionsweise goldgelb frittieren. Mit dem Dip servieren.

Thailändische Tempeh-Bällchen mit süßer Chili-Dipsauce

Tempeh wird wie Tofu aus Sojabohnen hergestellt, hat jedoch einen intensiveren Nussgeschmack. Hier wird es mit aromatischem Zitronengras, Koriander und Ingwer kombiniert.

ERGIBT 8 STÜCK

1 Stängel Zitronengras, Hüllblätter entfernt, innerer Teil fein gehackt
2 Knoblauchzehen, gehackt
2 Frühlingszwiebeln, fein gehackt
2 Schalotten, fein gehackt
2 frische rote Chilischoten, von Stielansatz, Samen und Scheidewänden befreit, fein gehackt
2,5 cm frische Ingwerwurzel, fein gehackt
4 EL gehacktes frisches Koriandergrün, zusätzlich Koriandergrün zum Garnieren
250 g Tempeh, tiefgekühltes Tempeh auftauen lassen, in Scheiben geschnitten
1 EL frisch gepresster Limettensaft
1 TL Zucker
3 EL Mehl
1 großes Ei, leicht verschlagen
Salz
Frisch gemahlener schwarzer Pfeffer
Öl zum Frittieren

Für die Dipsauce:
3 EL Mirin (siehe Küchentipp)
3 EL Weißweinessig
2 Frühlingszwiebeln, in dünne Scheiben geschnitten
1 EL Zucker
2 frische rote Chilischoten, von Stielansatz, Samen und Scheidewänden befreit, fein gehackt
2 EL gehacktes frisches Koriandergrün
1 kräftige Prise Salz

Küchentipp
Mirin ist ein süßer Reiswein aus Japan. Er hat einen feinen Geschmack und wird zum Kochen verwendet. Sake, der Reiswein zum Trinken, ist dagegen wesentlich teurer. Beide Spezialitäten werden in Asia-Läden angeboten. Wer keinen Mirin bekommt, kann stattdessen trockenen Sherry verwenden.

1 Für die Dipsauce Mirin, Essig, Frühlingszwiebeln, Zucker, Chilis, Koriandergrün und Salz in einer kleinen Schüssel verrühren. Mit Klarsichtfolie abdecken und beiseite stellen.

2 Für die Bällchen Zitronengras, Knoblauch, Frühlingszwiebeln, Schalotten, Chilis, Ingwer und Koriander in der Küchenmaschine oder im Mixer grob pürieren. Tempeh, Limettensaft und Zucker hinzufügen und gründlich untermischen. Zuletzt Mehl und Ei sowie Salz und Pfeffer nach Geschmack dazugeben und alles zu einer groben, klebrigen Masse verarbeiten.

3 Die Masse in eine Schüssel geben, in 8 Portionen teilen und jede mit den Händen zu runden Bällchen formen.

4 Das Öl im Wok erhitzen. Die Bällchen in 5–6 Minuten goldgelb frittieren, dabei einmal wenden. Auf Küchenpapier abtropfen lassen. Mit Koriander garnieren, dazu die Dipsauce reichen.

Samosas, gefüllt mit Kartoffel, Schalotten und grünen Erbsen

Die meisten Samosas werden frittiert. Diese Variante jedoch wird gebacken, was sie zu einem wesentlich gesünderen Snack macht. Sie eignen sich perfekt für eine Party, denn sie sind schnell zubereitet.

ERGIBT 25 STÜCK

1 große Kartoffel (etwa 250 g), gewürfelt
1 EL Erdnussöl
2 Schalotten, fein gehackt
1 Knoblauchzehe, fein gehackt
4 EL Kokosmilch
1 TL rote oder grüne Thai-Currypaste
75 g grüne Zuckererbsen
Frisch gepresster Saft von 1/2 Limette
Salz
Frisch gemahlener schwarzer Pfeffer
25 Samosa- oder Filoteigblätter (15 × 5 cm)
Öl zum Bestreichen

1 Den Backofen auf 220 °C vorheizen. In einem kleinen Topf Wasser aufkochen, die Kartoffelwürfel hineingeben und zugedeckt in 10–15 Minuten weich kochen. Abgießen und beiseite stellen.

2 Inzwischen das Erdnussöl in einer großen Pfanne erhitzen. Die Schalotten und den Knoblauch darin bei mittlerer Hitze unter gelegentlichem Rühren in 4–5 Minuten weich und goldbraun schwitzen.

3 Die Kartoffelwürfel, Kokosmilch, rote oder grüne Currypaste, Erbsen und Limettensaft hinzufügen. Alles mit einem Holzlöffel vermischen und leicht zerdrücken, mit Salz und Pfeffer abschmecken. Bei schwacher Hitze 2–3 Minuten dünsten. Vom Herd nehmen, beiseite stellen und die Mischung leicht abkühlen lassen.

4 Ein Teigblatt auf der Arbeitsfläche ausbreiten. Mit etwas Öl bestreichen und 1 gehäuften Teelöffel der Kartoffelmischung in die Mitte einer Schmalseite setzen. Eine Teigecke diagonal über die Füllung zur Längsseite hin klappen.

5 Das entstandene Teigdreieck auf diese Weise mehrmals diagonal einwickeln, bis der Teigstreifen aufgebraucht ist. Auf ein Backblech setzen. Entsprechend alle Samosas vorbereiten.

6 Im Ofen in 15 Minuten goldgelb und knusprig backen. Vor dem Servieren leicht abkühlen lassen.

Küchentipp
In vielen Asia-Läden erhält man fertigen Samosateig. Meist handelt es sich dabei um Tiefkühlware, pro Paket mit 50 Teigblättern. Als Ersatz eignet sich auch zurechtgeschnittener Filoteig.

Thailändische Frühlingsrollen

Knusprig frittierte Frühlingsrollen sind in Thailand ebenso populär wie in China. Die Thais füllen sie mit einer delikaten Mischung aus Knoblauch, Schweinefleisch und Nudeln.

ERGIBT 24 STÜCK

24 quadratische Teigblätter für Frühlingsrollen mit 15 cm Kantenlänge, tiefgekühlte Teigblätter auftauen
2 EL Mehl
Öl zum Frittieren
Süße Chili-Dipsauce zum Servieren

Für die Füllung:

4–6 getrocknete Holz- oder Wolkenohrpilze, 30 Minuten in reichlich warmem Wasser eingeweicht
50 g Glasnudeln
2 EL Pflanzenöl
2 Knoblauchzehen, gehackt
2 frische rote Chilischoten, von Stielansatz, Samen und Scheidewänden befreit, fein gehackt
225 g Schweinehackfleisch
50 g geschälte gegarte Garnelen, Tiefkühlgarnelen auftauen lassen
2 EL Thai-Fischsauce
1 TL Zucker
Frisch gemahlener schwarzer Pfeffer
1 Möhre, geraspelt
50 g Bambussprossen aus der Dose, abgegossen und gehackt
50 g Sojabohnensprossen
2 Frühlingszwiebeln, fein gehackt
1 EL gehacktes frisches Koriandergrün

1 Für die Füllung die eingeweichten Pilze abgießen. Die Stiele wegschneiden und die Hüte fein hacken.

2 Die Glasnudeln in einer großen Schüssel mit kochend heißem Wasser bedecken, 10 Minuten stehen lassen. Abgießen und in 5 cm lange Stücke schneiden.

3 Das Öl in einem Wok erhitzen. Knoblauch und Chilis darin 30 Sekunden pfannenrühren, auf einen Teller heben. Das Hackfleisch ebenfalls im Wok pfannenrühren, bis es gebräunt ist. Pilze, Nudeln und Garnelen dazugeben. Fischsauce und Zucker unterrühren, mit Pfeffer abschmecken.

4 Die Mischung in eine Schüssel füllen. Möhre, Bambus- und Sojabohnensprossen, Frühlingszwiebeln und Koriandergrün, danach die Chili-Knoblauch-Mischung unterrühren.

5 Die Teigblätter aus der Packung nehmen und mit einem feuchten Küchentuch bedecken, damit sie nicht trocken werden. Das Mehl in einer kleinen Schale mit etwas Wasser zu einer Paste verrühren. Nacheinander je 1 Teigblatt auf die Arbeitsfläche legen und 1 Esslöffel Füllung in der Mitte als Rolle verteilen.

6 Den vorderen Teigrand über die Füllung legen, die seitlichen Ränder einschlagen und die Füllung fast ganz einrollen. Den hinteren Teigrand mit Mehlpaste bestreichen und fest andrücken.

7 Das Öl im Wok auf 180 °C erhitzen, sodass ein Brotwürfel in etwa 45 Sekunden darin bräunt. Die Frühlingsrollen portionsweise knusprig und goldbraun frittieren. Auf Küchenpapier abtropfen lassen. Heiß mit Chilisauce reichen.

Gefüllte Thai-Omeletts

In der Thai-Küche kombiniert man gern scharfe Chilis mit süßen Aromen, wie etwa bei der Füllung für diese Omeletts. Sie harmoniert gut mit dem feinen Geschmack der Eier.

FÜR 4 PERSONEN

2 EL Erdnussöl
2 Knoblauchzehen, fein gehackt
1 kleine Zwiebel, fein gehackt
225 g Schweinehackfleisch
2 EL Thai-Fischsauce
1 TL Zucker
2 Tomaten, enthäutet und gehackt
Frisch gemahlener schwarzer Pfeffer
1 EL gehacktes frisches Koriandergrün
Frisches Koriandergrün und frische rote Chilis, vom Stielansatz befreit, in Scheiben geschnitten, zum Garnieren

Für die Omeletts:

5 Eier
1 EL Thai-Fischsauce
2 EL Erdnussöl

1 Das Öl im Wok oder einer großen, schweren Pfanne erhitzen. Knoblauch und Zwiebel darin bei mittlerer Hitze unter gelegentlichem Rühren in 3–4 Minuten weich schwitzen. Das Hackfleisch untermischen und etwa 8 Minuten braten, bis es leicht gebräunt ist und krümelig zerfällt.

2 Fischsauce, Zucker und Tomaten einrühren, mit Pfeffer würzen und die Mischung bei schwacher Hitze leicht einkochen lassen. Das Koriandergrün untermischen. Den Wok vom Herd nehmen und zugedeckt, damit die Füllung warm bleibt, beiseite stellen.

3 Für die Omeletts in einer Schüssel Eier und Fischsauce mit einer Gabel leicht verquirlen.

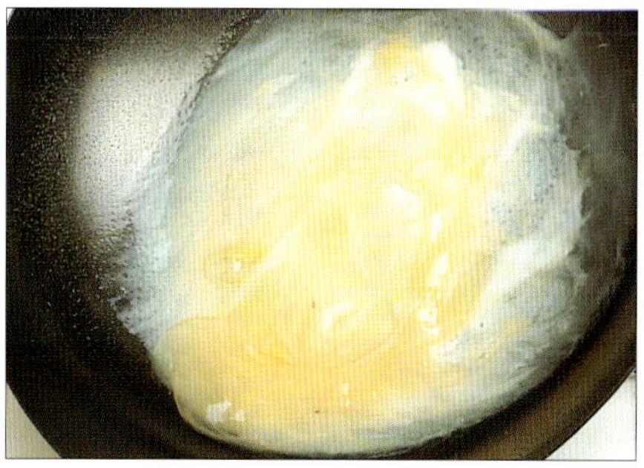

4 In einer Omelettpfanne 1 Esslöffel Öl bei mittlerer Hitze sehr heiß werden lassen, ohne dass es raucht. Die Hälfte der Eimischung hineingießen und die Pfanne sofort schwenken, damit sich die Mischung gleichmäßig in einer dünnen Schicht verteilt. Bei mittlerer Hitze stocken lassen, bis die Unterseite goldgelb ist.

5 Die Hälfte der Füllung in der Mitte des Omeletts verteilen. Die Ränder des Omeletts so über die Füllung klappen, dass ein quadratisches Päckchen entsteht. Mit der gefalteten Seite nach unten auf eine Platte heben. Die übrigen Zutaten für ein zweites Omelett verwenden. Mit Koriandergrün und Chilis garnieren, zum Servieren jeweils halbieren.

Omelettrolle

Der Name dieser Spezialität lässt vielleicht ein etwas anderes Gericht erwarten. Denn eigentlich handelt es sich um einen aromatisch gewürzten Pfannkuchen, der eingerollt und in Stücke geschnitten wird. Gern serviert man die Rolle auch als Fingerfood.

FÜR 2 PERSONEN

3 Eier, verquirlt
1 EL Sojasauce
1 Bund China-Lauch, in dünne Scheiben geschnitten
1–2 kleine, frische rote oder grüne Chilischoten, von Stielansatz, Samen und Scheidewänden befreit, fein gehackt
1/2 Bund frisches Koriandergrün, gehackt
1 Prise Zucker
Salz
Frisch gemahlener schwarzer Pfeffer
1 EL Erdnussöl
Für die Dipsauce:
4 EL Sojasauce
Frisch gepresster Limettensaft

Küchentipp
Beim Vorbereiten der Chilis Gummihandschuhe tragen. Die Hände anschließend mit warmem Wasser und Seife waschen.

1 Zunächst für die Dipsauce die Sojasauce in einer Schale mit einem Spritzer Limettensaft verrühren. Nach Belieben mehr Limettensaft hinzufügen.

2 Eier, Sojasauce, China-Lauch, Chili und Koriander verrühren. Mit Zucker, Salz und Pfeffer abschmecken. Das Öl in einer großen Pfanne erhitzen, die Eimischung hineingießen und gleichmäßig verteilen.

3 Das Omelett 1–2 Minuten bei mittlerer Hitze stocken lassen, bis die Unterseite goldgelb ist. Auf der Arbeitsfläche wie einen Pfannkuchen einrollen. Vollständig abkühlen lassen.

4 Die abgekühlte Omelettrolle diagonal in 1 cm dicke Stücke schneiden. Auf einer Servierplatte anrichten und mit der Dipsauce servieren.

Frittierte Eier nach Schwiegersohnart

Diese Speise geht auf die Geschichte eines Bräutigams zurück, der seine zukünftige Schwiegermutter unbedingt beeindrucken wollte. Also ersann er ein neues Rezept, das auf dem einzigen Gericht basierte, das er zubereiten konnte – gekochten Eiern.

FÜR 4–6 PERSONEN

2 EL Pflanzenöl
6 Schalotten, in dünne Scheiben geschnitten
6 Knoblauchzehen, in dünne Scheiben geschnitten
6 frische rote Chilischoten, vom Stielansatz befreit, in Scheiben geschnitten
Öl zum Frittieren
6 hart gekochte Eier, geschält
Salatblätter zum Anrichten
Frisches Koriandergrün zum Garnieren

Für die Sauce:

75 g Palmzucker oder brauner Zucker
5 EL Thai-Fischsauce
6 EL Tamarindensaft (Tamarindenmark, mit lauwarmem Wasser vermischt)

Küchentipp

Die Schärfe von Chilis variiert je nach Sorte und hängt auch von der Menge der verwendeten Samen ab.

1 Für die Sauce alle Zutaten aufkochen und rühren, bis sich der Zucker gelöst hat. Bei reduzierter Hitze 5 Minuten köcheln lassen. Nach Belieben zusätzlich Zucker, Fischsauce oder Tamarindensaft hinzufügen. In eine Schale füllen.

2 Das Pflanzenöl in einer Pfanne erhitzen. Schalotten, Knoblauch und Chilis 5 Minuten darin anschwitzen, in einer Schüssel beiseite stellen.

3 Das Öl zum Frittieren im Wok auf 180 °C erhitzen, sodass ein Brotwürfel in etwa 45 Sekunden darin bräunt. Die Eier im heißen Öl in 3–5 Minuten goldbraun frittieren. Herausnehmen und auf Küchenpapier gut abtropfen lassen. Die Eier vierteln und auf einem Bett aus Salatblättern anrichten. Mit der Sauce beträufeln und mit der Schalottenmischung bestreuen. Mit Koriandergrün garnieren und sofort servieren.

Suppen

In Thailand werden Suppen nicht als Vorspeisen betrachtet, sondern während der gesamten Mahlzeit gereicht; sie bieten in Geschmack und Konsistenz einen angenehmen Kontrast oder eine Ergänzung zu dominanteren Gerichten. Die Suppen auf den folgenden Seiten kann man aber durchaus auch als leichte Mahlzeit oder als Auftakt für ein großes Essen servieren. Auf jeden Fall werden Spezialitäten wie Glasnudelsuppe oder Kürbissuppe aus Nordthailand Ihre Gäste vollends begeistern.

Süß-scharfe Gemüse-Tofu-Suppe

Diese nahrhafte Suppe ist eine interessante Kombination aus scharfen, süßen und säuerlichen Aromen. Die Zubereitung dauert nur Minuten, denn Spinat und Seidentofu füllt man einfach nur in Suppenschalen und gießt dann die aromatische heiße Brühe darüber.

FÜR 4 PERSONEN

1,25 l Gemüsebrühe
1–2 TL rote Thai-Currypaste
2 Blätter der Kaffirlimette, zerpflückt
3 EL Palmzucker oder brauner Zucker
2 EL Sojasauce
Frisch gepresster Saft von 1 Limette
1 Möhre, in dünne Stifte geschnitten
50 g junge Spinatblätter, festere Stängel entfernt
225 g Seidentofu, gewürfelt

1 Die Brühe in einen großen Topf gießen und die Currypaste hinzufügen. So lange bei mittlerer Hitze rühren, bis sich die Paste auflöst. Kaffirlimettenblätter, Zucker und Sojasauce dazugeben und aufkochen.

2 Den Limettensaft und die Möhrenstifte hinzufügen und bei reduzierter Hitze 5–10 Minuten köcheln lassen. Spinat und Tofu in Suppenschalen verteilen, die heiße Brühe darüber gießen und servieren.

Bunte Gemüsesuppe

In Thailand werden Gemüsesuppen wie diese in großen Mengen zubereitet und mehrere Tage hintereinander wieder aufgewärmt. Dafür muss man einfach die angegebene Menge verdoppeln oder verdreifachen. Übrig behaltene Suppe sofort kalt stellen und vor dem Servieren gut erhitzen.

FÜR 4 PERSONEN

- 2 EL Erdnussöl
- 1 EL Namya-Paste (siehe Küchentipp)
- 100 g Wirsing oder Chinakohl, fein gehobelt
- 100 g Daikon-Rettich, klein gewürfelt
- 1 mittelgroßer Kopf Blumenkohl, in grobe Stücke geschnitten
- 4 Stangen Bleichsellerie, grob gehackt
- 1,25 l Gemüsebrühe
- 125 g frittierter Tofu, in Würfel mit 2,5 cm Kantenlänge geschnitten
- 1 TL Palmzucker oder brauner Zucker
- 3 EL helle Sojasauce

1 Das Erdnussöl in einem großen, schweren Topf oder einem Wok erhitzen. Die Namya-Paste bei geringer Hitze so lange einrühren, bis sich ihr Aroma entfaltet. Wirsing oder Chinakohl, Daikon-Rettich, Blumenkohl und Sellerie dazugeben, die Gemüsebrühe aufgießen und bei mittlerer Hitze zum Kochen bringen. Ab und zu umrühren. Die Tofuwürfel vorsichtig unterrühren.

2 Zucker und Sojasauce dazugeben und bei reduzierter Hitze 15 Minuten köcheln lassen, bis das Gemüse gar und weich ist. Heiß servieren.

Küchentipp

Namya-Paste besteht aus zerdrücktem Knoblauch, weißem Pfeffer und Koriander. Man bekommt sie auf Thai-Märkten.

Omelettsuppe

Eine schmackhafte Suppe, die man ganz schnell und leicht zubereitet hat. Je nach Jahreszeit kann man sie mit dem jeweils verfügbaren Gemüse variieren.

FÜR 4 PERSONEN

1 Ei
1 EL Erdnussöl
900 ml Gemüsebrühe
2 große Möhren, klein gewürfelt
4 äußere Wirsingblätter, in dünne Streifen geschnitten
2 EL Sojasauce
1 TL Zucker
1 TL frisch gemahlener schwarzer Pfeffer
Frisches Koriandergrün zum Garnieren

Variante
Statt Wirsing kann man auch Pak-Choi (Chinesischen Senfkohl) verwenden. In Thailand gibt es etwa 40 verschiedene Sorten, auch ganz kleine.

1 Das Ei leicht verquirlen. Das Öl in einer kleinen Pfanne erhitzen, bis es heiß ist, aber noch nicht raucht. Das Ei hineingießen und dabei die Pfanne schwenken, damit es sich gleichmäßig verteilt. Bei mittlerer Hitze stocken lassen, bis das Omelett von unten goldgelb ist. Wie einen Pfannkuchen einrollen, in $^1/_2$ cm breite Streifen schneiden und auf einem Teller beiseite stellen.

2 Die Brühe mit den Möhren und dem Wirsing in einen großen Topf füllen und zum Kochen bringen. Bei reduzierter Hitze 5 Minuten köcheln lassen. Sojasauce, Zucker und Pfeffer hinzufügen.

3 Die Suppe gut durchrühren und in vorgewärmte Suppenschalen verteilen. Mit einigen Omelettstreifen bestreuen und mit Koriander garnieren.

Glasnudelsuppe

Die hier benötigten Glasnudeln werden aus gemahlenen Mungobohnen hergestellt. Man schätzt sie in Thailand sehr, da sie auch nach dem Garen noch Biss haben.

FÜR 4 PERSONEN

4 große getrocknete Shiitake
15 g getrocknete Lilienknospen
1/2 Salatgurke, grob gehackt
2 Knoblauchzehen, halbiert
100 g Weißkohl, gehobelt
1,25 l kochend heißes Wasser
115 g Glasnudeln
2 EL Sojasauce
1 EL Palmzucker oder brauner Zucker
100 g Seidentofu, gewürfelt
Frisches Koriandergrün zum Garnieren

1 Die Shiitake 30 Minuten in warmem Wasser einweichen. In einer zweiten Schüssel die Lilienknospen ebenfalls 30 Minuten in warmem Wasser einweichen.

2 In der Zwischenzeit die Salatgurke mit dem Knoblauch und dem Weißkohl in der Küchenmaschine fein pürieren. Die Masse in einen großen Topf füllen und das abgemessene heiße Wasser hinzugießen.

3 Aufkochen und bei reduzierter Hitze 2 Minuten kochen lassen, ab und zu umrühren. Die Brühe durch ein Sieb in einen anderen Topf abseihen. Bei schwacher Hitze zum Köcheln bringen.

4 Die Lilienknospen abgießen, kalt abspülen und abtropfen lassen. Die harten Enden wegschneiden. Mit den Glasnudeln, Sojasauce und dem Zucker in der Brühe 5 Minuten köcheln lassen.

5 Das Einweichwasser der Shiitake in die Suppe abseihen. Die Hüte der Pilze in Streifen schneiden und mit dem Tofu in Suppenschalen verteilen. Die Suppe darüber schöpfen und garnieren.

Kürbissuppe aus Nordthailand

Diese nordthailändische Suppe ist eine besonders herzhafte Spezialität, beinahe schon eine Art Suppentopf. Die Bananenblüte kann man auch weglassen, doch sorgt gerade sie für das einzigartige, authentische Aroma. Bananenblüten sind im Asia-Laden erhältlich.

FÜR 4 PERSONEN

1 Butternusskürbis (etwa 300 g)
1 l Gemüsebrühe
100 g grüne Bohnen, in 2,5 cm lange Stücke geschnitten
50 g getrocknete Bananenblüte (nach Belieben)
1 EL Thai-Fischsauce
225 g rohe Garnelenschwänze
1 kleines Bund frisches Basilikum
Gekochter Reis zum Servieren

Für die Chilipaste:

115 g Schalotten, in Scheiben geschnitten
10 eingelegte grüne Pfefferkörner, abgetropft
1 kleine frische grüne Chilischote, von Stielansatz, Samen und Scheidewänden befreit, fein gehackt
1/2 TL Garnelenpaste

1 Den Kürbis schälen, halbieren, die Samen mit einem Teelöffel herauslösen und wegwerfen. Das Fleisch in gleichmäßige Würfel schneiden und beiseite stellen.

2 Für die Chilipaste die Schalotten, Pfefferkörner, Chilischote sowie die Garnelenpaste im Mörser zerreiben oder im Mixer pürieren.

3 Die Brühe sanft erhitzen, die Chilipaste einrühren. Kürbis, Bohnen und Bananenblüte (falls verwendet) hinzufügen. Aufkochen und 15 Minuten köcheln lassen.

4 Die Fischsauce, Garnelen und Basilikumblätter dazugeben und 3 Minuten köcheln lassen. In vorgewärmten Suppenschalen anrichten, dazu Reis servieren.

Räuchermakrelen-Tomaten-Suppe

Sämtliche Zutaten für diese ungewöhnliche Suppe werden in einem einzigen Topf gekocht, was die Zubereitung sehr vereinfacht. Der intensive Geschmack der geräucherten Makrelen und die feinen Zitrusaromen von Zitronengras und Tamarinde ergänzen sich ideal.

FÜR 4 PERSONEN

200 g geräucherte Makrelenfilets
4 Tomaten, vom Stielansatz befreit
1 l Gemüsebrühe
1 Stängel Zitronengras, fein gehackt
5 cm frische Galgantwurzel, klein gewürfelt
4 Schalotten, fein gehackt
2 Knoblauchzehen, fein gehackt
½ TL getrocknete Chiliflocken
1 EL Thai-Fischsauce
1 TL Palmzucker oder brauner Zucker
3 EL dickflüssiger Tamarindensaft (Tamarindenmark, mit lauwarmem Wasser vermischt)
1 kleines Bund frischer China-Lauch, klein geschnitten, zum Garnieren

1 Zunächst die geräucherten Makrelen vorbereiten. Dafür die Filets enthäuten und in gleich große Stücke schneiden. Etwaige Gräten mit den Fingern oder einer Pinzette herausziehen.

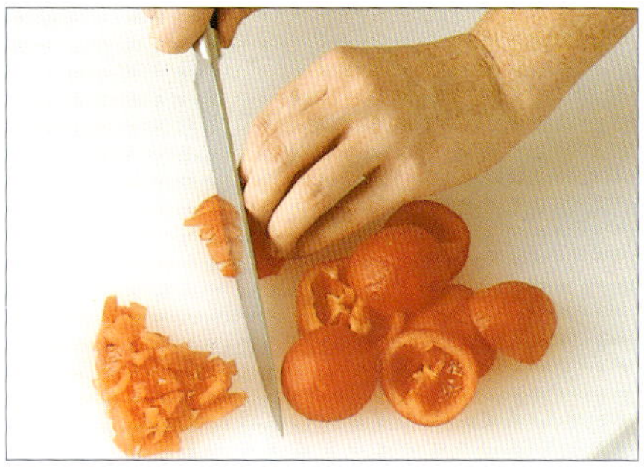

2 Die Tomaten halbieren und die meisten Samen mit den Fingern entfernen. Das Tomatenfleisch klein würfeln und auf einem Teller beiseite stellen.

3 Brühe, Zitronengras, Galgant, Schalotten und Knoblauch in einen großen Topf füllen. Aufkochen und bei reduzierter Hitze 15 Minuten köcheln lassen.

4 Fisch, Tomaten, Chiliflocken, Fischsauce, Zucker und Tamarindensaft 4–5 Minuten mitköcheln lassen, bis alles schön heiß ist. In Schalen füllen und mit China-Lauch bestreuen.

Hühnersuppe mit Kokosmilch

Diese aromatische Suppe wird mit Kokosmilch verfeinert und erhält durch Galgant, Zitronengras und Kaffirlimettenblätter ein wunderbar reiches Aroma.

FÜR 4–6 PERSONEN

4 Stängel Zitronengras, Wurzeln weggeschnitten
2 Dosen Kokosmilch (je 400 ml)
475 ml Hühnerbrühe
2,5 cm frische Galgantwurzel, geschält und in dünne Scheiben geschnitten
10 schwarze Pfefferkörner, zerstoßen
10 Blätter der Kaffirlimette, zerpflückt
300 g Hühnerbrust, enthäutet und in dünne Streifen geschnitten
115 g weiße Champignons, größere Exemplare halbiert
50 g Baby-Maiskolben, längs geviertelt
4 EL frisch gepresster Limettensaft
3 EL Thai-Fischsauce

Für die Garnitur:

1 frische rote Chilischote, von Stielansatz, Samen und Scheidewänden befreit, gehackt
1 Frühlingszwiebel, gehackt
Frisches Koriandergrün, gehackt

1 Die unteren 5 cm des Zitronengrases abschneiden und fein hacken. Den Rest der Stängel mit einem großen Stößel flach klopfen. Die Kokosmilch mit der Hühnerbrühe in einem großen Topf bei mittlerer Hitze aufkochen. Sämtliches Zitronengras, Galgant, Pfeffer und die Hälfte der Kaffirlimettenblätter einrühren und alles bei reduzierter Hitze 10 Minuten köcheln lassen. Durch ein Sieb in einen sauberen Topf abseihen.

2 Die Suppe wieder auf den Herd setzen und schwach erhitzen. Hühnerfleisch, Champignons sowie Maiskölbchen hinzufügen und 5–7 Minuten köcheln lassen, bis das Fleisch gar ist. Ab und zu rühren.

3 Limettensaft und Fischsauce unterrühren und die übrigen Limettenblätter dazugeben. In vorgewärmte Suppenschalen schöpfen, mit Chili, Frühlingszwiebel und Koriandergrün garnieren.

Süßsaure Garnelensuppe

Tom yam kung heißt diese klassische thailändische Garnelensuppe, die zu den bekanntesten und beliebtesten Thai-Suppen gehört.

FÜR 4–6 PERSONEN

450 g große Garnelen, Tiefkühlgarnelen auftauen lassen
1 l Hühnerbrühe oder Wasser
3 Stängel Zitronengras, Wurzeln weggeschnitten
10 Blätter der Kaffirlimette, halbiert
225 g Strohpilze aus der Dose, abgegossen
3 EL Thai-Fischsauce
4 EL frisch gepresster Limettensaft
2 EL gehackte Frühlingszwiebel
1 EL abgezupfte frische Korianderblätter
4 frische rote Chilischoten, von Stielansatz, Samen und Scheidewänden befreit, in dünnen Scheiben
Salz
Frisch gemahlener schwarzer Pfeffer

1 Die Garnelen schälen und vom Darm befreien. Die Schalen aufheben.

2 Die Garnelenschalen unter kaltem Wasser abspülen. Mit der Brühe oder dem Wasser in einen Topf füllen, aufkochen.

3 Zitronengras mit einem großen Stößel flach klopfen und mit der Hälfte der Kaffirlimettenblätter zur Brühe geben. 5–6 Minuten köcheln lassen.

4 Die Brühe in einen sauberen Topf abseihen und wieder erhitzen. Die Strohpilze und Garnelen hinzufügen und köcheln, bis die Garnelen sich rosa verfärben.

5 Fischsauce, Limettensaft, Frühlingszwiebel, Korianderblätter, Chilis und übrige Limettenblätter einrühren, mit Salz und Pfeffer abschmecken. Die Suppe sollte säuerlich, salzig, würzig und scharf sein. Sofort servieren.

Kürbis-Kokoscreme-Suppe mit Garnelen

Die natürliche Süße des Kürbisses wird in dieser verführerisch aussehenden Suppe durch etwas Zucker noch verstärkt. Für einen pikanten Kontrast sorgen Chilis, Garnelenpaste und getrocknete Garnelen, und die Kokoscreme verbindet alles aufs Harmonischste.

FÜR 4–6 PERSONEN

450 g Kürbis
2 Knoblauchzehen, zerdrückt
4 Schalotten, fein gehackt
1/2 TL Garnelenpaste
1 Stängel Zitronengras, gehackt
2 frische grüne Chilischoten, von Stielansatz, Samen und Scheidewänden befreit
Salz
1 EL getrocknete Garnelen, 10 Minuten in warmem Wasser eingeweicht
600 ml Hühnerbrühe
600 ml Kokoscreme
2 EL Thai-Fischsauce
1 TL Zucker
Fisch gemahlener schwarzer Pfeffer
115 g geschälte gegarte Garnelen

Für die Garnitur:

2 frische rote Chilischoten, von Stielansatz, Samen und Scheidewänden befreit, in dünnen Scheiben
10–12 frische Basilikumblätter

1 Den Kürbis schälen und mit einem scharfen Messer in Spalten schneiden. Samen und Fasern mit einem Teelöffel herauskratzen und wegwerfen. Das Fleisch in etwa 2 cm dicke Stücke schneiden.

2 Den Knoblauch mit den Schalotten, Garnelenpaste, Zitronengras, den grünen Chilis und etwas Salz in einen großen Mörser geben. Die Garnelen abgießen, hinzufügen und alles mit dem Stößel zu einer Paste zerreiben. Alternativ die Zutaten in der Küchenmaschine zu einer Paste verarbeiten.

3 Die Hühnerbrühe in einem großen Topf zum Kochen bringen. Die hergestellte Paste gleichmäßig unterrühren.

4 Die Kürbisstücke dazugeben und alles 10–15 Minuten köcheln lassen, bis das Kürbisfleisch weich ist.

5 Die Kokoscreme einrühren, die Suppe wieder zum Köcheln bringen, aber nicht aufkochen. Fischsauce, Zucker und Pfeffer nach Geschmack hinzufügen.

6 Die Garnelen einlegen und alles weitere 2–3 Minuten garen. In vorgewärmten Suppenschalen anrichten, mit Chilis und Basilikum garnieren.

Küchentipp
Garnelenpaste besteht aus gesalzenen, getrockneten und fermentierten Garnelen.

Chiang-Mai-Nudelsuppe

Diese delikate Nudelsuppe ist eine Spezialität aus der Stadt Chiang Mai. Ursprünglich stammt sie aus Burma, dem heutigen Myanmar, das nicht weit entfernt im Norden liegt. Im Grunde handelt es sich aber um die thailändische Entsprechung der berühmten malaysischen »Laksa«.

FÜR 4–6 PERSONEN

600 ml Kokosmilch
2 EL rote Thai-Currypaste
1 TL gemahlene Kurkuma
450 g Hühnerschenkel, entbeint und in mundgerechte Stücke geschnitten
600 ml Hühnerbrühe
4 EL Thai-Fischsauce
1 EL dunkle Sojasauce
Salz
Frisch gemahlener schwarzer Pfeffer
Frisch gepresster Saft von 1/2–1 Limette
450 g frische Eiernudeln, kurz in kochendem Wasser blanchiert

Für die Garnitur:
3 Frühlingszwiebeln, gehackt
4 frische rote Chilischoten, von Stielansatz, Samen und Scheidewänden befreit, gehackt
4 Schalotten, gehackt
4 EL eingelegter Blattsenf, abgespült, in Scheiben
2 EL frittierte Knoblauchscheiben
Frisches Koriandergrün
4–6 frittierte Reisnudelnester (nach Belieben)

1 Ein Drittel der Kokosmilch in einem großen, schweren Topf oder Wok bei mittlerer Hitze zum Kochen bringen. Dabei ab und zu mit einem Holzlöffel rühren, bis die Kokosmilch ausflockt.

2 Currypaste und gemahlene Kurkuma so lange unterrühren, bis die Mischung intensiv duftet.

3 Das Hühnerfleisch dazugeben und den Topf etwa 2 Minuten schwenken, sodass die Fleischstücke gleichmäßig mit der Mischung überzogen sind.

4 Die übrige Kokosmilch, Hühnerbrühe, Fisch- und Sojasauce untermischen, mit Salz und Pfeffer würzen. Unter gelegentlichem Rühren bis zum Siedepunkt erhitzen, bei reduzierter Hitze 7–10 Minuten köcheln lassen. Vom Herd nehmen, Limettensaft nach Geschmack unterrühren.

5 Die frischen Eiernudeln in kochend heißem Wasser durchwärmen. Abgießen und mit dem Hühnerfleisch in vorgewärmte Suppenschalen verteilen. Die heiße Suppe darüber schöpfen. Die Portionen mit Frühlingszwiebeln, Chilis, Schalotten, Blattsenf, frittiertem Knoblauch, Koriandergrün und Reisnudelnestern (nach Belieben) garnieren. Sofort servieren.

Reissuppe mit reichlich Knoblauch

Ursprünglich stammt diese Suppe aus China, doch inzwischen schätzt man sie in ganz Südostasien und so auch in Thailand wegen des angenehm milden Geschmacks. Man serviert sie allerdings stets mit einigen sehr würzigen Beigaben, die separat in kleinen Schalen gereicht werden.

FÜR 2 PERSONEN

900 ml Gemüsebrühe
200 g gekochter Reis
225 g Schweinehackfleisch
Salz
Frisch gemahlener schwarzer Pfeffer
1 EL Thai-Fischsauce
2 eingelegte Knoblauchknollen, fein gehackt
1 Stange Bleichsellerie, klein gewürfelt

Für die Garnitur:

2 EL Erdnussöl
4 Knoblauchzehen, in dünne Scheiben geschnitten
4 kleine rote Schalotten, in dünne Scheiben geschnitten

1 Zunächst für die Garnitur das Öl in einer Pfanne erhitzen und den Knoblauch mit den Schalotten bei schwacher Hitze goldbraun braten. Auf Küchenpapier abtropfen lassen.

2 Die Gemüsebrühe aufkochen und den Reis einrühren. Das Hackfleisch mit Salz und Pfeffer würzen und teelöffelweise in die Brühe geben. Den Löffel dabei leicht gegen den Topf schlagen, damit das Fleisch in Häufchen hineinfällt.

3 Fischsauce und Knoblauch dazugeben. 10 Minuten köcheln lassen, bis das Fleisch gar ist. Den Sellerie unterrühren.

4 In vorgewärmten Suppenschalen anrichten. Mit der gebratenen Knoblauch-Schalotten-Mischung sowie reichlich gemahlenem Pfeffer bestreuen.

Küchentipp
Eingelegter Knoblauch hat ein feines Aroma und ist in Asia-Läden erhältlich.

Seafood-Suppe mit Kokosmilch

Die Liste der Zutaten ist zwar sehr lang, doch die Zubereitung der Suppe braucht man keinesfalls zu scheuen. Sie ist überhaupt nicht kompliziert und in kurzer Zeit zubereitet, und die verschiedenen Aromen passen ideal zusammen.

FÜR 4 PERSONEN

600 ml Fischbrühe
5 dünne Scheiben frische Galgant- oder Ingwerwurzel
2 Stängel Zitronengras, gehackt
3 Blätter der Kaffirlimette, in Streifen geschnitten
1 Bund China-Lauch (etwa 25 g)
1 kleines Bund frisches Koriandergrün (etwa 15 g)
1 EL Pflanzenöl
4 Schalotten, gehackt
1 Dose Kokosmilch (400 ml)
2–3 EL Thai-Fischsauce
3–4 EL grüne Thai-Currypaste
450 g große rohe Garnelen, geschält und vom Darm befreit
450 g Kalmar, in Ringe geschnitten
Etwas frisch gepresster Limettensaft (nach Belieben)
Salz
Frisch gemahlener schwarzer Pfeffer
4 EL knusprig frittierte Schalottenringe zum Servieren

1 Die Fischbrühe in einen großen Topf füllen. Galgant oder Ingwer, Zitronengras und die Hälfte der Kaffirlimettenblätter dazugeben.

Varianten
- Statt Kalmar kann man 400 Gramm festes Fischfleisch, etwa Seeteufel, in kleinen Stücken hinzugeben.
- Oder 675 Gramm Miesmuscheln zugedeckt 3–4 Minuten dämpfen, bis sie sich geöffnet haben. Noch geschlossene Exemplare wegwerfen. Das Muschelfleisch auslösen und in die Suppe geben.

2 Etwas China-Lauch zum Garnieren zurückbehalten, den Rest hacken. Die Hälfte des gehackten China-Lauchs in den Topf geben. Die Korianderblätter von den Stängeln zupfen und beiseite stellen. Die Stängel ebenfalls in den Topf geben. Die Brühe zum Kochen bringen und bei schwacher Hitze zugedeckt 20 Minuten köcheln. In eine Schüssel abseihen.

3 Den Topf ausspülen und trockenreiben. Das Öl darin erhitzen und die Schalotten 5–10 Minuten bei mittlerer Hitze braten, bis sie braun werden.

4 Die abgeseihte Brühe, die Kokosmilch, die übrigen Kaffirlimettenblätter und 2 Esslöffel der Fischsauce einrühren. Bis zum Siedepunkt erhitzen und bei schwacher Hitze 5–10 Minuten köcheln lassen.

5 Currypaste und Garnelen 3 Minuten, die Kalmarringe weitere 2 Minuten mitköcheln. Limettensaft (falls verwendet) dazugießen, mit Salz und Pfeffer und eventuell noch mehr Fischsauce würzen. Den übrigen gehackten China-Lauch und die Korianderblätter unterrühren. In Schalen füllen, mit Schalottenringen und China-Lauch garnieren.

Salate

Wie alle Länder mit heißem Klima besitzt auch Thailand ein wunderbares Repertoire an Salaten und kalten Gerichten. Dabei handelt es sich um Kombinationen aus frischem und gegartem Gemüse, oft mit etwas Huhn, Rind oder Seafood. Die säuerlich-würzigen Dressings enthalten selten Öl, vielmehr bestehen sie aus thailändischer Fischsauce und Limettensaft, Tamarindensaft oder etwas Reisessig. Gern verwendet man Nudeln und nicht selten auch Früchte wie Papaya oder Mango.

Pomelosalat mit Garnelen und Krabbenfleisch

Ein thailändisches Essen besteht in der Regel aus etwa fünf Gerichten. Eines davon ist oft ein erfrischender, den Gaumen neutralisierender Salat mit tropischen Früchten.

FÜR 4–6 PERSONEN

2 EL Pflanzenöl
4 Schalotten, in dünne Scheiben geschnitten
2 Knoblauchzehen, in dünne Scheiben geschnitten
1 große Pomelo
1 EL geröstete Erdnüsse
115 g geschälte gegarte Garnelen
115 g gegartes Krabbenfleisch
10–12 kleine frische Minzeblätter

Für das Dressing:

2 EL Thai-Fischsauce
1 EL Palmzucker oder brauner Zucker
2 EL frisch gepresster Limettensaft

Für die Garnitur:

2 Frühlingszwiebeln, in dünne Scheiben geschnitten
2 frische rote Chilischoten, von Stielansatz, Samen und Scheidewänden befreit, in dünnen Scheiben
Frisches Koriandergrün
Frisch gehobelte Kokosnuss (nach Belieben)

1 Zunächst für das Dressing die Fischsauce mit dem Zucker und Limettensaft in einer Schale gut verquirlen. Mit Klarsichtfolie abdecken und beiseite stellen.

2 Das Öl in einer kleinen Pfanne erhitzen. Schalotten und Knoblauch darin bei mittlerer Hitze goldbraun anschwitzen. Herausnehmen, beiseite stellen.

3 Die Pomelo sorgfältig schälen, in Spalten zerteilen, die Filets enthäuten und in Stücke schneiden.

4 Die Erdnüsse im Mörser grob zerreiben und in eine Salatschüssel geben. Pomelo, Garnelen, Krabbenfleisch, Minzeblätter, Schalotten und Knoblauch dazugeben. Das Dressing darüber gießen, alles vermischen. Mit Frühlingszwiebeln, Chilis, Koriander und Kokosnuss (falls verwendet) bestreuen.

Küchentipp

Die Pomelo ist eine große Zitrusfrucht, die im Aussehen an eine Grapefruit erinnert. Tatsächlich handelt es sich aber um eine Kreuzung aus Grapefruit und Pampelmuse. Die Frucht ist leicht birnenförmig, besitzt eine dicke grüngelbe Schale und gelbes Fruchtfleisch (es gibt inzwischen auch rosafleischige Züchtungen), das sehr saftig, doch fester und säuerlicher ist als das der Grapefruit. Am besten schmecken ganz ausgereifte Früchte.

Bunter Reissalat

Die Variationsmöglichkeiten für diesen Salat sind fast unbegrenzt. Man kann einfach alle Obst- und Gemüsesorten und sogar Fleischreste mit gekochtem Reis und dem Dressing vermischen.

FÜR 4–6 PERSONEN

350 g gekochter Reis
1 Nashi, vom Kerngehäuse befreit und gewürfelt
50 g getrocknete Garnelen, gehackt
1 Avocado, geschält, entsteint und gewürfelt
1/2 mittelgroße Salatgurke, klein gewürfelt
2 Stängel Zitronengras, fein gehackt
2 EL süße Chilisauce
1 frische grüne oder rote Chilischote, von Stielansatz, Samen und Scheidewänden befreit, in dünnen Scheiben
100 g Mandelblättchen, geröstet
1 kleines Bund frisches Koriandergrün, gehackt
Frisches Thai-Basilikum zum Garnieren

Für das Dressing:

300 ml Wasser
2 TL Garnelenpaste
1 EL Palmzucker oder brauner Zucker
2 Blätter der Kaffirlimette, in kleine Stücke zerpflückt
1/2 Stängel Zitronengras, in Scheiben geschnitten

1 Für das Dressing Wasser, Garnelenpaste, Zucker, Kaffirlimettenblätter und Zitronengras in einem kleinen Topf unter Rühren schwach erhitzen, bis sich der Zucker gelöst hat. Anschließend aufkochen und 5 Minuten köcheln lassen. In eine Schüssel abseihen, abkühlen lassen.

2 Den gekochten Reis in eine große Salatschüssel füllen und die Körner mit einer Gabel auflockern. Nashi, Garnelen, Avocado, Gurke, Zitronengras und Chilisauce gut mit dem Reis vermischen.

3 In Scheiben geschnittene Chilischote, Mandelblättchen und Koriandergrün hinzufügen und alles gleichmäßig untermischen. Den Salat mit Thai-Basilikum garnieren. Das Dressing separat reichen.

Scharfer, säuerlicher Nudelsalat

Nudeln sind eine ideale Zutat für bunte Salate. Sie nehmen das Dressing auf und bilden dank ihrer weichen Konsistenz einen angenehmen Kontrast zum knackigen Gemüse.

FÜR 2 PERSONEN

Salz
200 g dünne Reisnudeln
1 kleines Bund frisches Koriandergrün
2 Tomaten, von Stielansatz und Samen befreit, in Scheiben geschnitten
130 g Baby-Maiskolben, in Scheiben geschnitten
4 Frühlingszwiebeln, in dünne Scheiben geschnitten
1 rote Paprikaschote, von Stielansatz, Samen und Scheidewänden befreit und fein gehackt
Frisch gepresster Saft von 2 Limetten
2 kleine, frische grüne Chilischoten, von Stielansatz, Samen und Scheidewänden befreit, fein gehackt
2 TL Zucker
115 g Erdnüsse, geröstet und gehackt
2 EL Sojasauce

1 Reichlich Wasser aufkochen und leicht salzen. Die Nudeln in kurze Stücke brechen und 3–4 Minuten kochen. Abgießen, unter kaltem Wasser abschrecken und gründlich abtropfen lassen.

2 Etwas Koriandergrün für die Garnitur beiseite legen. Übrigen Koriander hacken und in eine große Schüssel geben.

3 Die Nudeln mit den Tomaten, Maiskölbchen, Frühlingszwiebeln, Paprika, Limettensaft, Chilis, Zucker und den Erdnüssen hinzufügen und mit der Sojasauce beträufeln. Die Zutaten locker, aber gründlich vermischen. Wenn nötig, noch etwas nachsalzen. Den Salat mit dem zurückbehaltenen Koriandergrün garnieren und sofort servieren.

Pikanter Salat mit gebratenem Ei

Chilis und Eier werden eher selten kombiniert, dabei harmonieren sie sehr gut. Das pfeffrige Aroma der Brunnenkresse bildet die aromatische Basis für diesen schmackhaften Salat.

FÜR 2 PERSONEN

1 EL Erdnussöl
1 Knoblauchzehe, in dünne Scheiben geschnitten
4 Eier
2 Schalotten, in dünne Scheiben geschnitten
2 kleine, frische rote Chilischoten, von Stielansatz, Samen und Scheidewänden befreit, in dünnen Scheiben
1/2 kleine Salatgurke, klein gewürfelt
1 cm frische Ingwerwurzel, geschält und gerieben
Frisch gepresster Saft von 2 Limetten
2 EL Sojasauce
1 TL extrafeiner Zucker
1 kleines Bund frisches Koriandergrün
1 Bund Brunnenkresse, grob gehackt

1 Das Öl in einer Pfanne erhitzen und den Knoblauch darin bei schwacher Hitze goldbraun braten. Die Eier in die Pfanne aufschlagen, die Eigelbe mit einem Holzspatel großflächig verteilen. Die Eier braten, bis sie fast fest sind. Herausnehmen.

2 Schalotten, Chilis, Gurke und Ingwer in einer Schüssel vermischen. In einer zweiten Schüssel Limettensaft, Sojasauce und Zucker verquirlen, über das Gemüse gießen und locker untermischen.

3 Etwas Koriandergrün zum Garnieren beiseite legen. Den übrigen Koriander hacken und unter den Salat mischen.

4 Etwas Brunnenkresse beiseite legen, den Rest auf zwei Tellern anrichten. Die gebratenen Eier in Streifen schneiden und gleichmäßig auf der Brunnenkresse verteilen. Den Salat darüber geben, mit Koriandergrün und Brunnenkresse garnieren und servieren.

Auberginensalat mit Garnelen und Ei

Ein appetitanregender, wenn auch ungewöhnlicher Salat, den man immer wieder gern zubereitet. Die gegrillten Auberginen bringen ein wirklich wunderbares Aroma mit.

FÜR 4–6 PERSONEN

2 Auberginen
1 EL Pflanzenöl
2 EL getrocknete Garnelen, 10 Minuten in lauwarmem Wasser eingeweicht
1 EL grob gehackter Knoblauch
1 Ei, hart gekocht und gehackt
4 Schalotten, in dünne Ringe geschnitten
Frisches Koriandergrün und 2 frische rote Chilischoten, von Stielansatz, Samen und Scheidewänden befreit, in Scheiben, zum Garnieren

Für das Dressing:

2 EL frisch gepresster Limettensaft
1 TL Palmzucker oder brauner Zucker
2 EL Thai-Fischsauce

1 Den Backofengrill vorheizen. Die Auberginen mit einem Metallspieß rundum mehrmals einstechen. Auf den Grillrost legen und 30–40 Minuten grillen, bis sie eine dunkle Schale haben und weich sind. Mindestens zweimal wenden. Oder den Backofen auf 180 °C vorheizen, die Auberginen auf ein Backblech legen und etwa 1 Stunde rösten. Die Auberginen aus dem Ofen nehmen, beiseite stellen und abkühlen lassen, bis man sie gut anfassen kann.

2 In der Zwischenzeit für das Dressing den Limettensaft mit dem Palmzucker und der Fischsauce in eine kleine Schüssel füllen und mit einer Gabel oder einem Schneebesen gut verquirlen. Mit Klarsichtfolie abdecken und beiseite stellen.

3 Sobald die Auberginen ausreichend abgekühlt sind, die Haut abziehen und das Fleisch in Scheiben schneiden.

4 Das Öl in einer kleinen Pfanne erhitzen. Die eingeweichten Garnelen gut abtropfen lassen und mit dem Knoblauch in die Pfanne geben. Bei mittlerer Hitze in etwa 3 Minuten goldbraun braten. Herausnehmen und beiseite stellen.

5 Die Auberginenscheiben auf einer Platte anrichten. Ei, Schalotten und Garnelenmischung darüber verteilen. Mit dem Dressing beträufeln und mit Koriander und Chilis garnieren.

Variante
Zu einer besonderen Gelegenheit kann man eingesalzene halbierte Enten- oder Wachteleier statt Hühnereier verwenden.

Seafood-Salat mit duftenden Kräutern

Die köstliche Kombination von Garnelen, Kammmuscheln und Kalmar macht großen Eindruck und diesen spektakulären Salat zum idealen Gericht für ein besonderes Fest.

FÜR 4–6 PERSONEN

250 ml Fischbrühe oder Wasser
350 g Kalmar, küchenfertig vorbereitet und in Ringe geschnitten
12 geschälte rohe Riesengarnelen, aber mit Schwanzfächer
12 Kammmuscheln
50 g Glasnudeln, 30 Minuten in lauwarmem Wasser eingeweicht
1/2 Salatgurke, in dünne Stifte geschnitten
1 Stängel Zitronengras, fein gehackt
2 Blätter der Kaffirlimette, in Streifen geschnitten
2 Schalotten, in dünne Scheiben geschnitten
2 EL gehackte Frühlingszwiebeln
2 EL frisches Koriandergrün
12–15 frische Minzeblätter, grob zerpflückt
4 frische rote Chilischoten, von Stielansatz, Samen und Scheidewänden befreit, in dünne Streifen geschnitten
Frisch gepresster Saft von 1–2 Limetten
2 EL Thai-Fischsauce
Frisches Koriandergrün zum Garnieren

1 Die Fischbrühe oder das Wasser in einen mittelgroßen Topf füllen und bei starker Hitze aufkochen. Kalmar, Garnelen und Kammmuscheln jeweils 3–4 Minuten separat darin garen. Mit einem Schaumlöffel herausnehmen, abkühlen lassen.

2 Die Glasnudeln abgießen, mit einer Schere in 5 cm lange Stücke schneiden und in eine Salatschüssel füllen. Gurkenstifte, Zitronengras, die Limettenblätter, Schalotten, Frühlingszwiebeln, Koriandergrün, Minze und Chilis hinzufügen.

3 Limettensaft und Fischsauce darüber gießen, gut vermischen. Kalmar, Garnelen und Kammmuscheln locker unterheben. Mit Koriandergrün garnieren.

Thailändischer Garnelensalat mit Knoblauch-Dressing und knusprigen Schalotten

Für diesen geschmacksintensiven Salat werden Garnelen und süße Mango mit einem süßsauren Knoblauch-Dressing, das mit roten Chilis geschärft ist, mit Chili kombiniert. Hinzu kommen knusprig gebratene Schalottenringe als klassische Garnitur.

FÜR 4–6 PERSONEN

675 g mittelgroße geschälte rohe Garnelen, mit dem Schwanzfächer
Schale von 1 unbehandelten Limette, in Julienne geschnitten
1/2 frische rote Chilischote, von Stielansatz, Samen und Scheidewänden befreit, fein gehackt
2 EL Olivenöl, zusätzlich Olivenöl für die Grillpfanne
Salz
Frisch gemahlener schwarzer Pfeffer
1 reife, aber feste Mango
2 Möhren, in lange, dünne Stifte geschnitten
10 cm Salatgurke, in Stifte geschnitten
1 kleine rote Zwiebel, halbiert und in dünne Scheiben geschnitten
Einige frische Minzezweige
Etwas frisches Koriandergrün
3 EL geröstete Erdnüsse, grob gehackt
4 große Schalotten, in dünne Ringe geschnitten und in 2 EL Erdnussöl knusprig gebraten

Für das Dressing:
1 große Knoblauchzehe, gehackt
2–3 TL extrafeiner Zucker
Frisch gepresster Saft von 2 Limetten
1–2 EL Thai-Fischsauce
1 frische rote Chilischote, von Stielansatz, Samen und Scheidewänden befreit, fein gehackt
1–2 TL heller Reisessig

1 Die Garnelen mit Limettenjulienne, Chili, Olivenöl, etwas Salz und Pfeffer in einer Glasschale vermischen. 30–40 Minuten marinieren lassen.

2 Zunächst das Dressing zubereiten. Dafür den Knoblauch mit 2 Teelöffeln Zucker in einem Mörser zu einer feinen Paste zerreiben. Etwa drei Viertel des Limettensafts und anschließend 1 Esslöffel Thai-Fischsauce einarbeiten.

3 Das Dressing in einen kleinen Glaskrug füllen und die Hälfte der gehackten Chili unterrühren. Nach Geschmack noch mehr Zucker, Limettensaft und/oder Fischsauce hinzufügen. Zuletzt den Reisessig einrühren.

4 Die Mango schälen und entsteinen. Dafür mit einem scharfen Messer dicht an einer Seite des großen Steins entlang schneiden. Das Fleisch in sehr dünne Streifen schneiden und noch am Stein haftendes Fleisch abschneiden.

5 Das Mangofleisch mit den Möhren- und Gurkenstiften sowie den Zwiebelscheiben in eine Schale füllen. Etwa die Hälfte des Dressings darüber gießen und gut untermischen. Den Salat auf Teller oder in Schälchen verteilen.

6 Eine gusseiserne Pfanne mit gerilltem Boden sehr heiß werden lassen und mit etwas Öl bestreichen. Die marinierten Garnelen von beiden Seiten je 2–3 Minuten darin braten, bis sie rosa werden und braune Stellen haben. Auf den Salatportionen anrichten.

7 Das übrige Dressing darüber träufeln und die Portionen mit Minze und Koriandergrün garnieren. Die restliche Chili, die Erdnüsse sowie die gebratenen Schalottenringe darüber streuen und servieren.

Küchentipp
Um die Garnelen vom Darm zu befreien, diese mit einem kleinen, scharfen Messer am Rücken leicht einschneiden. Mit der Messerspitze den schwarzen Darm herausziehen und die Garnelen unter fließendem kaltem Wasser gründlich abspülen. Mit Küchenpapier trockentupfen.

Exotischer Fischsalat

Wer die tropischen Aromen des Fernen Ostens liebt, sollte diesen schmackhaften Fischsalat mit Kokoscreme, exotischen Früchten und warmen Thai-Gewürzen versuchen. Unerlässlich ist dafür allerdings eine Pitahaya. Das erfrischende Fleisch dieser Kaktusfrucht harmoniert besonders gut mit Fisch.

FÜR 4 PERSONEN

350 g Meerbarbe, Meerbrassen oder Schnapper
1 Kopf Römischer Salat
1 Papaya oder Mango, geschält, entsteint und in Scheiben geschnitten
1 Pitahaya, geschält und in Scheiben geschnitten
1 große reife Tomate, vom Stielansatz befreit, in Spalten geschnitten
1/2 Salatgurke, geschält und in Stifte geschnitten
3 Frühlingszwiebeln, in Scheiben geschnitten

Für die Marinade:

1 TL Koriandersamen
1 TL Fenchelsamen
1/2 TL Kreuzkümmel
1 TL extrafeiner Zucker
1/2 TL scharfe Chilisauce
2 EL Knoblauchöl
Salz

Für das Dressing:

1 EL Kokoscreme
3 EL kochend heißes Wasser
4 EL Erdnussöl
Abgeriebene Schale und Saft von 1 unbehandelten Limette
1 frische rote Chilischote, von Stielansatz, Samen und Scheidewänden befreit, fein gehackt
1 TL Zucker
Salz
3 EL gehacktes frisches Koriandergrün

1 Den Fisch in Streifen schneiden und entgräten. Auf einen Teller legen.

2 Für die Marinade Koriander-, Fenchelsamen und Kreuzkümmel mit dem Zucker in einem Mörser zerreiben. Mit Chilisauce, Knoblauchöl und Salz nach Geschmack zu einer Paste verrühren.

3 Die Paste über dem Fisch verteilen. Zugedeckt an einem kühlen Ort mindestens 20 Minuten marinieren lassen.

4 Inzwischen für das Dressing Kokoscreme, Wasser, Öl, Limettenschale, -saft, Chili, Zucker, Salz und Koriandergrün in ein Schraubglas füllen. Gut schütteln.

5 Salatblätter zerpflücken, waschen und trockenschwenken. In einer Schüssel mit Papaya oder Mango, Pitahaya, Tomate, Gurke und Frühlingszwiebeln vermischen. Das Dressing untermischen.

6 Eine antihaftbeschichtete Pfanne erhitzen. Den Fisch darin 5 Minuten braten, einmal wenden. Den Fisch auf Salat anrichten. Sofort servieren.

Küchentipps

- Wer den Salat gern zeitig vorbereiten möchte, kann den Fisch bis zu 8 Stunden in der Marinade im Kühlschrank stehen lassen. Auch das Dressing kann man im Voraus zubereiten, nur das Koriandergrün kommt erst in der letzten Minute hinzu.
- Knoblauchöl: 125 Milliliter neutrales Öl, zum Beispiel Sonnenblumenöl, in einem kleinen Topf erhitzen. 2 Esslöffel zerstoßenen Knoblauch hinzugeben und in 5 Minuten hellgolden braten. Der Knoblauch darf jedoch nicht verbrennen, da das Öl sonst bitter schmeckt. Abkühlen lassen und in ein Schraubglas abseihen.

Pikanter Garnelensalat

Das Dressing mit Fischsauce verleiht den Nudeln und Garnelen einen wunderbaren Geschmack. Man kann diesen delikaten Salat kalt oder warm verzehren, als Vorspeise reicht er für sechs Personen.

FÜR 4 PERSONEN

200 g Reis-Vermicelli
8 Baby-Maiskolben
150 g Zuckerschoten
1 EL Pflanzenöl
2 Knoblauchzehen, fein gehackt
2,5 cm frische Ingwerwurzel, geschält und fein gehackt
1 frische rote oder grüne Chilischote, von Stielansatz, Samen und Scheidewänden befreit, fein gehackt
450 g rohe geschälte Riesengarnelen, mit dem Schwanzfächer
4 Frühlingszwiebeln, in sehr dünne Scheiben geschnitten
1 EL Sesamsamen, geröstet
1 Stängel Zitronengras, in kleine Stücke geschnitten

Für das Dressing:

1 EL Schnittlauchröllchen
1 EL Thai-Fischsauce
1 TL Sojasauce
3 EL Erdnussöl
1 TL Sesamöl
2 EL Reisessig

1 Die Reis-Vermicelli in einer hitzebeständigen Schüssel mit kochend heißem Wasser übergießen und 10 Minuten einweichen lassen. Abgießen, mit kaltem Wasser abschrecken, abtropfen lassen. In einer großen Schüssel beiseite stellen.

2 Die Maiskolben und Zuckerschoten etwa 3 Minuten kochen oder dämpfen, bis sie gar, aber noch bissfest sind. Unter kaltem Wasser abschrecken und abtropfen lassen. Die Zutaten für das Dressing in ein Schraubglas füllen, fest verschließen und kräftig schütteln.

3 Das Öl in einer großen Pfanne oder einem Wok erhitzen. Knoblauch, Ingwer und Chili hineingeben und 1 Minute anschwitzen. Die Garnelen hinzufügen und unter Schwenken 3 Minuten braten, bis sie gerade rosa werden. Die Frühlingszwiebeln, Maiskolben, Zuckerschoten und Sesamsamen locker untermischen.

4 Den Pfanneninhalt über die Reis-Vermicelli ausleeren. Das Dressing darüber gießen und alles gut vermischen. Mit Zitronengras bestreuen und servieren oder zuvor für 1 Stunde kalt stellen.

Hühnersalat mit Kokoscreme-Dressing

Dieser frische bunte Salat ist ganz typisch für die Thai-Küche. Besonders gut schmeckt er an einem heißen Sommertag als leichtes Mittagessen.

FÜR 4–6 PERSONEN

4 Hühnerbrüste ohne Haut und Knochen
2 Knoblauchzehen, zerdrückt
2 EL Sojasauce
2 EL Pflanzenöl
125 ml Kokoscreme
2 EL Thai-Fischsauce
Frisch gepresster Saft von 1 Limette
2 EL Palmzucker oder brauner Zucker
115 g Wasserkastanien aus der Dose, abgegossen und in Scheiben geschnitten
50 g Cashewnüsse, geröstet und grob gehackt
4 Schalotten, in dünne Scheiben geschnitten
4 Blätter der Kaffirlimette, in dünne Streifen geschnitten
1 Stängel Zitronengras, in dünne Scheiben geschnitten
1 TL gehackte frische Galgantwurzel
1 große, frische rote Chilischote, von Stielansatz, Samen und Scheidewänden befreit, fein gehackt
2 Frühlingszwiebeln, in dünne Scheiben geschnitten
10–12 frische Minzeblätter, zerpflückt
1 Kopfsalat, geputzt, zum Servieren
2 frische rote Chilischoten, von Stielansatz, Samen und Scheidewänden befreit, in Ringen, zum Garnieren

1 Die Hühnerbrüste in eine große Schüssel legen. Mit Knoblauch, Sojasauce und 1 Esslöffel Öl einreiben und zugedeckt 1–2 Stunden marinieren lassen.

2 Das restliche Öl im Wok oder einer Pfanne erhitzen, die Hühnerbrüste von beiden Seiten je 3–4 Minuten pfannenrühren, bis sie gar sind. Beiseite stellen.

3 In einem Topf Kokoscreme, Fischsauce, Limettensaft und Zucker erhitzen und rühren, bis sich der Zucker gelöst hat.

4 Die Hühnerbrüste in Streifen reißen, in eine Schüssel geben. Wasserkastanien, Cashewnüsse, Schalotten, Limettenblätter, Zitronengras, Galgant, Chili, Frühlingszwiebeln und Minze hinzufügen.

5 Das Kokoscreme-Dressing darüber gießen und gründlich durchmischen. Auf einem Bett aus Kopfsalatblättern anrichten und mit den Chiliringen garnieren.

Saeng Wa mit gegrilltem Schweinefleisch

Für den Salat wird Schweinefilet in Streifen geschnitten, gegrillt, anschließend in Stücke gerissen und mit einem süßsauren Dressing vermischt. Das Ergebnis ist ein delikates warmes Gericht.

FÜR 4 PERSONEN

2 EL dunkle Sojasauce
1 EL flüssiger Honig
400 g Schweinefilet
6 Schalotten, längs in sehr dünne Scheiben geschnitten
1 Stängel Zitronengras, in dünne Scheiben geschnitten
5 Blätter der Kaffirlimette, in dünne Streifen geschnitten
5 cm frische Ingwerwurzel, geschält und in dünne Stifte geschnitten
1/2 frische rote Long-Chili, von Stielansatz, Samen und Scheidewänden befreit, in dünne Streifen geschnitten
1 kleines Bund frisches Koriandergrün, gehackt

Für das Dressing:

2 EL Palmzucker oder brauner Zucker
2 EL Thai-Fischsauce
Frisch gepresster Saft von 2 Limetten
4 TL dickflüssiger Tamarindensaft (Tamarindenmark, mit lauwarmem Wasser vermischt)

1 Den Backofengrill auf mittlerer Stufe vorheizen. Sojasauce und Honig in einer kleinen Schale verrühren, bis sich der Honig gelöst hat.

2 Das Schweinefilet mit einem scharfen Messer längs vierteln, sodass lange Streifen entstehen. Auf einen mit Alufolie ausgelegten Bratrost legen und mit der Sojamischung bestreichen. Unter den Backofengrill schieben und 10–15 Minuten grillen, bis das Fleisch durchgegart und weich ist. Ab und zu wenden und mit der Sojamischung bestreichen.

3 Das Fleisch auf einem Brett gegen die Fasern in Scheiben schneiden und mit einer Gabel in Stücke reißen. In eine große Schüssel geben, Schalotten, Zitronengras, Kaffirlimettenblätter, Ingwer, Chili und Koriandergrün hinzufügen.

4 Für das Dressing den Zucker mit der Fischsauce, dem Limetten- und Tamarindensaft in eine Schale füllen und so lange schlagen, bis sich der Zucker gelöst hat. Über den Salat gießen und alles gut durchmischen. Sofort servieren.

Variante

Für einen noch reichhaltigeren Salat gekochten Reis oder Nudeln untermischen. Außerdem kann man rote oder gelbe Paprikastreifen hinzufügen. Für zusätzliche Farbe sorgen kurz gegarte grüne Bohnen oder Zuckerschoten.

Rindfleisch-Shiitake-Salat

Sämtliche Zutaten für diesen traditionellen Thai-Salat, der auf Thailändisch *yam nua yang* heißt, bekommt man in den meisten größeren Supermärkten oder Asia-Läden.

FÜR 4 PERSONEN

675 g Rinderfilet oder Roastbeef
2 EL Olivenöl
2 kleine, milde rote Chilischoten, von Stielansatz, Samen und Scheidewänden befreit, in Scheiben geschnitten
225 g frische Shiitake, Stiele entfernt, Hüte in Scheiben geschnitten

Für das Dressing:

3 Frühlingszwiebeln, fein gehackt
2 Knoblauchzehen, fein gehackt
Frisch gepresster Saft von 1 Limette
1–2 EL Thai-Fischsauce
1 TL hellbrauner Zucker
2 EL gehacktes frisches Koriandergrün

Zum Servieren:

1 Kopf Römischer Salat, die Blätter in Streifen zerpflückt
175 g Cocktailtomaten, halbiert
5 cm Salatgurke, geschält, halbiert und in dünne Scheiben geschnitten
3 EL geröstete Sesamsamen

Variante
Gelbe Chilischoten verleihen diesem Salat zusätzlich Farbe.

1 Den Backofengrill auf mittlerer Stufe vorheizen und das Fleisch von jeder Seite nach Geschmack 2–4 Minuten grillen (in Thailand wird Rindfleisch meist eher blutig serviert). Mindestens 15 Minuten abkühlen lassen.

2 Das Fleisch in sehr dünne Scheiben schneiden und in eine Schüssel legen.

3 Das Olivenöl in einer kleinen Pfanne erhitzen. Die Chilis mit den Shiitake hineingeben und 5 Minuten braten, dabei ab und zu umrühren. Den Herd ausschalten, das Rindfleisch in die Pfanne geben und gut untermischen, sodass es gleichmäßig mit der Chili-Shiitake-Mischung bedeckt ist.

4 Die Zutaten für das Dressing in einer Schale verrühren, in die Pfanne gießen und locker untermischen.

5 Salatblätter, Tomaten und Gurke auf einer Platte anrichten. Die Rindfleischmischung in die Mitte häufen und alles mit Sesamsamen bestreuen.

Larp aus Chiang Mai

Chiang Mai ist eine Großstadt im Nordosten Thailands, die kulturell große Nähe zu Laos aufweist. Besonders berühmt ist ihr Hühnersalat, der ursprünglich »Laap« oder »Larp« genannt wurde. Statt Huhn kann man auch Enten-, Rind- oder Schweinefleisch verwenden.

FÜR 4–6 PERSONEN

450 g gehacktes Hühnerfleisch
1 Stängel Zitronengras, Wurzeln weggeschnitten
3 Blätter der Kaffirlimette, fein gehackt
4 frische rote Chilischoten, von Stielansatz, Samen und Scheidewänden befreit und gehackt
4 EL frisch gepresster Limettensaft
2 EL Thai-Fischsauce
1 EL geröstetes Reispulver (siehe Küchentipp)
2 Frühlingszwiebeln, fein gehackt
2 EL frisches Koriandergrün
In dünne Streifen geschnittene Kaffirlimettenblätter, verschiedene Salatblätter und frische Minzezweige zum Garnieren

1 Eine große antihaftbeschichtete Pfanne erhitzen. Das Fleisch hineingeben, mit wenig Wasser besprengen und bei mittlerer Hitze 7–10 Minuten rühren, bis es krümelig zerfällt. Vom Herd nehmen, eventuell ausgetretenes Fett abgießen. Die unteren 5 cm vom Zitronengras abschneiden und fein hacken.

2 Das Hühnerfleisch in eine Schüssel geben. Zitronengras, Kaffirlimettenblätter, Chilis, Limettensaft, Fischsauce, Reispulver, Frühlingszwiebeln und Koriandergrün gut untermischen.

3 Die Mischung in eine Salatschüssel füllen. Mit den in Streifen geschnittenen Limettenblättern bestreuen, mit Salatblättern und Minze garnieren.

Küchentipp
Geröstetes Reispulver: Zur Herstellung Klebreis verwenden. Den Reis in einer Pfanne ohne Fett goldbraun rösten und im Mörser oder in der Küchenmaschine fein zermahlen. Das abgekühlte Reispulver in einem Schraubglas kühl und trocken aufbewahren.

Thailändischer Rindfleischsalat

Ein herzhafter Salat, der sich gut als Hauptgericht eignet. Verwendet werden zarte Lendensteaks, fein geschnittene Salatgurke und ein herrlich pikantes Chili-Limetten-Dressing.

FÜR 4 PERSONEN

2 Lendensteaks vom Rind (je 225 g)
1 Stängel Zitronengras, Wurzeln weggeschnitten
1 rote Zwiebel oder 4 thailändische Schalotten, in dünne Scheiben geschnitten
1/2 Salatgurke, in Streifen geschnitten
2 EL gehackte Frühlingszwiebeln
Frisch gepresster Saft von 2 Limetten
1–2 EL Thai-Fischsauce
2–4 frische rote Chilischoten, von Stielansatz, Samen und Scheidewänden befreit, fein gehackt
Asiatische Brunnenkresse, Gartenkresse oder frisches Koriandergrün zum Garnieren

Küchentipp
In Thai- oder China-Läden bekommt man manchmal Gui-chai-Blätter, die wie ganz dünne Frühlingszwiebeln aussehen. Sie können in diesem Rezept anstelle der Frühlingszwiebeln verwendet werden.

1 Die Lendensteaks in einer großen, schweren Pfanne bei mittlerer Hitze von beiden Seiten braten. Je nach Dicke werden sie in 4–6 Minuten blutig, in 6–8 Minuten rosa und in 10 Minuten durchgebraten sein (in Thailand wird Rindfleisch meist eher blutig serviert). Genauso gut kann das Fleisch unter dem vorgeheizten Grill gegart werden. Das Fleisch aus der Pfanne nehmen und 10–15 Minuten ruhen lassen. In der Zwischenzeit die unteren 5 cm vom Zitronengras abschneiden und fein hacken.

2 Das abgekühlte Fleisch in dünne Streifen schneiden und in eine große Schüssel geben. Zwiebel oder Schalotten, Salatgurke, Zitronengras und Frühlingszwiebeln hinzufügen.

3 Alles vermischen. Mit dem Limettensaft und der Fischsauce beträufeln und mit den roten Chilis erneut durchmischen. Den Salat in einer Servierschüssel oder auf einer Platte anrichten und raumtemperiert oder gekühlt servieren. Mit Kresse oder Koriandergrün garnieren.

Geflügelgerichte

Eine der Besonderheiten thailändischer Fleischgerichte ist die schnelle Zubereitung. Selbst Currys, die andernorts eher lange gegart werden, sind hier oft in nur einer halben Stunde fertig. Kurze Garzeiten erfordern natürlich zartes Fleisch von guter Qualität, darum wird für viele Gerichte Hühnerbrust verwendet. In Zentral- und Nordthailand gibt es auch einige Spezialitäten mit Wildgeflügel, und die köstlichen Entengerichte stammen vorwiegend aus China.

Grünes Hühnercurry

Für das würzige Gericht können Sie ein oder zwei frische grüne Chilis verwenden, je nachdem, wie scharf das Curry werden soll. Der mild-aromatische Kokosreis ist eine ideale Ergänzung.

FÜR 3–4 PERSONEN

4 Frühlingszwiebeln, grob gehackt
1–2 frische grüne Chilischoten, von Stielansatz, Samen und Scheidewänden befreit und grob gehackt
2 cm frische Ingwerwurzel, geschält
2 Knoblauchzehen
1 TL Thai-Fischsauce
1 großes Bund frisches Koriandergrün
1 kleine Hand voll frische Petersilie
2–3 EL Wasser
2 EL Sonnenblumenöl
2 Hühnerbrüste ohne Haut und Knochen, gewürfelt
1 grüne Paprikaschote, von Stielansatz, Samen und Scheidewänden befreit, in dünne Streifen geschnitten
600 ml Kokosmilch oder 75 g Kokoscreme, in 400 ml kochend heißem Wasser gelöst
Salz
Frisch gemahlener schwarzer Pfeffer
Heißer Kokosreis zum Servieren (siehe Seite 192, aber ohne Zucker)

1 Die Frühlingszwiebeln, Chilis, Ingwer, Knoblauch, Fischsauce, Koriandergrün und Petersilie in der Küchenmaschine oder im Mixer mit 2 Esslöffeln Wasser pürieren. Falls nötig, noch 1 Esslöffel Wasser hinzufügen, es soll eine weiche Paste entstehen.

Küchentipp
Beinahe jeder Thai-Koch besitzt ein eigenes Rezept für Currypasten. Die benötigten Zutaten werden traditionell im Mörser zerrieben, einfacher geht es im Mixer.

2 In einer Pfanne 1 Esslöffel Öl erhitzen und das Hühnerfleisch darin gleichmäßig anbraten. Auf einen Teller legen.

3 Das restliche Sonnenblumenöl in der Pfanne erhitzen und die grünen Paprikastreifen darin 3–4 Minuten pfannenrühren. Die Chili-Ingwer-Paste hinzugeben und weitere 3–4 Minuten pfannenrühren, bis alles eindickt.

4 Das Fleisch zurück in die Pfanne geben und die Kokosmilch dazugießen. Mit Salz und Pfeffer würzen und unter gelegentlichem Rühren aufkochen. Die Hitze reduzieren, die Pfanne halb zudecken und alles 8–10 Minuten köcheln lassen.

5 Sobald das Hühnerfleisch gar ist, dieses mitsamt den Paprikastreifen mithilfe eines Schaumlöffels auf einen Teller heben. Die Garflüssigkeit in der Pfanne 10–12 Minuten zu einer relativ dicken Sauce einkochen lassen.

6 Das Fleisch mit den Paprikastreifen in die Sauce einrühren und 2–3 Minuten köcheln lassen, bis alles schön heiß ist. Das Curry auf dem Kokosreis anrichten und sofort servieren.

Aromatisch duftendes Hühnercurry

Dieses Gericht eignet sich ideal für eine Party, denn das Huhn und die Sauce lassen sich im Voraus zubereiten und erst kurz vor dem Servieren vermischen und wieder erhitzen.

FÜR 4 PERSONEN

3 EL Pflanzenöl
1 Zwiebel, grob gehackt
2 Knoblauchzehen, zerdrückt
1 EL rote Thai-Currypaste
115 g Kokoscreme, in 900 ml kochend heißem Wasser gelöst, oder 1 l Kokosmilch
2 Stängel Zitronengras, grob gehackt
6 Blätter der Kaffirlimette, gehackt
150 ml griechischer Joghurt
2 EL Aprikosenkonfitüre
1 Huhn (etwa 1,5 kg), gekocht
2 EL gehacktes frisches Koriandergrün
Salz
Frisch gemahlener schwarzer Pfeffer
Einige zerkleinerte Blätter der Kaffirlimette, gehobeltes, geröstetes Kokosnussfleisch und frisches Koriandergrün zum Garnieren
Gekochter Reis zum Servieren

Küchentipp
Soll die Sauce dicker sein, nach der Zugabe des Huhns noch etwas Kokoscreme hinzufügen.

1 Das Öl in einem großen Topf erhitzen. Die Zwiebel und den Knoblauch bei schwacher Hitze darin in 5–10 Minuten weich schwitzen. Die Currypaste einrühren. Weitere 2–3 Minuten unter Rühren mitschwitzen. Die Kokoscreme oder -milch, Zitronengras, Limettenblätter, Joghurt und die Aprikosenkonfitüre einrühren. Zugedeckt 30 Minuten köcheln.

2 Den Topf vom Herd nehmen und die Sauce leicht abkühlen lassen. In der Küchenmaschine oder im Mixer fein pürieren. Den Topf ausspülen. Die Sauce mit dem Rücken eines Holzlöffels durch ein Sieb in den sauberen Topf passieren, sodass möglichst wenig im Sieb zurückbleibt. Die Sauce stehen lassen, bis das Huhn fertig vorbereitet ist.

3 Das Huhn enthäuten. Das Fleisch von den Knochen lösen, in mundgerechte Stücke schneiden, in die Sauce geben.

4 Das Hühnercurry zum Köcheln bringen. Das Koriandergrün untermischen, mit Salz und Pfeffer abschmecken. Mit Limettenblättern, Kokos und Koriandergrün garnieren und mit Reis servieren.

Rotes Hühnercurry mit Bambussprossen

Bambussprossen haben eine wunderbar knackige Textur. Da sie bei uns kaum frisch erhältlich sind, kann man ruhig Bambussprossen aus der Dose verwenden. Am besten eignen sich ganze Sprossen, denn sie sind knackiger als aufgeschnittene und von besserer Qualität.

FÜR 4–6 PERSONEN

1 l Kokosmilch
450 g Hühnerbrust ohne Haut und Knochen, gewürfelt
2 EL Thai-Fischsauce
1 EL Zucker
1–2 Bambussprossen aus der Dose (insgesamt etwa 225 g), abgegossen, abgespült und in Scheiben geschnitten
5 Blätter der Kaffirlimette, zerpflückt
Salz
Frisch gemahlener schwarzer Pfeffer
Gehackte frische Chilischote und Blätter der Kaffirlimette zum Garnieren

Für die rote Currypaste:

1 TL Koriandersamen
1/2 TL Kreuzkümmel
12–15 frische rote Chilischoten, von Stielansatz, Samen und Scheidewänden befreit und grob gehackt
4 Schalotten, in dünne Scheiben geschnitten
2 Knoblauchzehen, gehackt
1 EL gehackte frische Galgantwurzel
2 Stängel Zitronengras, gehackt
3 Blätter der Kaffirlimette, gehackt
4 frische Korianderwurzeln
10 schwarze Pfefferkörner
1 kräftige Prise gemahlener Zimt
1 TL gemahlene Kurkuma
1/2 TL Garnelenpaste
1 TL Salz
2 EL Pflanzenöl

1 Zunächst die Currypaste zubereiten. Dafür Koriandersamen und Kreuzkümmel 1–2 Minuten ohne Fett rösten. Mit den übrigen Zutaten bis auf das Öl im Mörser oder in der Küchenmaschine zu einer Paste verarbeiten.

2 Das Öl in kleinen Mengen hinzugießen und jeweils gut einarbeiten. Die Currypaste in ein Schraubglas füllen, dieses verschließen und bis zur Verwendung in den Kühlschrank stellen.

3 Die Hälfte der Kokosmilch in einen großen Topf gießen. Bei mittlerer Hitze zum Kochen bringen und so lange rühren, bis die Milch ausflockt.

4 Von der roten Currypaste 2 Esslöffel in die Kokosmilch rühren. Die Mischung unter ständigem Rühren 2–3 Minuten köcheln lassen, bis die Paste vollständig aufgenommen ist. Die übrige Paste kann man verschlossen bis zu 3 Monate im Kühlschrank aufbewahren.

5 Das Hühnerfleisch, die Fischsauce und den Zucker hinzufügen. Alles gut verrühren, bei schwacher Hitze 5–6 Minuten köcheln lassen. So lange rühren, bis das Fleisch sich verfärbt und durchgegart ist. Darauf achten, dass das Curry nicht am Topfboden anhängt.

6 Die restliche Kokosmilch in den Topf gießen, die Bambussprossen und Kaffirlimettenblätter dazugeben. Bei mittlerer Hitze wieder zum Kochen bringen und dabei ständig rühren, sodass das Curry nicht anhängt. Falls nötig, mit Salz und Pfeffer würzen. In eine vorgewärmte Schüssel füllen, mit gehackten Chilis und Limettenblättern garnieren.

Variante

Statt der Bambussprossen oder auch zusätzlich kann man Strohpilze verwenden. Frisch sind sie bei uns kaum erhältlich, aber in Asia-Läden oder Supermärkten bekommt man sie in Dosen. Die Pilze abtropfen lassen und zuletzt unter das Curry mischen. Sie werden vor allem ihrer besonderen Textur und des feinen Geschmacks wegen geschätzt.

Küchentipp

Für dieses Gericht sollte man unbedingt Hühnerbrust verwenden, da das Curry nur eine kurze Garzeit hat. Um Zeit zu sparen, empfiehlt es sich, bereits gewürfeltes oder in Streifen geschnittenes Fleisch zu kaufen, das in Supermärkten mitunter speziell für Pfannengerichte angeboten wird.

Hühnercurry mit Zitronengras

Dieses herrlich duftende, delikate Curry ist problemlos in weniger als zwanzig Minuten zubereitet und eignet sich ideal für eine Mahlzeit nach einem langen Arbeitstag.

FÜR 4 PERSONEN

3 EL Pflanzenöl
2 Knoblauchzehen, zerdrückt
500 g Hühnerschenkel, enthäutet, entbeint und in kleine Stücke gehackt
3 EL Thai-Fischsauce
125 ml Hühnerbrühe
1 TL Zucker
1 Stängel Zitronengras, in 4 Stücke geschnitten und leicht angedrückt
5 Blätter der Kaffirlimette, zu Zylindern eingerollt und quer in schmale Streifen geschnitten, zusätzliche Blätter zum Garnieren
Gehackte geröstete Erdnüsse und gehacktes frisches Koriandergrün zum Garnieren

Für die Currypaste:

1 Stängel Zitronengras, grob gehackt
2,5 cm frische Galgantwurzel, geschält und grob gehackt
2 Blätter der Kaffirlimette, gehackt
3 Schalotten, grob gehackt
6 Korianderwurzeln, grob gehackt
2 Knoblauchzehen
2 frische grüne Chilischoten, von Stielansatz, Samen und Scheidewänden befreit und grob gehackt
1 TL Garnelenpaste
1 TL gemahlene Kurkuma

1 Zunächst sämtliche Zutaten für die Currypaste in einem großen Mörser oder in der Küchenmaschine zu einer glatten Paste verarbeiten.

2 Das Öl in einem Wok oder einer großen, schweren Pfanne erhitzen und den Knoblauch darin bei schwacher Hitze unter Rühren goldbraun werden lassen. Der Knoblauch darf jedoch nicht verbrennen, da er sonst bitter schmeckt. Die Currypaste dazugeben und mit dem Knoblauch etwa 30 Sekunden pfannenrühren.

3 Das Hühnerfleisch untermischen, bis es gleichmäßig mit der Currypaste überzogen ist. Die Fischsauce und die Hühnerbrühe einrühren, den Zucker einstreuen und die Mischung weitere 2 Minuten ständig rühren.

4 Zitronengras und Limettenblätter hinzufügen und bei reduzierter Hitze 10 Minuten köcheln lassen. Bei Bedarf mehr Brühe oder Wasser dazugießen.

5 Nach Belieben das Zitronengras herausnehmen. Das Curry in Schalen anrichten. Mit Kaffirlimettenblättern, Erdnüssen und Koriandergrün garnieren.

Gelbes Hühnercurry

Die Verbindung von süßlicher Kokosmilch und Früchten mit aromatischem Huhn und Gewürzen schmeckt wunderbar erfrischend und gleichzeitig sehr exotisch.

FÜR 4 PERSONEN

300 ml Hühnerbrühe
2 EL dickflüssiger Tamarindensaft (Tamarindenmark, mit lauwarmem Wasser vermischt)
1 EL Zucker
200 ml Kokosmilch
1 grüne Papaya, geschält und von den Samen befreit, in dünne Scheiben geschnitten
250 g Hühnerbrust ohne Haut und Knochen, gewürfelt
Frisch gepresster Saft von 1 Limette
Limettenscheiben zum Garnieren

Für die gelbe Currypaste:

1 frische rote Chilischote, von Stielansatz, Samen und Scheidewänden befreit und grob gehackt
4 Knoblauchzehen, grob gehackt
3 Schalotten, grob gehackt
2 Stängel Zitronengras, in Scheiben geschnitten
5 cm frische Kurkumawurzel, grob gehackt, oder 1 TL gemahlene Kurkuma
1 TL Garnelenpaste
1 TL Salz

1 Für die Currypaste Chili, Knoblauch, Schalotten, Zitronengras und Kurkuma in einen Mörser füllen. Garnelenpaste und Salz hinzufügen und zu einer Paste verarbeiten. Falls nötig, etwas Wasser zugeben.

2 Die Brühe in einem Wok aufkochen und die Currypaste einrühren. Wieder zum Kochen bringen und den Tamarindensaft, Zucker und die Kokosmilch dazugeben. Die Papaya und das Hühnerfleisch untermischen und bei mittlerer bis starker Hitze etwa 15 Minuten köcheln lassen, bis das Fleisch gar ist. Ab und zu umrühren.

3 Den Limettensaft unterrühren. Das Curry in eine vorgewärmte Schüssel füllen und mit Limettenscheiben garnieren.

Küchentipp
Frische Kurkumawurzel ähnelt äußerlich dem Ingwer und gehört zur selben Familie. Im Innern ist sie aber intensiv gelb. Darum Gummihandschuhe tragen.

Hühnercurry aus Südthailand

Ein mildes Kokoscurry, gewürzt mit Kurkuma, Koriandersamen und Kreuzkümmel, bei dem man den Einfluss der malaysischen Kochtradition auf die Thai-Küche spürt.

FÜR 4 PERSONEN

4 EL Pflanzenöl
1 große Knoblauchzehe, zerdrückt
1 Huhn (etwa 1,5 kg), in 12 große Stücke gehackt
400 ml Kokoscreme
250 ml Hühnerbrühe
2 EL Thai-Fischsauce
2 EL Zucker
Frisch gepresster Saft von 2 Limetten

Für die Currypaste:

1 TL getrocknete Chiliflocken
1/2 TL Salz
5 cm frische Kurkumawurzel oder 1 TL gemahlene Kurkuma
1/2 TL Koriandersamen
1/2 TL Kreuzkümmel
1 TL getrocknete Garnelenpaste

Für die Garnitur:

2 kleine, frische rote Chilischoten, von Stielansatz, Samen und Scheidewänden befreit und fein gehackt
1 Bund Frühlingszwiebeln, in dünne Scheiben geschnitten

1 Zunächst sämtliche Zutaten für die Currypaste in einen Mörser oder in die Küchenmaschine füllen und zu einer glatten Paste verarbeiten.

2 Das Öl in einem Wok erhitzen, den Knoblauch darin goldbraun werden lassen. Das Huhn dazugeben, goldbraun anbraten, herausnehmen, beiseite stellen.

3 Das Öl wieder erhitzen. Die Currypaste sowie die Hälfte der Kokoscreme hinzufügen, einige Minuten köcheln lassen.

4 Das Fleisch zurück in den Wok geben, die Brühe hinzugießen und alles gut vermischen. Die restliche Kokoscreme, Fischsauce, Zucker und Limettensaft unterrühren. Aufkochen, die Hitze reduzieren und das Curry 15 Minuten köcheln lassen.

5 Das Curry in vorgewärmten Servierschalen anrichten. Mit gehackten Chilis und Frühlingszwiebeln bestreuen.

Küchentipp
Das Huhn mit einem großen Messer oder einem chinesischen Küchenbeil in Stücke hacken. Schneidbrett, Messer und Hände danach gründlich waschen, da das rohe Fleisch Mikroorganismen und Bakterien enthalten kann.

Gegrillte Hühnerbrust

Wer genügend Zeit hat, sollte das Hühnerfleisch im Voraus vorbereiten und im Kühlschrank mehrere Stunden oder über Nacht marinieren lassen.

FÜR 4 PERSONEN

450 g entbeinte Hühnerbrust mit Haut, in Stücke geschnitten
2 EL Sesamöl
2 Knoblauchzehen, zerdrückt
2 Korianderwurzeln, fein gehackt
2 kleine frische rote Chilischoten, von Stielansatz, Samen und Scheidewänden befreit und fein gehackt
2 EL Thai-Fischsauce
1 TL Zucker
Gekochter Reis zum Servieren
Limettenspalten zum Garnieren

Für die Sauce:

6 EL Reisessig
4 EL Zucker
1/2 TL Salz
2 Knoblauchzehen, zerdrückt
1 kleine, frische rote Chilischote, von Stielansatz, Samen und Scheidewänden befreit und fein gehackt
100 g frisches Koriandergrün, fein gehackt

1 Die Fleischstücke zwischen 2 Lagen Klarsichtfolie, Backpapier oder Alufolie legen und mit einem Nudelholz oder der glatten Seite eines Fleischklopfers darauf klopfen, bis das Fleisch nur noch halb so dick ist. Die Stücke in eine große, flache Schale legen.

2 Das Sesamöl mit dem Knoblauch, den Korianderwurzeln, Chilis, der Fischsauce und dem Zucker in einem Krug verrühren, bis sich der Zucker gelöst hat. Über das Fleisch gießen und dieses darin wenden. Mit Klarsichtfolie bedecken und an einem kühlen Ort mindestens 20 Minuten marinieren lassen.

3 Für die Sauce den Essig in einem kleinen Topf erhitzen. Den Zucker einrühren, bis er sich gelöst hat. Das Salz hinzufügen und so lange rühren, bis die Mischung eindickt. Die übrigen Zutaten unterrühren. In eine Servierschale füllen.

4 Den Backofengrill vorheizen und das Fleisch auf dem Rost 5 Minuten grillen. Wenden, mit der Marinade beträufeln und weitere 5 Minuten grillen, bis das Fleisch durchgegart und goldbraun ist. Mit Reis, Sauce und Limettenspalten servieren.

Kurkuma-Brathähnchen mit Limette und Süßkartoffeln

In Thailand würde man das Hähnchen am Spieß braten, da Öfen nur selten verwendet werden. Doch auch im Backofen erzielt man gute Ergebnisse. Die Süßkartoffeln passen ideal dazu.

FÜR 4 PERSONEN

4 Knoblauchzehen,
2 fein gehackt,
2 im Ganzen zerdrückt
1 kleines Bund frisches Koriandergrün mit Wurzeln, grob gehackt
Salz
1 TL gemahlene Kurkuma
5 cm frische Kurkumawurzel
1 Brathähnchen (etwa 1,5 kg)
1 Limette, halbiert
4 mittelgroße bis große Süßkartoffeln, geschält und in Spalten geschnitten
Frisch gemahlener schwarzer Pfeffer
300 ml Hühner- oder Gemüsebrühe
2 EL Sojasauce

1 Den Ofen auf 190 °C vorheizen. Die Garzeit für das Hähnchen berechnen: 20 Minuten je 500 Gramm, plus weitere 20 Minuten. In einem Mörser oder der Küchenmaschine den gehackten Knoblauch, Koriander, 2 Teelöffel Salz und Kurkuma zu einer Paste verarbeiten.

2 Das Hähnchen im Schmortopf mit der Paste bestreichen. Die Limettenhälften darüber ausdrücken und mit dem übrigen Knoblauch in die Bauchhöhle geben. Mit Alufolie bedecken, im Ofen braten.

3 In der Zwischenzeit Wasser in einem Topf zum Kochen bringen und die Süßkartoffeln darin 10–15 Minuten vorgaren. Gut abtropfen lassen und um das Hähnchen herum im Schmortopf verteilen. Mit dem Bratensud übergießen, mit Salz und Pfeffer bestreuen. Mit Alufolie bedeckt wieder in den Ofen schieben.

4 Die Alufolie etwa 20 Minuten vor Ende der Garzeit entfernen, das Hähnchen mit Bratensud beträufeln. Kartoffeln wenden.

5 Zum Ende der berechneten Garzeit die Garprobe machen (siehe Küchentipp). Das Hähnchen herausheben, dabei die Flüssigkeit aus der Bauchhöhle in den Topf ablaufen lassen. Auf ein Schneidbrett legen, in Alufolie wickeln und bis zum Tranchieren ruhen lassen. Die Süßkartoffeln in einer Servierschüssel anrichten und im Ofen warm halten, bis die Bratensauce fertig ist.

6 Das ausgetretene Fett abschöpfen. Den Schmortopf mit dem Bratensaft auf den Herd stellen und erhitzen, bis die Flüssigkeit blubbert. Die Brühe hinzugießen und die Sauce aufkochen. Dabei ständig mit einem Holzlöffel rühren und den Bratensatz vom Topfboden loskratzen.

7 Die Sojasauce einrühren, mit Salz und Pfeffer abschmecken. In einen Krug abseihen. Mit dem tranchierten Fleisch und den Süßkartoffeln servieren.

Küchentipps

- Ist das Hähnchen gar, sollten die Keulen sich leicht bewegen lassen. Mit der Spitze eines scharfen Messers oder einem Spieß in die dickste Stelle eines Schenkels einstechen. Der austretende Saft sollte klar sein.
- Süßkartoffeln stammen zwar aus dem tropischen Amerika, doch werden sie inzwischen in ganz Südostasien angebaut und sind sehr beliebt. Man kennt hier viele Sorten mit mehligem bis fest kochendem Fleisch, dessen Farbe von einem tiefen Orange bis zu Goldgelb oder Weiß variiert.

Hühnerpfanne mit Basilikum und Chili

Dieses einfache Hühnergericht ist ein idealer Einstieg in die Thai-Küche. Das verwendete Tulsi, eine Basilikumart, auch als scharfes Basilikum bekannt, hat einen intensiven, würzig-scharfen Geschmack. Beim Frittieren (siehe Küchentipp) entfaltet sich sein Aroma besonders gut.

FÜR 4–6 PERSONEN

- 3 EL Pflanzenöl
- 4 Knoblauchzehen, in dünne Scheiben geschnitten
- 2–4 frische rote Chilischoten, von Stielansatz, Samen und Scheidewänden befreit und fein gehackt
- 450 g Hühnerbrust ohne Haut und Knochen, in mundgerechte Stücke geschnitten
- 3 EL Thai-Fischsauce
- 2 TL dunkle Sojasauce
- 1 TL Zucker
- 10–12 Blätter frisches Tulsi
- 2 frische rote Chilischoten, von Stielansatz, Samen und Scheidewänden befreit und fein gehackt, sowie etwa 20 frittierte Tulsiblätter zum Garnieren

1 Das Öl in einem Wok oder einer großen, schweren Pfanne erhitzen. Den Knoblauch und die Chilis darin 1–2 Minuten bei mittlerer Hitze pfannenrühren. Der Knoblauch sollte goldbraun, aber nicht verbrannt und damit bitter sein.

2 Das Hühnerfleisch hinzugeben, falls nötig portionsweise, und so lange pfannenrühren, bis es gerade Farbe annimmt.

3 Die Fisch- und Sojasauce sowie den Zucker untermischen. Weitere 3–4 Minuten pfannenrühren, bis das Fleisch durchgegart und goldbraun ist.

4 Zuletzt die Tulsiblätter untermischen. Das Gericht auf einer vorgewärmten Platte oder in einzelnen Schalen anrichten. Mit gehackten Chilis und frittierten Tulsiblättern garnieren und servieren.

Küchentipp

Tulsi frittieren: Beim Frittieren der Tulsiblätter (oder Thai-Basilikum) darauf achten, dass die Blätter ganz trocken sind, da das Öl beim Hineingeben sonst spritzt. Am besten Erdnussöl verwenden und dieses auf 180 °C erhitzen, sodass ein Brotwürfel in etwa 45 Sekunden darin bräunt. Die Blätter ins Öl geben und nur 30–40 Sekunden frittieren, bis sie knusprig und durchscheinend sind. Mit einem Schaumlöffel herausnehmen und auf Küchenpapier abtropfen lassen.

Gegrilltes Huhn

Gegrilltes Hühnerfleisch bekommt man beinahe überall in Thailand, ob von Händlern am Straßenrand oder im Sportstadion. Dieses Gericht ist ideal für eine Sommerparty im Freien, doch kann man es bei schlechtem Wetter natürlich auch im Backofen zubereiten.

FÜR 4–6 PERSONEN

1 Huhn (etwa 1,5 kg), in 8–10 Stücke gehackt
Einige Limettenspalten und frische rote Chilischoten zum Garnieren

Für die Marinade:

2 Stängel Zitronengras, Wurzeln weggeschnitten
2,5 cm frische Ingwerwurzel, geschält und in dünne Scheiben geschnitten
6 Knoblauchzehen, grob gehackt
4 Schalotten, grob gehackt
1/2 Bund Korianderwurzeln, gehackt
1 EL Palmzucker oder brauner Zucker
125 ml Kokosmilch
2 EL Thai-Fischsauce
2 EL helle Sojasauce

1 Zunächst die Marinade zubereiten. Dafür die unteren 5 cm vom Zitronengras abschneiden und grob hacken. Mit Ingwer, Knoblauch, Schalotten, Korianderwurzeln, Zucker, Kokosmilch sowie Fisch- und Sojasauce in der Küchenmaschine pürieren.

2 Das Fleisch in eine Schüssel legen, die Marinade darüber gießen, alles vermischen. Zugedeckt mindestens 4 Stunden an einem kühlen Ort oder über Nacht im Kühlschrank marinieren lassen.

3 Die Glut in einem Holzkohlengrill vorbereiten oder den Backofen auf 200 °C vorheizen. Das Fleisch abtropfen lassen, die Marinade aufbewahren. Wird im Ofen gegrillt, das Fleisch nebeneinander auf den Rost über die Fettpfanne legen.

4 Die Fleischstücke auf dem Holzkohlengrill über mäßig heißer Glut (auf einem Gasgrill bei mittlerer Hitze) oder im Ofen 20–30 Minuten grillen. Die Stücke ein- bis zweimal wenden und mit der Marinade bestreichen.

5 Sobald die Fleischstücke goldbraun und durchgegart sind, diese auf einer Servierplatte anrichten, mit Limettenspalten und roten Chilis garnieren.

Küchentipps

- Kokosmilch bekommt man in Asia-Läden oder Supermärkten frisch sowie in Dosen oder Packungen, mitunter auch in Pulverform zum Anrühren. Als Alternative 50 Gramm Kokoscreme in heißes Wasser einrühren, bis sie sich vollständig gelöst hat.
- Korianderwurzeln schmecken intensiver als das frische Grün, doch meist erhält man das Würzkraut nur ohne Wurzeln.

Huhn mit Cashewnüssen

Obwohl der Cashewbaum nicht in Südostasien beheimatet ist, sind Cashewnüsse in Thailand sehr beliebt. Hier wie in den Nachbarländern schätzt man diese leicht süßlichen, mandelartig schmeckenden Nüsse vor allem in Verbindung mit Huhn, aber auch mit anderen pikanten Speisen und Desserts.

FÜR 4–6 PERSONEN

450 g Hühnerbrust, entbeint
1 rote Paprikaschote, halbiert
2 Knoblauchzehen
4 getrocknete rote Chilischoten
2 EL Pflanzenöl
2 EL Austernsauce
1 EL Sojasauce
1 Prise Zucker
1 Bund Frühlingszwiebeln, in 5 cm lange Stücke geschnitten
175 g Cashewnüsse, geröstet
Frisches Koriandergrün zum Garnieren

1 Die Hühnerbrüste enthäuten und alles Fett entfernen. Das Fleisch mit einem scharfen Messer in mundgerechte Stücke schneiden und beiseite stellen.

2 Die Paprikaschote von Stielansatz, Samen und Scheidewänden befreien, in Würfel mit 2 cm Kantenlänge schneiden. Den Knoblauch schälen und in dünne Scheiben schneiden, die Chilis hacken.

3 Zunächst den Wok und dann das Öl darin erhitzen. Dafür das Öl am besten am inneren Rand rundum hineingießen, sodass es zum Wokboden läuft und diesen gleichmäßig überzieht. Dabei den Wok leicht schwenken.

4 Den Knoblauch und die Chilis im Wok bei mittlerer Hitze goldbraun pfannenrühren. Der Knoblauch darf aber nicht verbrennen und bitter werden.

5 Das Fleisch dazugeben und pfannenrühren, bis es durchgegart ist. Die Paprikawürfel hinzufügen. Ist die Mischung zu trocken, etwas Wasser dazugießen.

6 Die Austern- und Sojasauce und den Zucker unterrühren, danach die Frühlingszwiebeln und Cashewnüsse. 1–2 Minuten pfannenrühren. In einer vorgewärmten Schüssel anrichten, mit Koriandergrün garnieren und sofort servieren.

Küchentipp
Die Thais schätzen nicht nur die Cashewnüsse, sondern auch den Cashewapfel, an dessen unterem Ende die Cashewnuss herauswächst. Bei den Cashewäpfeln handelt es sich um die birnenförmig verdickten Fruchtstiele der eigentlichen Früchte – der Cashewnüsse. Die Äpfel haben knackiges, süßes Fleisch, eignen sich für den Frischverzehr und ergeben ein erfrischendes Getränk.

Dschungelcurry mit Perlhuhn

Für dieses traditionelle Gericht aus dem nördlichen bis zentralen Thailand eignet sich jedes Wildgeflügel, genauso gut aber auch Fisch oder Huhn. Perlhuhn ist für die Thai-Küche zwar nicht typisch, doch bei uns ist es sehr beliebt und problemlos erhältlich.

FÜR 4 PERSONEN

1 Perlhuhn oder ähnliches Wildgeflügel
1 EL Pflanzenöl
2 TL grüne Currypaste
1 EL Thai-Fischsauce
2,5 cm frische Galgantwurzel, geschält und fein gehackt
1 EL frische grüne Pfefferkörner
3 Blätter der Kaffirlimette, zerpflückt
1 EL Whisky, vorzugsweise Mekhong
300 ml Hühnerbrühe
50 g Spargelbohnen, in 2,5 cm lange Stücke geschnitten
225 g braune Champignons, in Scheiben geschnitten
50 g Bambussprossen aus der Dose, abgegossen und grob gehackt
1 TL getrocknete Chiliflocken zum Garnieren (nach Belieben)

1 Das Perlhuhn zerlegen und die Haut entfernen. Das Fleisch von den Knochen lösen, in mundgerechte Stücke hacken und beiseite stellen.

2 Das Öl in einem Wok oder einer Pfanne erhitzen und die Currypaste bei mittlerer Hitze 30 Sekunden pfannenrühren, bis sie zu duften beginnt.

3 Die Fischsauce und das Perlhuhn hinzufügen und pfannenrühren, bis das Fleisch rundum gebräunt ist. Galgant, Pfefferkörner, Limettenblätter und Whisky dazugeben, die Brühe unterrühren.

4 Aufkochen, das Gemüse untermischen, 2–3 Minuten sanft köcheln lassen. Das Gemüse sollte gar, aber bissfest sein. In einer Schüssel anrichten und nach Belieben mit Chiliflocken bestreuen.

Küchentipps

• Das Perlhuhn stammt ursprünglich aus Westafrika und galt lange als Wildgeflügel. In Europa wird es aber schon seit fünfhundert Jahren als Zier- und Nutzgeflügel gehalten. Das Gewicht von Perlhühnern variiert zwischen 675 Gramm und 2 Kilogramm, im Durchschnitt wiegen Perlhühner jedoch 1,2 Kilogramm.

• Bei frischen grünen Pfefferkörnern handelt es sich um die unreifen Beeren der Pfefferpflanze, die oft in ganzen Fruchtständen angeboten werden. Man bekommt sie in Thai-Supermärkten. Als Ersatz: eingelegte grüne Pfefferkörner.

Chinesisches Entencurry

Dieses sehr würzige Curry verdeutlicht den starken chinesischen Einfluss auf die Thai-Küche. Am besten mariniert man die Ente möglichst lange, obwohl sie auch nach kurzer Zeit in der Marinade schon sehr gut schmeckt.

FÜR 4 PERSONEN

4 Entenbrüste ohne Haut und Knochen
2 EL Fünf-Gewürze-Pulver
2 EL Sesamöl
Abgeriebene Schale und Saft von 1 unbehandelten Orange
1 mittelgroßer Butternusskürbis, geschält und gewürfelt
2 TL rote Thai-Currypaste
2 EL Thai-Fischsauce
1 EL Palmzucker oder brauner Zucker
300 ml Kokosmilch
2 frische rote Chilischoten, von Stielansatz, Samen und Scheidewänden befreit
4 Blätter der Kaffirlimette, zerpflückt
1 kleines Bund frisches Koriandergrün, gehackt, zum Garnieren

1 Das Fleisch in mundgerechte Stücke schneiden und mit Fünf-Gewürze-Pulver, Sesamöl sowie Schale und Saft der Orange in eine Schüssel geben. Alles gut vermischen, damit das Fleisch gleichmäßig überzogen ist. Mit Klarsichtfolie abdecken und an einem kühlen Ort mindestens 15 Minuten marinieren lassen.

2 Inzwischen in einem Topf Wasser zum Kochen bringen. Das Kürbisfleisch hineingeben und in 10–15 Minuten weich garen. Abgießen und beiseite stellen.

3 Die Marinade in einen Wok abgießen und aufkochen. Die Currypaste einrühren und 2–3 Minuten kochen lassen, bis die Mischung intensiv duftet. Das Fleisch 3–4 Minuten unter Rühren mitgaren, bis es rundum gebräunt ist.

4 Die Fischsauce und den Palmzucker dazugeben, weitere 2 Minuten kochen lassen. Die Kokosmilch gleichmäßig unterrühren. Zuletzt das Kürbisfleisch, Chilis und Limettenblätter hinzufügen.

5 Unter gelegentlichem Rühren 5 Minuten köcheln lassen. In einer Schüssel anrichten und mit Koriander bestreuen.

Variante
Chinesische Eiernudeln kochen und das Curry portionsweise darauf anrichten.

Ente mit Brokkoli aus dem Wok

Aus Nordthailand stammt dieses Gericht, das man mit Flug- oder Wildente zubereiten sollte, denn Zuchtenten sind zu fett. Als Ersatz eignet sich aber auch Rebhuhn, Fasan oder Taube. Wer dennoch eine Zuchtente verwenden möchte, sollte die Haut und sämtliches Fett entfernen.

FÜR 4 PERSONEN

250 g Wildentenfleisch ohne Haut und Knochen
1 EL Sesamöl
1 EL Pflanzenöl
4 Knoblauchzehen, in dünne Scheiben geschnitten
1/2 TL getrocknete Chiliflocken
1 EL Thai-Fischsauce
1 EL helle Sojasauce
125 ml Wasser
1 Kopf Brokkoli, in Röschen zerteilt
Frisches Koriandergrün und 1 EL geröstete Sesamsamen zum Garnieren

Variante
Ein guter Ersatz für den Brokkoli ist Pak-Choi oder Choisum.

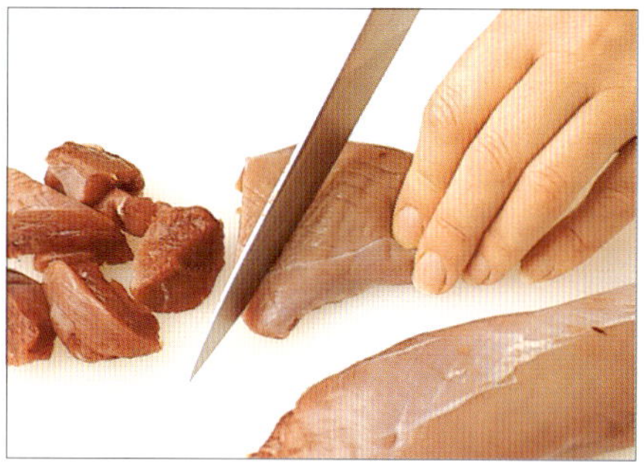

1 Das Fleisch in mundgerechte Stücke schneiden. Die beiden Ölsorten in einem Wok erhitzen. Den Knoblauch bei mittlerer Hitze goldbraun pfannenrühren, aber nicht verbrennen. Das Fleisch hinzufügen und 2 Minuten pfannenrühren, bis es gerade eben braun wird.

2 Chiliflocken, Fisch- und Sojasauce sowie das Wasser hinzufügen. Brokkoli dazugeben, 2 Minuten pfannenrühren, bis das Fleisch knapp durchgegart ist.

3 Auf vorgewärmten Tellern mit Koriandergrün und Sesam servieren.

Fleischgerichte

Ein Großteil der thailändischen Fleischgerichte sind Currys, allerdings von solcher Vielfalt und Raffinesse, dass es kaum gerecht erscheint, sie alle unter einem Namen zusammenzufassen – noch dazu, wenn dieser aus Indien stammt. Die Grundlage für Thai-Currys sind meist feuchte Pasten mit Chilis, Knoblauch, Schalotten, Ingwer oder Galgant als Hauptwürzzutaten. Hinzu kommen häufig Zitronengras und Koriander, und Kokosmilch verbindet all diese wunderbaren Bestandteile auf das Feinste.

Grünes Rindercurry mit thailändischen Auberginen

Für dieses schnell zubereitete Curry sollte man nur Fleisch von bester Qualität auswählen. Ideal eignet sich Rinderlende, aber man kann auch zartes Rumpsteak verwenden.

FÜR 4–6 PERSONEN

450 g Rinderlende
1 EL Pflanzenöl
3 EL grüne Thai-Currypaste
600 ml Kokosmilch
4 Blätter der Kaffirlimette, zerpflückt
1–2 EL Thai-Fischsauce
1 TL Palmzucker oder brauner Zucker
150 g kleine thailändische Auberginen, halbiert
1 kleine Hand voll frisches Thai-Basilikum
2 frische grüne Chilis zum Garnieren

1 Alles überschüssige Fett von der Rinderlende wegschneiden. Das Fleisch mit einem scharfen Messer in lange, dünne Streifen schneiden. Beiseite stellen.

2 Das Öl in einem großen, schweren Topf oder einem Wok erhitzen. Die Currypaste 1–2 Minuten darin braten, bis sie duftet.

3 Portionsweise die Hälfte der Kokosmilch hinzugießen. 5–6 Minuten kochen lassen und ab und zu rühren, bis die Oberfläche ölig schimmert.

4 Fleisch, Limettenblätter, Fischsauce, Zucker und Auberginen dazugeben. 2–3 Minuten köcheln lassen, anschließend die restliche Kokosmilch einrühren.

5 Weiterköcheln lassen, bis das Fleisch und die Auberginen gar sind. Erst kurz vor dem Servieren das Basilikum einrühren. Mit den in dünne Streifen geschnittenen Chilis garnieren.

Küchentipp
Grüne Thai-Currypaste: 15 frische grüne Chilis, 2 gehackte Zitronengrasstängel, 3 Schalotten in Scheiben, 2 Knoblauchzehen, 1 Esslöffel gehackte Galgantwurzel, 4 gehackte Kaffirlimettenblätter und 1/2 Teelöffel abgeriebene Schale der Kaffirlimette, 1 Teelöffel gehackte Korianderwurzel, 6 schwarze Pfefferkörner, je 1 Teelöffel geröstete Koriandersamen und Kreuzkümmel, 1 Esslöffel Zucker, je 1 Teelöffel Salz und Garnelenpaste in der Küchenmaschine pürieren. Nach und nach 2 Esslöffel Öl hinzugießen und jeweils untermischen.

Dickes Rindercurry mit süßer Erdnusssauce

Dieses reichhaltige Curry ist sehr viel dicker als die meisten anderen Thai-Currys. Man serviert es mit gekochtem Jasminreis und nach Belieben auch mit salzig eingelegten Enteneiern.

FÜR 4–6 PERSONEN

600 ml Kokosmilch
3 EL rote Thai-Currypaste
3 EL Thai-Fischsauce
2 EL Palmzucker oder brauner Zucker
2 Stängel Zitronengras, angedrückt
450 g Rumpsteak, in dünne Streifen geschnitten
75 g geröstete Erdnüsse, grob zermahlen
2 frische rote Chilischoten, von Stielansatz, Samen und Scheidewänden befreit, in Scheiben geschnitten
5 Blätter der Kaffirlimette, zerpflückt
Salz
Frisch gemahlener schwarzer Pfeffer
2 salzig eingelegte Enteneier, in Spalten geschnitten, und 10–15 Blätter Thai-Basilikum zum Garnieren

1 In einem großen, schweren Topf die Hälfte der Kokosmilch bei mittlerer Hitze zum Kochen bringen. Dabei ständig rühren, bis die Milch ausflockt.

2 Die rote Currypaste einrühren und 2–3 Minuten mitkochen, bis die Mischung zu duften beginnt. Fischsauce, Zucker und Zitronengras untermischen.

3 So lange kochen, bis die Mischung eine intensive rote Farbe bekommt. Nach und nach die restliche Kokosmilch unterrühren. Wieder zum Kochen bringen.

4 Das Fleisch und die Erdnüsse dazugeben. Unter Rühren 8–10 Minuten garen, bis die meiste Flüssigkeit eingekocht ist. Chilis und Limettenblätter hinzufügen. Mit Salz und Pfeffer abschmecken. Mit Eiern und Basilikum garnieren.

Küchentipp
Wer nicht genug Zeit hat, die Currypaste selbst herzustellen (Rezept Seite 141), kann sie auch fertig kaufen. In den meisten Asia-Läden und großen Supermärkten gibt es ein großes Angebot.

Mussaman-Curry

Traditionell bereitet man dieses Gericht mit Rindfleisch zu, aber man kann genauso gut Huhn, Lamm oder Tofu verwenden. Das Curry hat einen intensiven süß-würzigen Geschmack und harmoniert am besten mit gekochtem Reis. Mussaman-Currypaste erhält man in Asia-Läden.

FÜR 4–6 PERSONEN

675 g Schmorfleisch vom Rind
600 ml Kokosmilch
250 ml Kokoscreme
3 EL Mussaman-Currypaste
2 EL Thai-Fischsauce
1 EL Palmzucker oder brauner Zucker
4 EL Tamarindensaft (Tamarindenmark, mit lauwarmem Wasser vermischt)
6 grüne Kardamomkapseln
1 Zimtstange
1 große Kartoffel (etwa 225 g), in gleichmäßige Stücke geschnitten
1 Zwiebel, in Spalten geschnitten
50 g geröstete Erdnüsse

1 Alles überschüssige Fett vom Fleisch wegschneiden. Das Fleisch in 2,5 cm große Würfel schneiden.

2 Die Kokosmilch in einen großen, schweren Topf füllen und bei mittlerer Hitze zum Kochen bringen. Das Fleisch hinzufügen und bei reduzierter Hitze halb zugedeckt etwa 40 Minuten köcheln lassen, bis es weich ist.

3 Die Kokoscreme in einem weiteren Topf unter ständigem Rühren bei mittlerer Hitze etwa 5 Minuten kochen lassen, bis sie ausflockt. Die Currypaste einrühren und 2–3 Minuten stark kochen lassen, bis die Mischung schön glatt ist und duftet.

4 Die Kokoscrememischung in den Topf mit dem Rindfleisch gießen und gründlich unterrühren. Weitere 4–5 Minuten köcheln lassen, dabei ab und zu umrühren.

5 Die Fischsauce, den Zucker und Tamarindensaft, die Kardamomkapseln, die Zimtstange, die Kartoffel und die Zwiebel untermischen. Das Rindercurry weitere 15–20 Minuten köcheln lassen, bis die Kartoffel gar und weich ist. Die gerösteten Erdnüsse hinzufügen und gut untermischen. Alles noch etwa 5 Minuten garen. In vorgewärmten Schalen anrichten und sofort servieren.

Küchentipp

Mussaman-Currypaste: 12 große getrocknete Chilischoten halbieren, die Stiele und Samen entfernen und wegwerfen. Die Chilis etwa 15 Minuten in heißem Wasser einweichen. Herausnehmen und fein hacken. Die gehackten Chilis in einem Mörser oder der Küchenmaschine mit 4 Esslöffeln gehackten Schalotten, 5 Knoblauchzehen, den unteren 5 cm von einem Zitronengrasstängel und 2 Esslöffeln gehackter frischer Galgantwurzel fein zerkleinern. 1 Teelöffel Kreuzkümmel, 1 Esslöffel Koriandersamen, 2 Gewürznelken und 6 schwarze Pfefferkörner bei schwacher Hitze 1–2 Minuten in einer kleinen Pfanne ohne Fett rösten. Zu einem Pulver zermahlen und mit je 1 Teelöffel Garnelenpaste, Salz und Zucker sowie 2 Esslöffeln Pflanzenöl vermischen. Die Chili-Schalotten-Mischung gründlich unter die Gewürzmischung rühren.

Trockenes Rindercurry mit Erdnussbutter und Limette

Trockene Currys stammen ursprünglich aus den bergigen Regionen Nordthailands, sind inzwischen jedoch im ganzen Land populär. Dieses trockene Rindercurry wird meist zusammen mit einem feuchten Gericht wie Fischcurry mit Schalotten und Zitronengras serviert.

FÜR 4–6 PERSONEN

400 g Kokosmilch aus der Dose
900 g Schmorfleisch vom Rind, klein gehackt
300 ml Rinderbrühe
2 EL Erdnussbutter mit Erdnussstücken
Frisch gepresster Saft von 2 Limetten
Limettenscheiben, grob gehacktes frisches Koriandergrün und frische rote Chilis in Scheiben zum Garnieren

Für die rote Thai-Currypaste:

2 EL Koriandersamen
1 TL Kreuzkümmel
6 grüne Kardamomkapseln, nur die Samen
1/2 TL frisch geriebene Muskatnuss
1/4 TL gemahlene Gewürznelken
1/2 TL gemahlener Zimt
4 TL Paprikapulver
Schale von 1 unbehandelten Mandarine, fein gehackt
4–5 frische, kleine rote Chilischoten, von Stielansatz, Samen und Scheidewänden befreit, fein gehackt
5 TL Zucker
1/2 TL Salz
Etwa 10 cm Zitronengras, in Streifen geschnitten
3 Knoblauchzehen, zerdrückt
2 cm frische Galgantwurzel, geschält und fein gehackt
4 rote Schalotten, fein gehackt
1 quadratisches Stück Garnelenpaste mit 2 cm Kantenlänge
50 g Korianderwurzel oder -stängel, gehackt
Frisch gepresster Saft von 1/2 Limette
2 EL Pflanzenöl

1 Die Kokosmilch durch ein Sieb in eine Schüssel gießen, sodass die dickere Kokosmilch im Sieb verbleibt.

2 Die dünnflüssige Kokosmilch in einen großen, schweren Topf gießen. Die Hälfte der dicken Kokosmilch aus dem Sieb dazugeben, den Rest aufbewahren. Das Fleisch hinzufügen. Die Rinderbrühe dazugießen und zum Kochen bringen. Die Hitze reduzieren, den Topf zudecken und alles 50 Minuten sanft köcheln lassen.

3 Für die Currypaste alle Samen 1–2 Minuten rösten. In einer Schüssel mit Muskatnuss, Nelken, Zimt, Paprika und Mandarinenschale vermischen. Die Chilis mit Zucker und Salz zerreiben. Mit der Gewürzmischung, Zitronengras, Knoblauch, Galgant, Schalotten und Garnelenpaste zu einer Paste verarbeiten. Koriander, Limettensaft und Öl untermischen.

4 Das Rindfleisch abseihen. Die Garflüssigkeit auffangen und etwa 250 Milliliter in einen Wok füllen. 2–3 Esslöffel Currypaste einrühren und kräftig aufkochen, bis die Flüssigkeit eingekocht ist. Die restliche dicke Kokosmilch, die Erdnussbutter und das Fleisch untermischen. Ohne Deckel 15–20 Minuten köcheln lassen. Hängt die Mischung an, etwas von der Garflüssigkeit dazugießen.

5 Kurz vor dem Servieren den Limettensaft unterrühren. In vorgewärmten Schalen anrichten, mit Limetten, Koriandergrün und roten Chilis garnieren.

Variante
Sehr gut schmeckt das Curry auch mit Lammkeule oder Lammschulter.

Rindfleischtopf mit Sternanis

Dieses Gericht entspricht nicht ganz unserer Vorstellung von einem Eintopf, sondern ist eher eine aromatische Suppe mit zarten Rindfleischstücken. Bohnensprossen, Frühlingszwiebel und Koriandergrün kommen am Ende hinzu und sorgen mit ihrer knackigen Textur für den Kontrast.

FÜR 4 PERSONEN

1 l Gemüse- oder Hühnerbrühe
450 g Rindersteak, in dünne Streifen geschnitten
3 Knoblauchzehen, fein gehackt
3 Korianderwurzeln, fein gehackt
2 Zimtstangen
4 ganze Sternanis
2 EL helle Sojasauce
2 EL Thai-Fischsauce
1 TL Zucker
115 g Bohnensprossen
1 Frühlingszwiebel, fein gehackt
1 kleines Bund frisches Koriandergrün, grob gehackt

1 Die Brühe in einen großen, schweren Topf gießen. Das Rindfleisch, Knoblauch, Korianderwurzeln, Zimtstangen, Sternanis, die Soja- und Fischsauce sowie den Zucker hinzufügen. Zum Kochen bringen und bei reduzierter Hitze 30 Minuten köcheln lassen. Den aufsteigenden Schaum mit einem Schaumlöffel abschöpfen.

2 In der Zwischenzeit die Bohnensprossen in Suppenschalen verteilen. Die Zimtstangen und den Sternanis aus dem Topf fischen und wegwerfen. Die Brühe über die Bohnensprossen schöpfen, dann das Fleisch gleichmäßig verteilen. Mit Frühlingszwiebel und Koriandergrün garnieren und sofort servieren.

Pfannengerührtes Rindfleisch mit Pilzen

Dieses unkomplizierte, aber delikate Gericht wird in Thailand oft nur mit Strohpilzen zubereitet, da man sie überall frisch erhält. Austernpilze sind jedoch ein guter Ersatz, und eine Pilzmischung ist natürlich ein besonderer Genuss.

FÜR 4–6 PERSONEN

450 g Rumpsteak
2 EL Sojasauce
1 EL Maisstärke
3 EL Pflanzenöl
1 EL gehackter Knoblauch
1 EL gehackte frische Ingwerwurzel
225 g verschiedene Pilze, etwa Shiitake, Austern- und Strohpilze
2 EL Austernsauce
1 TL Zucker
Frisch gemahlener schwarzer Pfeffer
4 Frühlingszwiebeln, in kurze Stücke geschnitten
2 frische rote Chilischoten, von Stielansatz, Samen und Scheidewänden befreit und in Streifen geschnitten, zum Garnieren

1 Das Rindfleisch für 30–40 Minuten ins Tiefkühlfach legen, bis es fest ist. Mit einem scharfen Messer diagonal in lange, dünne Streifen schneiden.

2 Sojasauce und Maisstärke in einer großen Schüssel verrühren. Das Fleisch einlegen und darin wenden. Mit Klarsichtfolie abdecken und bei Raumtemperatur 1–2 Stunden marinieren lassen.

3 Die Hälfte des Öls in einem Wok erhitzen. Den Knoblauch und Ingwer darin 1–2 Minuten rühren, bis sie duften. Das Fleisch abtropfen lassen, hinzufügen und durchmischen, bis die Streifen nicht mehr aneinander haften. 1–2 Minuten pfannenrühren, das Fleisch soll rundum Farbe angenommen haben und weich sein. Herausnehmen, beiseite stellen.

4 Das übrige Öl im Wok erhitzen. Die Shiitake, Austern- und Strohpilze darin bei mittlerer Hitze pfannenrühren, bis sie goldbraun sind.

5 Das Rindfleisch zurück in den Wok geben und mit den Pilzen vermischen. Die Austernsauce und den Zucker unterrühren, mit frisch gemahlenem schwarzem Pfeffer würzen. Alles gleichmäßig durchmischen.

6 Die Frühlingszwiebeln unterrühren. Auf einer Servierplatte anrichten, mit Chilistreifen garnieren und servieren.

Schweinefleischcurry mit eingelegtem Knoblauch

Das reichhaltige Curry wird am besten mit viel gekochtem Reis serviert, kann aber auch mit einem leichten Gemüsegericht kombiniert werden. Zusammen mit einem Gemüsecurry reicht es für vier Personen. Eingelegter Knoblauch schmeckt wunderbar süß, man bekommt ihn im Glas in Asia-Läden.

FÜR 2 PERSONEN

130 g mageres Schweinefleisch
2 EL Pflanzenöl
1 Knoblauchzehe, zerdrückt
1 EL rote Thai-Currypaste
130 ml Kokoscreme
2,5 cm frische Ingwerwurzel, geschält und fein gehackt
2 EL Gemüse- oder Hühnerbrühe
2 EL Thai-Fischsauce
1 TL Zucker
1/2 TL gemahlene Kurkuma
2 TL frisch gepresster Zitronensaft
4 eingelegte Knoblauchzehen, fein gehackt
Unbehandelte Zitronen- und Limettenschale, in dünnen Streifen, zum Garnieren

1 Das Fleisch für 30–40 Minuten ins Tiefkühlfach legen, bis es fest ist. Mit einem scharfen Messer in dünne Streifen schneiden, das Fett wegschneiden.

2 Das Öl in einem Wok oder einer großen, schweren Pfanne erhitzen und den Knoblauch bei mittlerer Hitze goldbraun werden lassen, aber nicht verbrennen. Die Currypaste hinzufügen und gut verrühren.

3 Die Kokoscreme dazugießen und so lange rühren, bis die Flüssigkeit eindickt. Das Fleisch untermischen. 2 Minuten rühren, bis das Fleisch gar ist.

4 Ingwer, Brühe, Fischsauce, Zucker und Kurkuma einrühren, anschließend den Zitronensaft sowie den eingelegten Knoblauch. In Schalen anrichten, mit Zitrusschale garnieren und servieren.

Süßsaures Schweinefleisch nach Thai-Art

Die Verbindung von süßen und sauren Aromen stammt ursprünglich aus der chinesischen Küche, aber die Thais beherrschen diese Geschmackskombination auch sehr gut. Hier eine Variante, die erfrischender ist als das Original und mit Reis eine vollständige Mahlzeit ergibt.

FÜR 4 PERSONEN

350 g mageres Schweinefleisch
2 EL Pflanzenöl
4 Knoblauchzehen, in dünne Scheiben geschnitten
1 kleine rote Zwiebel, in Scheiben geschnitten
2 EL Thai-Fischsauce
1 EL Zucker
Frisch gemahlener schwarzer Pfeffer
1 rote Paprikaschote, das Fruchtfleisch klein gewürfelt
1/2 Salatgurke, von den Samen befreit, in Scheiben geschnitten
2 Eiertomaten, in Spalten geschnitten
115 g frische Ananas, in kleinen Würfeln
2 Frühlingszwiebeln, in kurze Stücke geschnitten
Für die Garnitur:
Frisches Koriandergrün
Frühlingszwiebeln, in Schnitzen

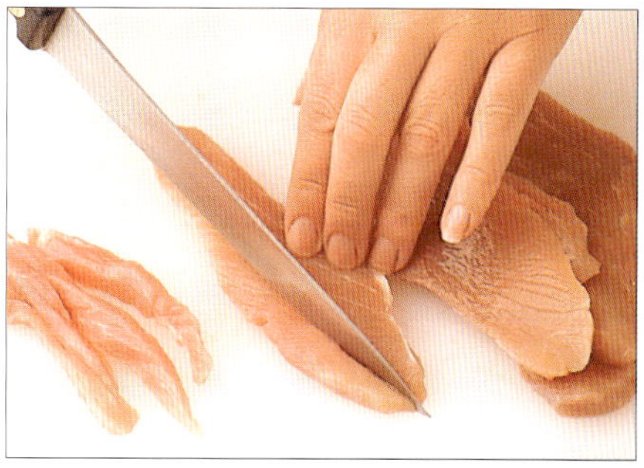

1 Das Schweinefleisch für 30–40 Minuten ins Tiefkühlfach legen, bis es fest ist. In dünne Streifen schneiden.

2 Das Öl in einem Wok oder einer Pfanne erhitzen. Den Knoblauch darin bei mittlerer Hitze goldbraun werden lassen. Das Fleisch hinzufügen und 4–5 Minuten pfannenrühren. Die Zwiebel untermischen.

3 Mit Fischsauce, Zucker und Pfeffer nach Geschmack würzen und weitere 3–4 Minuten pfannenrühren.

4 Paprika, Salatgurke, Tomaten, Ananas und Frühlingszwiebeln hinzufügen, nochmals 3–4 Minuten pfannenrühren. In eine Schüssel füllen, mit Koriandergrün und Frühlingszwiebeln garniert servieren.

Schweinefleisch-Ananas-Curry

Die Schärfe dieser Curryspezialität bildet einen angenehmen Kontrast zu den süßen Zutaten. Das Curry ist schnell zubereitet und darum eine ideale Mahlzeit vor einer Verabredung oder wenn einmal wenig Zeit ist. Ananas wird in Thailand nicht nur in süßen, sondern genauso auch in pikanten Zubereitungen verwendet.

FÜR 4 PERSONEN

- 400 ml Kokosmilch aus der Dose
- 2 TL rote Thai-Currypaste
- 400 g Schweinelende, vom Fett befreit und in dünne Scheiben geschnitten
- 1 EL Thai-Fischsauce
- 1 TL Palmzucker oder brauner Zucker
- 1 EL Tamarindensaft (Tamarindenmark, mit lauwarmem Wasser vermischt)
- 2 Blätter der Kaffirlimette, zerpflückt
- 1/2 mittelgroße Ananas, geschält und gehackt
- 1 frische rote Chilischote, von Stielansatz, Samen und Scheidewänden befreit, fein gehackt

1 Die Kokosmilch in eine Schüssel gießen und stehen lassen, bis sich die Creme an der Oberfläche absetzt. Die Creme in einen Messbecher schöpfen, etwa 250 Milliliter werden gebraucht. Falls nötig, etwas Kokosmilch dazugießen.

2 Die Kokoscreme in einen großen Topf füllen und zum Kochen bringen.

3 Die Creme etwa 10 Minuten kochen lassen, bis sie ausflockt. Dabei regelmäßig durchrühren, damit sie nicht am Topfboden anhängt und anbrennt. Die rote Currypaste gründlich untermischen und weitere 4 Minuten kochen lassen, bis die Paste zu duften beginnt. Ab und zu umrühren.

4 Das Fleisch hinzugeben, die Fischsauce, den Zucker und Tamarindensaft einrühren. 1–2 Minuten unter ständigem Rühren garen, bis sich der Zucker gelöst hat und das Fleisch nicht mehr rosa ist.

5 Die restliche Kokosmilch und die Limettenblätter hinzufügen. Aufkochen und die Ananas untermischen. Die Hitze reduzieren und das Curry 3 Minuten köcheln lassen, bis das Fleisch gar ist. Mit Chili bestreuen und servieren.

Schweinefleisch mit Zitronengras

Chilis und Zitronengras sind die Würzzutaten für dieses einfache Wokgericht, während die knackigen Erdnüsse für einen angenehmen und kontrastreichen Biss sorgen. Wer kein frisches Zitronengras bekommt, sollte gehacktes Zitronengras im Glas kaufen.

FÜR 4 PERSONEN

675 g Schweinelende ohne Knochen
2 Stängel Zitronengras, fein gehackt
4 Frühlingszwiebeln, in dünne Scheiben geschnitten
1 TL Salz
12 schwarze Pfefferkörner, grob zerstoßen
2 EL Erdnussöl
2 Knoblauchzehen, gehackt
2 frische rote Chilischoten, von Stielansatz, Samen und Scheidewänden befreit und gehackt
1 TL hellbrauner Zucker
2 EL Thai-Fischsauce
25 g geröstete Erdnüsse, gehackt
Frisch gemahlener schwarzer Pfeffer
Gekochte Reisnudeln zum Servieren
Frisches Koriandergrün, grob zerpflückt, zum Garnieren

1 Sämtliches Fett vom Fleisch wegschneiden. Das Fleisch quer in 5 mm dicke Scheiben und diese in 5 mm breite Streifen schneiden. Das Fleisch mit dem Zitronengras, den Frühlingszwiebeln, Salz und Pfefferkörnern in einer Schüssel gut vermischen. Mit Klarsichtfolie abdecken und an einem kühlen Ort 30 Minuten marinieren lassen.

2 Einen Wok erhitzen, das Öl hineingießen und das Fleisch mit den Marinadezutaten darin bei mittlerer Hitze etwa 3 Minuten goldbraun pfannenrühren.

3 Den Knoblauch und die Chilis hinzufügen und weitere 5–8 Minuten pfannenrühren, bis das Schweinefleisch gar ist.

4 Den Zucker, die Fischsauce und die Erdnüsse untermischen, mit dem schwarzen Pfeffer nach Geschmack würzen. Auf einem Bett aus Reisnudeln anrichten, mit zerpflücktem Koriandergrün garnieren und sofort servieren.

Küchentipp
Die Schärfe der Chilis steckt in den Samen und in den Scheidewänden, die zusammen entfernt werden sollten.

Schweinebauch mit Fünf-Gewürze-Pulver

Der chinesische Einfluss auf die Thai-Küche geht auf die Kolonisten aus Südchina zurück, die sich in Thailand niederließen und Gerichte wie dieses mitbrachten. Allerdings haben die Thai-Köche ihm längst ihre eigene, einzigartige Note verliehen.

FÜR 4 PERSONEN

- 1 großes Bund frisches Koriandergrün mit Wurzeln
- 2 EL Pflanzenöl
- 1 Knoblauchzehe, zerdrückt
- 2 EL Fünf-Gewürze-Pulver
- 500 g Schweinebauch, in 2,5 cm große Stücke geschnitten
- 400 g gehackte Tomaten aus der Dose
- 150 ml kochend heißes Wasser
- 2 EL dunkle Sojasauce
- 3 EL Thai-Fischsauce
- 2 EL Zucker
- 1 Limette, halbiert

Küchentipp
Achten Sie beim Einkauf darauf, das chinesische Fünf-Gewürze-Pulver zu bekommen; das indische ist nämlich aus ganz anderen Gewürzen zusammengesetzt.

1 Die Korianderwurzeln vom Grün abschneiden, 5 davon fein hacken, die übrigen Wurzeln für eine andere Gelegenheit einfrieren. Das Grün mit den Stängeln hacken und separat beiseite stellen.

2 Das Öl in einem Wok erhitzen und den Knoblauch darin goldbraun werden lassen. Anschließend die Korianderwurzeln und das Fünf-Gewürze-Pulver einrühren.

3 Das Fleisch dazugeben und pfannenrühren, bis es mit Gewürzen überzogen und gebräunt ist. Die Tomaten und das Wasser unterrühren, aufkochen, Soja-, Fischsauce und Zucker einrühren.

4 Die Hitze reduzieren. 30 Minuten zugedeckt köcheln lassen. Das gehackte Koriandergrün untermischen, die Limette über dem Topf ausdrücken und servieren.

Schweinekoteletts mit Champignons

In Thailand wird Fleisch oft auf einem Grill oder über offenem Feuer zubereitet, darum ist es kein Wunder, dass viele gute Grillgerichte von hier stammen. Diese herrlichen Schweinekoteletts erfreuen sich großer Beliebtheit und passen wunderbar zu Nudeln oder Reis.

FÜR 4 PERSONEN

4 Schweinekoteletts
4 große braune Champignons
3 EL Pflanzenöl
4 frische rote Chilischoten, von Stielansatz, Samen und Scheidewänden befreit und in dünne Scheiben geschnitten
3 EL Thai-Fischsauce
100 ml frisch gepresster Limettensaft
4 Schalotten, gehackt
1 TL geröstetes Reispulver (siehe Seite 116)
2 EL gehackte Frühlingszwiebeln, zusätzlich grob gehackte Frühlingszwiebeln zum Garnieren
Frisches Koriandergrün zum Garnieren

Für die Marinade:
~~2 Knoblauchzehen, gehackt~~
1 EL Zucker
1 EL Thai-Fischsauce
2 EL Sojasauce
1 EL Sesamöl
1 EL Whisky oder trockener Sherry
2 Stängel Zitronengras, fein gehackt
2 Frühlingszwiebeln, gehackt

1 Zunächst für die Marinade ~~Knoblauch,~~ Zucker, Fisch- und Sojasauce, Öl und Whisky oder Sherry in einer flachen Schüssel vermischen. Zitronengras und Frühlingszwiebeln unterrühren.

2 Die Koteletts in der Marinade wenden. Zugedeckt mindestens 1–2 Stunden marinieren lassen.

3 Die Schweinekoteletts aus der Marinade nehmen und nebeneinander auf den Rost eines Holzkohlen- oder Elektrogrills legen. Die Pilze daneben legen und mit 1 Esslöffel Öl bestreichen. Die Koteletts von beiden Seiten je 5–7 Minuten, die Pilze etwa 2 Minuten grillen. Das Grillgut zwischendurch mit der Marinade bestreichen.

4 Für die Sauce das restliche Öl in einem Wok erhitzen, vom Herd nehmen und die Chilis, die Fischsauce, den Limettensaft, die Schalotten, das Reispulver und die Frühlingszwiebeln einrühren. Die Koteletts und Pilze auf einer großen Platte anrichten und die Sauce darüber verteilen. Mit Koriandergrün und Frühlingszwiebeln garnieren.

Schweinefilet mit getrockneten Garnelen

Man könnte erwarten, dass die getrockneten Garnelen dem Gericht ein fischartiges Aroma verleihen, doch stattdessen verstärken sie nur den pikanten Geschmack.

FÜR 4 PERSONEN

250 g Schweinefilet, in Scheiben geschnitten
2 EL Pflanzenöl
2 Knoblauchzehen, fein gehackt
3 EL getrocknete Garnelen
2 TL getrocknete Garnelenpaste oder 5 mm Garnelenpaste vom Block
2 EL Sojasauce
Frisch gepresster Saft von 1 Limette
2 EL Palmzucker oder brauner Zucker
1 kleine, frische rote oder grüne Chilischote, von Stielansatz, Samen und Scheidewänden befreit, fein gehackt
4 Pak-Choi oder 450 g Senfspinat, grob zerteilt

1 Das Schweinefilet für etwa 30 Minuten ins Tiefkühlfach legen, bis es fest ist. In dünne Scheiben schneiden.

2 Das Öl im Wok erhitzen, den Knoblauch darin goldbraun werden lassen. Das Fleisch hinzugeben und etwa 4 Minuten pfannenrühren, bis es gerade gar ist.

3 Die Garnelen dazugeben. Die Garnelenpaste mit der Sojasauce, dem Limettensaft und Zucker einrühren. Die Chili und den Pak-Choi kurz mitrühren, bis das Gemüse gerade eben zusammenfällt.

4 In einzelnen vorgewärmten Schalen anrichten und sofort servieren.

Fleischbällchen auf Zitronengrasspießen

Die unkomplizierten Spieße sind ein deftiger Snack, und das Zitronengras sorgt nicht nur für einen raffinierten Geschmack, sondern macht bei Gästen großen Eindruck.

FÜR 4 PERSONEN

300 g Schweinehackfleisch
4 Knoblauchzehen, zerdrückt
4 frische Korianderwurzeln, fein gehackt
1/2 TL Zucker
1 EL Sojasauce
Salz
Frisch gemahlener schwarzer Pfeffer
8 Stängel Zitronengras (jeweils 10 cm lang)
Süße Chilisauce zum Servieren

Variante
Bereitet man die Fleischbällchen kleiner zu, sind sie ein perfekter Partysnack. Die angegebene Menge reicht für 12 Spieße, wenn man sparsam portioniert.

1 Das Hackfleisch mit Knoblauch, Korianderwurzeln sowie Zucker und Sojasauce in einer Schüssel gut vermischen. Mit Salz und Pfeffer würzen.

2 Die Fleischmischung in 8 Portionen teilen und jede zu einem Bällchen formen. Die Hände zuvor mit Wasser anfeuchten, so bleibt nichts kleben.

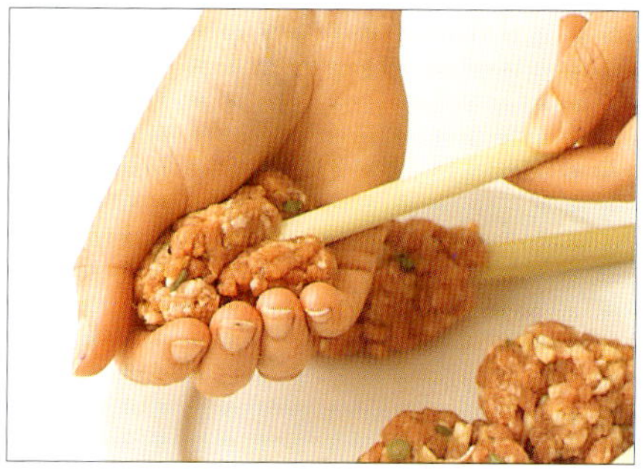

3 Je 1 Zitronengrasstängel zur Hälfte in ein Fleischbällchen stecken. Das Fleisch um den Stängel fest andrücken, sodass es wie eine Hähnchenkeule aussieht.

4 Den Ofengrill vorheizen. Die Fleischbällchen von beiden Seiten je 3–4 Minuten grillen, bis sie schön braun und gar sind. Mit Chilisauce zum Dippen servieren.

Fisch und Meeresfrüchte

Es genügt der Blick auf eine Landkarte, und schon ist klar, warum es in Thailand so viele wunderbare Gerichte mit Fisch und Meeresfrüchten gibt. Das Land besitzt eine ausgedehnte Küstenregion, vorwiegend am Golf von Thailand mit seinen Seafood-Schätzen, und die großen Flüsse bescheren eine beeindruckende Vielfalt an Süßwasserfischen. Wer noch nie ein Fischcurry gegessen hat, sollte unbedingt eines der folgenden Rezepte ausprobieren. Die typischen Zitrusaromen der Thai-Küche passen ideal zu Fisch und Meeresfrüchten.

Lachscurry mit Schalotten und Zitronengras aus Nordthailand

Dieses suppenartige Curry besticht durch wunderbar intensive Aromen. Man serviert es in Schalen mit viel Klebreis, um den delikaten Sud aufzunehmen. Lachs ist sicherlich kein typischer Fisch der Thai-Küche, doch gelangt der europäische Zuchtlachs inzwischen auch nach Ostasien, vor allem nach Japan.

FÜR 4 PERSONEN

450 g Lachsfilet
500 ml Gemüsebrühe
4 Schalotten, fein gehackt
2 Knoblauchzehen, fein gehackt
2,5 cm frische Galgantwurzel, geschält und fein gehackt
1 Stängel Zitronengras, fein gehackt
1/2 TL Chiliflocken
1 EL Thai-Fischsauce
1 TL Palmzucker oder brauner Zucker

1 Den Lachs für 30–40 Minuten ins Tiefkühlfach legen, damit er sich besser schneiden lässt. Herausnehmen und enthäuten. Mit einem scharfen Messer in 2,5 cm große Würfel schneiden. Dabei etwaige Gräten mit den Fingern oder einer Pinzette entfernen.

2 Die Brühe in einen großen Topf gießen und bei mittlerer Hitze zum Kochen bringen. Schalotten, Knoblauch, Galgant, Zitronengras, Chiliflocken, Fischsauce und Zucker hineingeben. Wieder aufkochen, durchrühren und bei schwacher Hitze 15 Minuten köcheln lassen.

3 Den Lachs einlegen, erneut aufkochen und den Herd ausschalten. Das Curry 10–15 Minuten stehen lassen, bis der Fisch gargezogen ist. Servieren.

Mies- und Venusmuscheln mit Zitronengras und Kokoscreme

In der Thai-Küche wird Zitronengras mit seinem unvergleichlichen Aroma gern mit den verschiedensten Meeresfrüchten kombiniert; denn die Aromen ergänzen sich ideal. Durch die Zugabe von Kokoscreme erhält dieses Muschelgericht seine für Currys typische Milde.

FÜR 6 PERSONEN

1,8 kg frische Miesmuscheln
450 g kleine Venusmuscheln
125 ml trockener Weißwein
1 Bund Frühlingszwiebeln, gehackt
2 Stängel Zitronengras, gehackt
6 Blätter der Kaffirlimette, gehackt
2 TL grüne Thai-Currypaste
200 ml Kokoscreme
2 EL gehacktes frisches Koriandergrün
Salz
Frisch gemahlener schwarzer Pfeffer
China-Lauch zum Garnieren

1 Die Miesmuscheln sauber bürsten und den Bart entfernen. Fest sitzende Verschmutzungen mit einem Messer abkratzen. Die Venusmuscheln ebenfalls gut bürsten. Beschädigte Muscheln und solche, die sich nicht schließen, wenn man darauf klopft, wegwerfen.

2 Wein, Frühlingszwiebeln, Zitronengras und Limettenblätter in einen großen Topf füllen. Die Currypaste einrühren und den Wein einköcheln lassen.

3 Die Mies- und Venusmuscheln in den Topf geben und fest zugedeckt bei starker Hitze 5–6 Minuten dämpfen, bis sich die Muscheln öffnen.

4 Die Muscheln mit einem Schaumlöffel in eine vorgewärmte Schüssel heben und zugedeckt warm stellen. Muscheln, die sich nicht geöffnet haben, wegwerfen. Den Sud durch ein mit Musselin ausgekleidetes Sieb in einen sauberen Topf abseihen. Bei schwacher Hitze auf etwa 250 Milliliter einkochen lassen.

5 Die Kokoscreme und das Koriandergrün unter den Sud rühren und nach Geschmack mit Salz und Pfeffer würzen. Nochmals erhitzen. Die heiße Sauce über die Muscheln gießen, diese mit China-Lauch garnieren und servieren.

Küchentipps

- Bei der heutigen Verschmutzung der Meere ist es nicht ratsam, Meeresfrüchte selbst zu sammeln. In Fischgeschäften erhält man sie aus Zuchtbetrieben.
- Wer keine Venusmuscheln bekommt, kann stattdessen einfach eine größere Menge Miesmuscheln verwenden.

Gedämpfte Miesmuscheln mit Thai-Kräutern

Wie so viele thailändische Gerichte lässt sich auch diese Spezialität leicht zubereiten. Das Zitronengras und die Kaffirlimettenblätter sorgen für eine erfrischende Säure.

FÜR 4–6 PERSONEN

1 kg frische Miesmuscheln
2 Stängel Zitronengras, fein gehackt
4 Schalotten, gehackt
4 Blätter der Kaffirlimette, grob zerpflückt
2 frische rote Chilischoten, von Stielansatz, Samen und Scheidewänden befreit und in Scheiben geschnitten
1 EL Thai-Fischsauce
2 EL frisch gepresster Limettensaft
100 ml trockener Weißwein oder Fischsud
Frühlingszwiebeln in dünnen Scheiben und frisches Koriandergrün zum Garnieren

1 Die Miesmuscheln gründlich sauber bürsten und den Bart entfernen. Beschädigte Muscheln und solche, die sich nicht schließen, wenn man kräftig darauf klopft, wegwerfen.

2 Die Muscheln in einen großen Topf füllen. Das Zitronengras, die Schalotten, Limettenblätter und Chilis, die Fischsauce, den Limettensaft und den Wein oder Sud hinzufügen. Alles vermischen. Zugedeckt bei starker Hitze 5–7 Minuten dämpfen, bis sich die Muscheln geöffnet haben. Den Topf ab und zu rütteln.

3 Die Muscheln mit einem Schaumlöffel herausheben und in einer Schüssel oder einzelnen Schalen anrichten. Noch geschlossene Muscheln wegwerfen.

4 Die heißen Muscheln mit Frühlingszwiebeln und Koriandergrün garnieren und sofort servieren.

Krabben-Tofu-Wok mit Baby-Maiskolben

Dieses leichte, unkomplizierte Wokgericht schmeckt das ganze Jahr hindurch und ist ganz schnell zubereitet. Das benötigte Krabbenfleisch ist in Dosen erhältlich.

FÜR 2 PERSONEN

250 g Seidentofu
4 EL Pflanzenöl
2 Knoblauchzehen, fein gehackt
115 g weißes Krabbenfleisch
130 g Baby-Maiskolben, längs halbiert
2 Frühlingszwiebeln, gehackt
1 frische rote Chilischote, von Stielansatz, Samen und Scheidewänden befreit und fein gehackt
2 EL Sojasauce
1 EL Thai-Fischsauce
1 TL Palmzucker oder hellbrauner Zucker
Frisch gepresster Saft von 1 Limette
1 kleines Bund frisches Koriandergrün, gehackt, zum Garnieren

1 Den Tofu mit einem scharfen Messer in 1 cm große Würfel schneiden.

2 Das Öl im Wok erhitzen. Die Tofuwürfel hineingeben und rundum goldgelb pfannenrühren. Darauf achten, dass sie nicht auseinander fallen. Mit dem Schaumlöffel herausnehmen und beiseite stellen.

3 Den Knoblauch im Wok goldbraun pfannenrühren. Krabbenfleisch, Tofu, Maiskolben, Frühlingszwiebeln, Chili, Soja- und Fischsauce sowie den Zucker hinzufügen. Das Gemüse unter ständigem Rühren bissfest garen. Den Limettensaft untermischen. In vorgewärmten Schalen anrichten, mit Koriandergrün bestreuen.

Meeresfrüchtecurry mit Kokosmilch

Das Curry basiert auf einem Klassiker der Thai-Küche. Fein gehackte grüne Chilis und frische Kräuter, die erst im letzten Moment dazugegeben werden, sorgen für die leicht grüne Färbung.

FÜR 4 PERSONEN

225 g küchenfertige Kalmare
225 g rohe Riesengarnelen
400 ml Kokosmilch
2 Blätter der Kaffirlimette, in dünne Streifen geschnitten
2 EL Thai-Fischsauce
450 g festes weißes Fischfilet, enthäutet, entgrätet und in Stücke geschnitten
2 frische grüne Chilischoten, von Stielansatz, Samen und Scheidewänden befreit und fein gehackt
2 EL zerpflücktes frisches Basilikum oder Koriandergrün
1 Spritzer frisch gepresster Limettensaft
Gekochter Jasminreis zum Servieren

Für die Currypaste:

6 Frühlingszwiebeln, grob gehackt
4 frische Korianderstängel, grob gehackt, zusätzlich 3 EL gehacktes frisches Koriandergrün
4 Blätter der Kaffirlimette, in Streifen geschnitten
8 frische grüne Chilischoten, von Stielansatz, Samen und Scheidewänden befreit und grob gehackt
1 Stängel Zitronengras, grob gehackt
2,5 cm frische Ingwerwurzel, geschält und grob gehackt
3 EL gehacktes frisches Basilikum
1 EL Pflanzenöl

1 Zunächst die Currypaste zubereiten. Dafür sämtliche Zutaten bis auf das Öl in der Küchenmaschine zu einer Paste verarbeiten. Alternativ die Zutaten im Mörser zerreiben. Das Öl unterrühren.

2 Die Kalmare abspülen und trockentupfen. Die Körperbeutel in Ringe schneiden, die Tentakel, falls nötig, halbieren.

3 Einen Wok erhitzen. Die Garnelen hineingeben und ohne Öl etwa 4 Minuten pfannenrühren, bis sie rosa werden.

4 Die Garnelen aus dem Wok nehmen, leicht abkühlen lassen und schälen. Zum Garnieren einige Exemplare in der Schale belassen. Die Garnelen am Rücken einschneiden und den Darm entfernen.

5 Die Kokosmilch in den Wok gießen, bei mittlerer Hitze zum Kochen bringen und dabei ständig rühren. 2 Esslöffel Currypaste, die Kaffirlimettenstreifen und die Fischsauce dazugeben und gründlich untermischen. Bei reduzierter Hitze etwa 10 Minuten sanft köcheln lassen.

6 Die Kalmare, die Garnelen und die Fischstücke hinzufügen und etwa 2 Minuten mitköcheln, bis alles Seafood weich ist. Die Kalmare jedoch nicht zu lange garen, da sie sehr schnell zäh werden.

7 Kurz vor dem Servieren die Chilis sowie das Basilikum oder Koriandergrün unterrühren. Mit etwas Limettensaft abschmecken. Mit den ungeschälten Garnelen garnieren und mit Jasminreis servieren.

Varianten

• Für das Curry eignet sich jede Fischart mit festem weißem Fleisch, etwa Seeteufel, Kabeljau, Schellfisch oder John Dory.
• Die Kalmare kann man durch ausgelöste Jakobsmuscheln ersetzen. Diese quer halbieren und mit den Garnelen dazugeben. Muscheln ebenfalls nicht zu lange garen.

Garnelen-Satay mit Erdnusssauce

Dieses schmackhafte Gericht ist dem klassischen indonesischen Satay nachempfunden. Die Kombination von milden Erdnüssen, aromatischen Gewürzen, süßer Kokosmilch und säuerlichem Zitronensaft ergibt die ideale Sauce dazu. Ihre Gäste werden begeistert sein.

FÜR 4–6 PERSONEN

450 g Riesengarnelen
1 1/2 EL Pflanzenöl

Für die Erdnusssauce:

1 1/2 EL Pflanzenöl
1 EL gehackter Knoblauch
1 kleine Zwiebel, gehackt
3–4 frische rote Chilischoten, von Stielansatz, Samen und Scheidewänden befreit und gehackt
3 Blätter der Kaffirlimette, zerpflückt
1 Stängel Zitronengras, zerstoßen und gehackt
1 TL mittelscharfe Currypaste
250 ml Kokosmilch
1/2 Zimtstange
75 g Erdnussbutter mit Erdnussstücken
3 EL Tamarindensaft (Tamarindenmark, mit lauwarmem Wasser vermischt)
2 EL Thai-Fischsauce
2 EL Palmzucker oder brauner Zucker
Frisch gepresster Saft von 1/2 Zitrone

Für die Garnitur:

1/2 Bund frisches Koriandergrün (nach Belieben)
4 frische rote Chilischoten, von Stielansatz, Samen und Scheidewänden befreit und in Scheiben geschnitten (nach Belieben)
1–2 Frühlingszwiebeln, diagonal in Scheiben geschnitten

1 Die Kopfteile von den Garnelen abdrehen und die Schwanzteile schälen, die Schwanzfächer jedoch daran belassen. Am Rücken einschneiden und den Darm entfernen. Die Garnelen unter kaltem Wasser abspülen, mit Küchenpapier trockentupfen und beiseite stellen.

2 Für die Sauce das Öl im Wok oder in einer großen, schweren Pfanne erhitzen. Den Knoblauch und die Zwiebel hineingeben und bei mittlerer Hitze unter gelegentlichem Rühren in 3–4 Minuten weich schwitzen, aber nicht bräunen.

3 Die Chilis, Kaffirlimettenblätter, das Zitronengras und die Currypaste unterrühren und 2–3 Minuten mitschwitzen. Kokosmilch, Zimtstange, Erdnussbutter, Tamarindensaft, Fischsauce, Zucker und Zitronensaft dazugeben und kräftig rühren, bis alles gut vermischt ist.

4 Die Sauce zum Kochen bringen und die Hitze reduzieren. Bei schwacher Hitze 15–20 Minuten sanft köcheln lassen, bis die Sauce eindickt. Ab und zu mit einem Holzlöffel umrühren, damit nichts am Boden anhängt.

5 Die Garnelen auf Holzspieße stecken und mit dem Öl bestreichen. Unter dem vorgeheizten Ofengrill von beiden Seiten je 2 Minuten grillen, bis sie rosa und fest sind. Alternativ die Garnelen in der Pfanne braten und auf Spieße stecken.

6 Die Zimtstange aus der Sauce fischen und wegwerfen. Die Garnelenspieße auf einer vorgewärmten Platte anrichten. Nach Belieben mit Koriandergrün und roten Chilis sowie mit den Frühlingszwiebeln garnieren. Mit der Sauce reichen.

Varianten

- Für ein Garnelencurry das Öl im Wok erhitzen. Die Garnelen hineingeben und 3–4 Minuten pfannenrühren, bis sie rosa sind. Mit der Sauce vermischen.
- Die Sauce ist ebenso gut für ein Satay mit Schwein oder Huhn geeignet. Dafür mit einem scharfen Messer ein Schweinefilet oder eine enthäutete, entbeinte Hühnerbrust in dünne Streifen schneiden und in heißem Öl rundum goldbraun pfannenrühren. Anschließend das Fleisch unter die Sauce rühren.
- Für dieses Rezept eignet sich auch rote oder grüne Thai-Currypaste. Diese selbst herstellen (siehe Seite 138, 141) oder im Asia-Laden kaufen. Geöffnete Gläser im Kühlschrank aufbewahren und innerhalb von 2 Monaten verbrauchen.
- Die Sauce kann sehr gut im Voraus zubereitet werden. Abgekühlt in eine Schüssel füllen, mit Klarsichtfolie abdecken und in den Kühlschrank stellen. Vor der Zubereitung der Garnelen wieder langsam erhitzen, dabei ab und zu durchrühren.

Pfannengerührte Garnelen mit Tamarinde

Der säuerliche Geschmack, der für viele Thai-Gerichte so typisch ist, stammt von der Tamarinde. Manchmal bekommt man frische Tamarindenhülsen, doch ihre Vorbereitung ist mühsam. Besser das im Asia-Laden erhältliche Tamarindenmark in Wasser lösen, durch ein Sieb passieren und das Wasser verwenden.

FÜR 4–6 PERSONEN

6 getrocknete rote Chilischoten
2 EL Pflanzenöl
2 EL gehackte Zwiebel
2 EL Palmzucker oder brauner Zucker
2 EL Hühnerbrühe oder Wasser
1 EL Thai-Fischsauce
90 ml Tamarindensaft (Tamarindenmark, mit lauwarmem Wasser vermischt)
450 g rohe Garnelen, geschält und vom Darm befreit
1 EL gebratener gehackter Knoblauch
2 EL gebratene Schalottenscheiben
2 Frühlingszwiebeln, gehackt, zum Garnieren

1 Einen Wok oder eine große, schwere Pfanne erhitzen und die getrockneten Chilis ohne Fett darin rösten. Die Chilis dabei mit dem Holzspatel an den Wok- oder Pfannenrand drücken und ab und zu wenden, aber nicht verbrennen. Herausnehmen, leicht abkühlen lassen.

2 Das Öl im Wok oder in der Pfanne erhitzen. Die gehackte Zwiebel dazugeben und bei mittlerer Hitze 2–3 Minuten anschwitzen, bis sie weich und goldbraun ist. Ab und zu durchrühren.

3 Zucker, Brühe oder Wasser, Fischsauce, die gerösteten Chilis und den Tamarindensaft hinzufügen und rühren, bis sich der Zucker gelöst hat. Zum Kochen bringen und die Hitze leicht reduzieren.

4 Garnelen, Knoblauch und Schalotten unter Rühren 3–4 Minuten mitgaren. Mit den Frühlingszwiebeln garnieren.

Küchentipp
Zum Garnieren nach Belieben einige Garnelen in den Schalen belassen.

Mit Thai-Gewürzen gebeizter Lachs

Bei diesem Rezept handelt es sich um eine asiatische Abwandlung der skandinavischen Spezialität »Gravlaks« (Graved Lachs). Besonders wichtig ist dafür absolut frischer Lachs. Der rohe Fisch wird mehrere Tage mit Salz, Zucker und Thai-Gewürzen mariniert und »gart« in der Pökellake.

FÜR 4–6 PERSONEN

700 g Lachs (Schwanzstück), geschuppt und filetiert (siehe Küchentipp)
4 TL grobes Meersalz
4 TL Zucker
2,5 cm frische Ingwerwurzel, geschält und gerieben
2 Stängel Zitronengras, von den Hüllblättern befreit und in dünne Scheiben geschnitten
4 Blätter der Kaffirlimette, fein gehackt
Abgeriebene Schale von 1 unbehandelten Limette
1 frische rote Chilischote, von Stielansatz, Samen und Scheidewänden befreit und fein gehackt
1 TL schwarze Pfefferkörner, grob zerstoßen
2 EL gehacktes frisches Koriandergrün
Frisches Koriandergrün und Kaffirlimettenspalten zum Garnieren

Für das Dressing:
Je 150 ml Mayonnaise und saure Sahne
Frisch gepresster Saft von 1/2 Limette
2 TL gehacktes frisches Koriandergrün

1 Den Lachs von etwaigen Gräten befreien. Dafür am besten eine Pinzette verwenden, da die noch verbliebenen Gräten vermutlich sehr klein sind.

2 Das Meersalz, den Zucker, Ingwer, Zitronengras, Limettenblätter und Limettenschale, gehackte Chili, die Pfefferkörner und das Koriandergrün in einer Schüssel gründlich vermischen.

3 Ein wenig der Mischung in einer flachen Form mit Rand verteilen. Ein Lachsfilet mit der Haut nach unten darauf legen. Mit drei Viertel der verbliebenen Mischung bestreuen, das zweite Filet mit der Haut nach oben auflegen. Die restliche Gewürzmischung darauf streuen.

4 Mit Alufolie abdecken, darauf ein Brett legen und mit Gewichten, etwa Konservendosen, beschweren. Für 2–5 Tage kalt stellen, täglich wenden.

5 Für das Dressing alle Zutaten in einer Schüssel vermischen.

6 Die Gewürze vom Fisch kratzen und diesen in ganz dünne Scheiben schneiden. Mit Koriandergrün und Kaffirlimetten garnieren und mit dem Dressing reichen.

Küchentipp
Ihr Fischhändler kann den Lachs für Sie schuppen, in zwei gleich große Filets zerteilen und die Gräten entfernen.

Pfannengerührter Kalmar mit Ingwer

Der große Fischreichtum im Golf von Thailand lässt die Märkte für das Restaurant- und Hotelgewerbe blühen. Zudem gibt es überall Essenstände, die frisch gefangene Meeresfrüchte zubereiten und servieren. Bei den Straßenhändlern ist dieses Gericht besonders beliebt.

FÜR 2 PERSONEN

4 kleine Kalmare (insgesamt etwa 250 g), küchenfertig vorbereitet
1 EL Pflanzenöl
2 Knoblauchzehen, fein gehackt
2 EL Sojasauce
2,5 cm frische Ingwerwurzel, geschält und fein gehackt
Frisch gepresster Saft von 1/2 Zitrone
1 TL Zucker
2 Frühlingszwiebeln, gehackt

Varianten
Dieses Gericht wird oft mit frischer Galgantwurzel statt mit Ingwer zubereitet sowie mit den unterschiedlichsten Meeresfrüchten, etwa Garnelen oder Kammmuscheln.

1 Die Kalmare abspülen und mit Küchenpapier trockentupfen. Die Körperbeutel in Ringe schneiden, Tentakel halbieren.

2 Das Öl im Wok erhitzen und den Knoblauch darin goldbraun werden lassen. Die Kalmare hinzufügen und bei starker Hitze 30 Sekunden pfannenrühren.

3 Die restlichen Zutaten dazugeben und weitere 30 Sekunden pfannenrühren.

Küchentipp
Zu Unrecht gilt Kalmar als unangenehm zäh. Eine feste Konsistenz bekommt er nur bei zu langer Garzeit.

Pfannengerührte Garnelen mit Nudeln

In der Thai-Küche spielt das Aussehen der Speisen eine ganz wesentliche Rolle. Die Zutaten werden stets sorgsam ausgewählt, sodass jedes Gericht, auch ein so einfaches wie dieses aus dem Wok, in Farbe, Textur (weiche und bissfeste Zutaten) und Geschmack ausgewogen ist.

FÜR 4 PERSONEN

125 g Reisnudeln
2 EL Erdnussöl
1 große Knoblauchzehe, zerdrückt
150 g Riesengarnelen, geschält und vom Darm befreit
15 g getrocknete Garnelen
75 g Daikon-Rettich, gerieben
1 EL Thai-Fischsauce
2 EL Sojasauce
2 EL Palmzucker oder brauner Zucker
2 EL frisch gepresster Limettensaft
100 g Sojabohnensprossen
40 g geröstete Erdnüsse, gehackt
1 EL Sesamöl
Gehacktes frisches Koriandergrün, 1 TL getrocknete Chiliflocken und 2 Schalotten, fein gehackt, zum Garnieren

1 Die Nudeln in einer Schüssel mit kochend heißem Wasser 5 Minuten (oder nach Packungsaufschrift) einweichen. Das Öl in einem Wok erhitzen. Den Knoblauch darin bei mittlerer Hitze in 2–3 Minuten goldbraun pfannenrühren.

2 Frische und getrocknete Garnelen sowie den Daikon hinzufügen, 2 Minuten pfannenrühren. Fisch- und Sojasauce, Zucker und Limettensaft unterrühren.

3 Die abgetropften Nudeln klein schneiden. Mit den Sojabohnensprossen, Erdnüssen und dem Sesamöl in den Wok geben. Vermischen und weitere 2 Minuten pfannenrühren. Mit Koriandergrün, Chiliflocken und Schalotten garnieren.

Küchentipp
Wer mag, kann den Rettich zuvor einsalzen, abtropfen lassen und trockentupfen.

Gebratener Fisch mit süßsaurer Tomatensauce

Bereitet man Fische wie Meerbarbe oder Roten Schnapper auf diese Weise zu, bekommen sie eine knusprige Haut, während das Fleisch im Innern schön saftig bleibt. Die süßsaure Sauce mit den leuchtend roten Cocktailtomaten ist eine wunderbare Ergänzung.

FÜR 4–6 PERSONEN

1 großer oder 2 mittelgroße Fische, etwa Meerbarbe oder Roter Schnapper, Köpfe entfernt
4 TL Maisstärke
125 ml Pflanzenöl
1 EL gehackter Knoblauch
1 EL gehackte frische Ingwerwurzel
2 EL gehackte Schalotten
225 g Cocktailtomaten
2 EL Rotweinessig
2 EL Zucker
2 EL Tomatenketchup
1 EL Thai-Fischsauce
Salz
Frisch gemahlener schwarzer Pfeffer
3 EL Wasser
Koriandergrün und in Streifen geschnittene Frühlingszwiebel zum Garnieren

1 Den Fisch abspülen und trockentupfen. Auf beiden Seiten mehrmals diagonal einschneiden und rundum mit 3 Teelöffeln Maisstärke bedecken. Überschüssige Stärke abschütteln.

2 Das Öl in einem Wok oder einer Pfanne erhitzen. Den Fisch darin bei mittlerer Hitze von beiden Seiten in je 6–7 Minuten knusprig und goldbraun braten.

3 Auf eine große Platte heben. Das Öl im Wok oder der Pfanne bis auf 2 Esslöffel abgießen und wieder erhitzen. Knoblauch, Ingwer und Schalotten darin bei mittlerer Hitze in 3–4 Minuten unter Rühren goldgelb werden lassen.

4 Die Cocktailtomaten dazugeben und braten, bis sie aufplatzen. Essig, Zucker, Tomatenketchup und Fischsauce unterrühren. Bei reduzierter Hitze 1–2 Minuten sanft köcheln lassen. Mit Salz und Pfeffer abschmecken. Falls nötig, mit weiterem Essig, Zucker und/oder Fischsauce nachwürzen.

5 In einer Tasse die übrige Maisstärke, mit dem Wasser zu einer Paste vermischt, in die Sauce einrühren. Unter Rühren erhitzen, bis sie eindickt. Die Sauce über den Fisch gießen, mit Koriandergrün und Frühlingszwiebel garnieren und servieren.

Gedämpfter Fisch mit Chilisauce

Das Dämpfen ist die ideale, da schonendste Zubereitungsmethode für Fisch. Werden Fische zudem im Ganzen mit den Gräten gedämpft, behalten sie ein Höchstmaß an Aroma, und das Fleisch bleibt wunderbar saftig. Traditionell wird er auf ein dekoratives Bananenblatt gelegt, aber Backpapier eignet sich ebenso.

FÜR 4 PERSONEN

1 großer oder 2 mittelgroße Fische mit festem Fleisch, etwa Zackenbarsch, geschuppt und gesäubert
2 EL Reiswein
3 frische rote Chilischoten, von Stielansatz, Samen und Scheidewänden befreit und in dünne Scheiben geschnitten
2 Knoblauchzehen, fein gehackt
2 cm frische Ingwerwurzel, geschält und gestiftelt
2 Stängel Zitronengras, zerstoßen und fein gehackt
2 Frühlingszwiebeln, gehackt
2 EL Thai-Fischsauce
Frisch gepresster Saft von 1 Limette
1 frisches Bananenblatt

Für die Chilisauce:

10 frische rote Chilischoten, von Stielansatz, Samen und Scheidewänden befreit und gehackt
4 Knoblauchzehen, gehackt
4 EL Thai-Fischsauce
1 EL Zucker
5 EL frisch gepresster Limettensaft

1 Den Fisch unter kaltem Wasser abspülen und mit Küchenpapier trockentupfen. Die Haut mit einem scharfen Messer auf beiden Seiten mehrmals einschneiden.

2 Reiswein, Chilis, Knoblauch, Ingwer, Zitronengras und die Frühlingszwiebeln in eine Schüssel füllen. Fischsauce und Limettensaft gründlich untermischen. Den Fisch auf das Bananenblatt legen und die Gewürzmischung gleichmäßig auf dem Fisch verteilen, kräftig in die Einschnitte einreiben.

3 Einen Gittereinsatz oder umgedrehten Teller in einen Wok stellen. Kochend heißes Wasser 5 cm hoch in den Wok gießen. Das Bananenblatt mit dem Fisch auf das Gitter oder den Teller legen und zugedeckt 10–15 Minuten dämpfen, bis der Fisch gar ist.

4 In der Zwischenzeit die Zutaten für die Sauce in der Küchenmaschine glatt pürieren. Ist die Mischung zu dickflüssig, etwas kaltes Wasser hinzugießen. In eine Servierschale füllen.

5 Den heißen Fisch nach Belieben auf dem Bananenblatt servieren. Die Chilisauce zum Beträufeln separat dazu reichen.

Gegrillte Forelle, mit scharfer Würzpaste gefüllt

Die raffiniert scharfe Gewürzpaste eignet sich als Marinade für unterschiedlichste Fische oder auch Fleischsorten. Zu Grillfleisch zum Beispiel ergibt sie einen wunderbar würzigen Dip.

FÜR 4 PERSONEN

2 große, frische grüne Chilischoten, von Stielansatz, Samen und Scheidewänden befreit und grob gehackt
5 Schalotten, geschält
5 Knoblauchzehen, geschält
2 EL frisch gepresster Limettensaft
2 EL Thai-Fischsauce
1 EL Palmzucker oder brauner Zucker
4 Blätter der Kaffirlimette, zu Zylindern eingerollt und in dünne Streifen geschnitten
2 Forellen oder ähnliche Fische mit festem Fleisch (je 350 g), gesäubert
Frischer China-Lauch zum Garnieren
Gekochter Reis zum Servieren

1 Chilis, Schalotten und Knoblauch in Alufolie wickeln. In 10 Minuten unter einem heißen Grill weich garen.

2 Leicht abkühlen lassen und die Würzzutaten aus der Alufolie in einen Mörser oder die Küchenmaschine geben. Zu einer Paste verarbeiten.

3 Limettensaft, Fischsauce, Zucker und Limettenblätter gründlich untermischen. Die Paste mit einem Teelöffel in die Bauchhöhlen der Fische füllen und etwas davon auf die Haut streichen. Die Fische von beiden Seiten je 5 Minuten grillen. Auf einer Platte anrichten, mit China-Lauch garnieren. Dazu Reis reichen.

Gebratene Forelle mit Tamarinden-Chili-Sauce

Forelle hat mitunter einen sehr milden Geschmack, doch diese würzige Sauce verleiht ihr den nötigen Pfiff. Wer es gern sehr scharf liebt, nimmt einfach eine Chili mehr oder verwendet auch die Scheidewände mit.

FÜR 4 PERSONEN

4 Forellen, gesäubert
6 Frühlingszwiebeln, in Scheiben geschnitten
4 EL Sojasauce
1 EL Pflanzenöl
2 EL gehacktes frisches Koriandergrün und einige Streifen frische rote Chilischote zum Garnieren

Für die Sauce:

50 g Tamarindenmark
100 ml kochend heißes Wasser
2 Schalotten, grob gehackt
1 frische rote Chilischote, von Stielansatz, Samen und Scheidewänden befreit und gehackt
1 cm frische Ingwerwurzel, geschält und gehackt
1 TL hellbrauner Zucker
3 EL Thai-Fischsauce

1 Die Forellen auf beiden Seiten mehrmals diagonal einschneiden. Die Fische in eine flache Form legen, in der sie nebeneinander Platz haben.

2 Die Frühlingszwiebeln in die Bauchhöhlen füllen. Die Fische mit Sojasauce beträufeln und in der Schüssel wenden, bis beide Seiten überzogen sind. Übrige Frühlingszwiebeln darüber streuen.

3 Für die Sauce das Tamarindenmark in einer kleinen Schüssel mit dem kochend heißen Wasser übergießen. Mit einer Gabel gründlich zerdrücken und in die Küchenmaschine oder den Mixer füllen. Mit Schalotten, Chili, Ingwer, Zucker und Fischsauce zu einer groben Masse verarbeiten und in eine Schale geben.

4 Das Öl in einer großen Pfanne oder einem Wok erhitzen und die Forellen von beiden Seiten je 5 Minuten braten, bis die Haut knusprig und gebräunt und das Fleisch gar ist. Auf vorgewärmten Tellern anrichten und mit etwas Sauce beträufeln. Mit Koriandergrün und Chili bestreuen, mit der restlichen Sauce servieren.

Gemüsegerichte

In Thailand werden alle Speisen traditionell zusammen serviert, man unterscheidet im Grunde nicht zwischen Hauptgericht und Beilagen. Dennoch gibt es neben kleineren Beigaben natürlich gehaltvollere Speisen, die aus relativ vielen Zutaten bestehen. Besonders vielfältig sind die Gemüsegerichte. In diesem Kapitel finden Sie eine Auswahl schmackhafter Gemüsecurrys und frittierter Spezialitäten sowie gefülltes Gemüse und köstliche Tempura. Zubereiten lassen sie sich meist schnell und ganz unproblematisch.

Gemüsecurry mit Zitronengrasreis

Der duftende Jasminreis mit seinem feinen Aroma aus Zitronengras und Kardamom passt ideal zu diesem herrlich würzigen Gemüsecurry, hier einem rein vegetarischen Gericht. Die Gemüsesorten lassen sich je nach Jahreszeit variieren, doch sollten sie in Geschmack und Farbe aufeinander abgestimmt sein.

FÜR 4 PERSONEN

2 TL Pflanzenöl
400 ml Kokosmilch
300 ml Gemüsebrühe
225 g neue Kartoffeln, je nach Größe halbiert oder geviertelt
8 Baby-Maiskolben
Salz
Frisch gemahlener schwarzer Pfeffer
1 TL feiner hellbrauner Zucker
185 g Brokkoliröschen
1 rote Paprikaschote, von Stielansatz, Samen und Scheidewänden befreit und längs in Streifen geschnitten
115 g Spinat, festere Stiele entfernt, die Blätter in Streifen geschnitten
2 EL gehacktes frisches Koriandergrün

Für die Gewürzpaste:

1 frische rote und 3 frische grüne Chilischoten, von Stielansatz, Samen und Scheidewänden befreit und gehackt
1 Stängel Zitronengras, von den Hüllblättern befreit, die unteren 5 cm fein gehackt
2 Schalotten, gehackt
Abgeriebene Schale von 1 unbehandelten Limette
2 Knoblauchzehen, gehackt
1 TL gemahlene Koriandersamen
1/2 TL gemahlener Kreuzkümmel
1 cm frische Galgantwurzel, geschält und fein gehackt, oder 1/2 TL getrockneter Galgant (nach Belieben)
2 EL gehacktes frisches Koriandergrün
1 EL gehackte frische Korianderwurzel und -stängel (nach Belieben)

Für den Reis:

225 g Jasminreis, gewaschen
6 grüne Kardamomkapseln, zerstoßen
1 Stängel Zitronengras, von den Hüllblättern befreit und in 3 Stücke geschnitten
475 ml Wasser
Salz

1 Zunächst die Zutaten für die Gewürzpaste in der Küchenmaschine zu einer groben Paste verarbeiten. Das Öl in einem großen, schweren Topf erhitzen und die Paste darin 1–2 Minuten bei mittlerer Hitze pfannenrühren, bis sie duftet.

2 Die Kokosmilch und die Brühe einrühren und aufkochen. Die Hitze reduzieren, die Kartoffeln dazugeben und in etwa 15 Minuten fast weich garen.

3 Inzwischen den Reis mit dem Kardamom und Zitronengras in einen großen Topf füllen. Das Wasser dazugießen und aufkochen. Die Hitze reduzieren, den Reis zugedeckt 10–15 Minuten garen, bis er das Wasser absorbiert hat und weich ist.

4 Den gekochten, leicht klebrigen Reis mit Salz abschmecken. Den Deckel wieder auf den Topf setzen und den Reis noch etwa 10 Minuten stehen lassen.

5 Die Maiskolben zu den Kartoffeln geben, mit Salz und Pfeffer würzen und 2 Minuten garen. Den Zucker, den Brokkoli und die rote Paprika untermischen und alles weitere 2 Minuten garen, bis das Gemüse weich ist.

6 Den Spinat und 1 Esslöffel des Koriandergrüns untermischen und nochmals 2 Minuten garen. Das Curry in einer vorgewärmten Schüssel anrichten.

7 Kardamomkapseln und Zitronengras aus dem Reis fischen und den Reis mit einer Gabel gründlich auflockern. Das Curry mit dem übrigen Koriandergrün garnieren und mit dem Reis servieren.

Küchentipp
Kardamom kann weiß, hellgrün oder dunkelbraun sein. Die braunen Kapseln bringen ein weniger feines Aroma mit. Vor dem Servieren stets entfernen.

Suppenartiges Gemüsecurry

Ein dünnflüssiges Curry mit viel frischem grünem Gemüse und kräftigen Aromen. Es stammt aus den waldreichen Regionen Thailands, wo man es mit Wildgemüse und Wurzeln zubereitet. Als einfaches Mittag- oder Abendessen serviert man es mit Reis oder Nudeln.

FÜR 2 PERSONEN

600 ml Wasser
1 TL rote Thai-Currypaste
5 cm frische Galgant- oder Ingwerwurzel
100 g grüne Bohnen
2 Blätter der Kaffirlimette, zerpflückt
8 Baby-Maiskolben, quer halbiert
2 kräftige Stängel Chinesischer Brokkoli, gehackt
100 g Bohnensprossen
1 EL eingelegte grüne Pfefferkörner, zerdrückt
2 TL Zucker
1 TL Salz

1 Das Wasser in einem großen Topf erhitzen. Die Currypaste einrühren, bis sie vollständig gelöst ist. Aufkochen.

2 Inzwischen den Galgant oder Ingwer mit einem scharfen Messer schälen und fein hacken.

3 Den Galgant oder Ingwer, die grünen Bohnen, Limettenblätter, Maiskolben, den Brokkoli und die Bohnensprossen in den Topf füllen. Die Pfefferkörner, Zucker und Salz untermischen. Erneut zum Kochen bringen und bei reduzierter Hitze 2 Minuten köcheln lassen. Sofort servieren.

Rotes Curry mit Tofu, Bohnen und Pilzen

Dieses vielseitige Gericht sollte in keinem Koch-Repertoire fehlen. Statt der grünen Bohnen kann man übrigens auch viele andere Gemüsesorten verwenden, und der Tofu nimmt nicht nur den Geschmack der Gewürzpaste an, sondern ist auch noch sehr nahrhaft.

FÜR 4–6 PERSONEN

600 ml Kokosmilch aus der Dose
1 EL rote Thai-Currypaste
3 EL Thai-Fischsauce
2 TL Palmzucker oder brauner Zucker
225 g kleine, feste Champignons
115 g grüne Bohnen, die Enden weggeschnitten
175 g fester Tofu, abgespült, abgetropft und in Würfel mit 2 cm Kantenlänge geschnitten
4 Blätter der Kaffirlimette, zerpflückt
2 frische rote Chilischoten, von Stielansatz, Samen und Scheidewänden befreit und in Scheiben geschnitten
Frisches Koriandergrün zum Garnieren

1 In einen Wok oder einen Topf ein Drittel der Kokosmilch gießen und so lange kochen lassen, bis sie ausflockt und die Oberfläche ölig glänzt.

2 Die Currypaste mit der Fischsauce und dem Zucker hinzufügen. Gründlich untermischen, anschließend die Pilze einrühren. 1 Minute köcheln lassen.

3 Die übrige Kokosmilch einrühren. Wieder aufkochen und die grünen Bohnen und Tofuwürfel dazugeben. Weitere 4–5 Minuten sanft köcheln lassen.

4 Die Limettenblätter und roten Chilis unterrühren. Das Curry in eine Servierschale füllen, mit Koriandergrün garnieren und sofort servieren.

Auberginen-Süßkartoffel-Topf mit Kokosmilch

Dieser schmackhafte Gemüsetopf ist mit einer ausgewogenen Mischung Zitronengras, Ingwer und Knoblauch gewürzt. Auch Auberginen und Süßkartoffeln harmonieren sehr gut miteinander, und die Kokosmilch verleiht dem Ganzen eine milde Note.

FÜR 6 PERSONEN

400 g Baby-Auberginen oder 2 mittelgroße Auberginen
4 EL Erdnussöl
225 g rote thailändische oder andere kleine Schalotten oder eingelegte Zwiebeln
1 TL Fenchelsamen, leicht zerdrückt
4–5 Knoblauchzehen, in dünne Scheiben geschnitten
1 1/2 EL fein gehackte frische Ingwerwurzel
475 ml Gemüsebrühe
2 Stängel Zitronengras, von den Hüllblättern befreit und fein gehackt
15 g frisches Koriandergrün, Stängel und Blätter separat gehackt
3 Blätter der Kaffirlimette, leicht zerrieben
2–3 kleine, frische rote Chilischoten im Ganzen
3–4 EL grüne Thai-Currypaste
675 g Süßkartoffeln, geschält und in dicke Stücke geschnitten
400 ml Kokosmilch
1/2–1 TL Palmzucker oder brauner Zucker
Salz
Frisch gemahlener schwarzer Pfeffer
250 g Champignons, in dicke Scheiben geschnitten
Frisch gepresster Saft von 1 Limette
18 Blätter frisches Thai-Basilikum oder ein anderes Basilikum sowie gekochter Reis zum Servieren

1 Die Stielansätze der Auberginen wegschneiden. Baby-Auberginen längs halbieren, andere in Stücke schneiden.

2 In einem großen Topf oder einer tiefen Pfanne mit Deckel 2 Esslöffel Öl erhitzen. Die Auberginen darin bei mittlerer Hitze anbraten, bis sie rundum gebräunt sind. Ab und zu durchrühren. Herausnehmen und beiseite stellen.

3 Von den Schalotten 4–5 in Scheiben schneiden. Die übrigen ganzen Schalotten in dem im Topf verbliebenen Öl goldbraun anbraten, falls nötig, noch etwas Öl dazugießen. Beiseite stellen. Den Rest des Öls in den Topf geben und Schalottenscheiben, Fenchelsamen, Knoblauch und Ingwer bei schwacher Hitze 5 Minuten darin anschwitzen.

4 Gemüsebrühe, Zitronengras, Korianderstängel, Limettenblätter und Chilis dazugeben. Bei schwacher Hitze zugedeckt 5 Minuten köcheln lassen.

5 Von der Currypaste 2 Esslöffel sowie die Süßkartoffeln untermischen und etwa 10 Minuten köcheln lassen. Die gebratenen Auberginen und Schalotten hinzufügen und alles weitere 5 Minuten garen.

6 Die Kokosmilch und den Zucker einrühren. Mit Salz und Pfeffer abschmecken, die Pilze untermischen und erneut 5 Minuten sanft köcheln lassen.

7 Nach Geschmack noch etwas Currypaste und Limettensaft unterrühren. Zuletzt die gehackten Korianderblätter dazugeben. Falls nötig, mit Salz und Pfeffer nachwürzen. In vorgewärmten Schalen anrichten, mit Basilikum bestreuen und mit Reis servieren.

Küchentipp
Obwohl das Gericht eine Art Eintopf ist, spielt die grüne Currypaste eine wichtige Rolle. Die angegebene Menge kann man aber ruhig variieren.

Kürbis-Erdnuss-Curry

Ein herzhaftes Curry, das an einem Herbst- oder Winterabend besonders gut schmeckt. Schon die kräftigen Farben sind sehr verführerisch, und der Geschmack ist einfach großartig.

FÜR 4 PERSONEN

2 EL Pflanzenöl
4 Knoblauchzehen, zerdrückt
4 Schalotten, fein gehackt
2 EL gelbe Currypaste
600 ml Gemüsebrühe
2 Blätter der Kaffirlimette, zerpflückt
1 EL gehackte frische Galgantwurzel
450 g Kürbis, geschält, von den Samen befreit und gewürfelt
225 g Süßkartoffeln, gewürfelt
100 g geröstete Erdnüsse, gehackt
300 ml Kokosmilch
100 g braune Champignons
1 EL Sojasauce
2 EL Thai-Fischsauce
50 g Kürbiskerne, geröstet, und frische grüne »Chiliblüten« (siehe Seite 55) zum Garnieren

1 Das Öl in einem großen Topf erhitzen. Den Knoblauch und die Schalotten darin bei mittlerer Hitze unter gelegentlichem Rühren 10 Minuten weich und goldbraun schwitzen, aber nicht verbrennen.

2 Die Currypaste dazugeben und bei mittlerer Hitze 30 Sekunden pfannenrühren, bis sie duftet. Brühe, Limettenblätter, Galgant, Kürbis und Süßkartoffeln hinzufügen. Aufkochen und ab und zu durchrühren. Die Hitze reduzieren, 15 Minuten sanft köcheln lassen.

3 Erdnüsse, Kokosmilch und Champignons hinzugeben. Mit der Soja- und Fischsauce einrühren und weitere 5 Minuten köcheln lassen. Anrichten, mit Kürbiskernen und Chiliblüten garnieren.

Küchentipp
Die abgetropften Gemüsemischungen von Currys ergeben einen guten Belag für Gemüsekuchen. Das ist zwar nicht typisch thailändisch, aber ein schönes Beispiel für inspiriertes Kochen.

Mais-Kartoffel-Curry mit Cashewnüssen

Dieses Curry kombiniert alle wichtigen Würzmittel Südthailands. Es schmeckt wunderbar aromatisch, aber dennoch mild. Bei den Kartoffeln empfiehlt sich eine fest kochende Sorte.

FÜR 4 PERSONEN

2 EL Pflanzenöl
4 Schalotten, gehackt
100 g Cashewnüsse
1 TL rote Thai-Currypaste
400 g Kartoffeln, geschält und in Würfel geschnitten
1 Stängel Zitronengras, fein gehackt
200 g gehackte Tomaten aus der Dose
600 ml kochend heißes Wasser
200 g Maiskörner aus der Dose, abgetropft
4 Stangen Bleichsellerie, in Scheiben geschnitten
2 Blätter der Kaffirlimette, zu Zylindern gerollt und in Streifen geschnitten
1 EL Tomatenketchup
1 EL helle Sojasauce
1 TL Palmzucker oder brauner Zucker
1 TL Thai-Fischsauce
4 Frühlingszwiebeln, in dünne Scheiben geschnitten
1 kleines Bund frisches Basilikum, gehackt

1 Das Öl in einem Wok erhitzen. Die Schalotten darin 2–3 Minuten bei mittlerer Hitze pfannenrühren, bis sie weich sind. Die Cashewnüsse dazugeben und goldbraun pfannenrühren.

2 Die Currypaste untermischen, 1 Minute pfannenrühren. Kartoffeln, Zitronengras, Tomaten und das Wasser hinzufügen.

3 Zum Kochen bringen, die Hitze reduzieren und alles bei niedriger Temperatur 15–20 Minuten köcheln lassen, bis die Kartoffeln weich sind.

4 Mais, Sellerie, Kaffirlimettenblätter, Tomatenketchup, Sojasauce, Zucker und Fischsauce in den Wok geben. Weitere 5 Minuten köcheln lassen, bis alles schön heiß ist. In vorgewärmten Schalen anrichten. Mit Frühlingszwiebeln und Basilikum bestreuen und servieren.

Küchentipp
Rollt man die Limettenblätter zu Zylindern, ergeben sich beim Schneiden sehr feine Streifen. Man nennt diese Technik »zu Chiffonade schneiden«. Zuvor auch die mittlere Blattrippe entfernen.

Thai-Gemüsecurry mit Tofu und Pilzen

Traditionelle thailändische Zutaten wie Chilis, Galgant, Zitronengras und Kaffirlimettenblätter sowie der im Ofen gegarte Tofu geben diesem Curry sein wunderbares Aroma. Der Tofu muss mindestens zwei Stunden marinieren, das sollte man bei der Planung einkalkulieren.

FÜR 4 PERSONEN

175 g fester Tofu
3 EL dunkle Sojasauce
1 EL Sesamöl
1 TL Chilisauce
2,5 cm frische Ingwerwurzel, geschält und fein gerieben
1 Kopf Brokkoli (etwa 225 g)
1/2 Kopf Blumenkohl (etwa 225 g)
2 EL Pflanzenöl
1 Zwiebel, in Scheiben geschnitten
400 ml Kokosmilch
150 ml Wasser
1 rote Paprikaschote, von Stielansatz, Samen und Scheidewänden befreit und gehackt
175 g grüne Bohnen, halbiert
115 g Shiitake oder Champignons, halbiert
Frühlingszwiebelstreifen zum Garnieren
Gekochter Jasminreis oder Nudeln zum Servieren

Für die Currypaste:

2 frische rote oder grüne Chilischoten, von Stielansatz, Samen und Scheidewänden befreit und gehackt
1 Stängel Zitronengras, gehackt
2,5 cm frische Galgantwurzel, geschält und gehackt
2 Blätter der Kaffirlimette
2 TL gemahlene Koriandersamen
Etwas frisches Koriandergrün mit Stängeln
3 EL Wasser

1 Den Tofu abspülen und abtropfen lassen. Mit einem scharfen Messer in Würfel mit 2,5 cm Kantenlänge schneiden. Die Würfel in einer feuerfesten Form nebeneinander verteilen.

2 In einem Glaskrug Sojasauce, Sesamöl, Chilisauce und Ingwer verrühren und über den Tofu gießen. Locker durchmischen, bis die Tofuwürfel gleichmäßig überzogen sind. Mit Klarsichtfolie abdecken und mindestens 2 Stunden, besser aber über Nacht marinieren lassen. Den Tofu ab und zu wenden.

3 Für die Currypaste Chilis, Zitronengras, Galgant, Limettenblätter, gemahlenen Koriander und das frische Koriandergrün in der Küchenmaschine grob zerkleinern. Das Wasser hinzugießen und alles zu einer dicken Paste verarbeiten.

4 Den Backofen auf 190 °C vorheizen. Den Brokkoli und den Blumenkohl in kleine Röschen zerteilen. Dickere Stiele in dünne Scheiben schneiden.

5 Das Öl in einer Pfanne erhitzen. Die Zwiebelscheiben darin bei schwacher Hitze etwa 8 Minuten braten, bis sie weich und leicht gebräunt sind. Die Currypaste und Kokosmilch einrühren. Das Wasser dazugießen und aufkochen.

6 Paprika, Bohnen, Brokkoli und Blumenkohl untermischen. In einen chinesischen oder anderen, innen glasierten Tontopf füllen. Zugedeckt auf die unterste Schiene in den Ofen schieben.

7 Den Tofu in der Marinade wenden und auf die oberste Schiene in den Ofen schieben. Beides 30 Minuten garen. Feuerfeste Form und Tontopf aus dem Ofen nehmen. Den Tofu mit der verbliebenen Marinade und die Pilze gründlich unter das Curry mischen.

8 Wieder in den Ofen schieben, die Temperatur auf 180 °C reduzieren und weitere 15 Minuten garen, bis das Gemüse weich ist. Mit den Frühlingszwiebeln garnieren, mit Reis oder Nudeln servieren.

Küchentipp

Tofu (Sojabohnenquark) wird aus Sojabohnen hergestellt und in Blöcken verkauft. Er hat eine cremig-weiße Farbe und eine elastische, feste Konsistenz. Dank seines milden Geschmacks nimmt Tofu andere Aromen von Marinaden oder weiteren Zutaten wunderbar auf.

Spargelbohnen mit Tofu

Spargelbohnen nennt man auch Spaghetti-Bohnen, denn sie können bis zu 35 cm und sogar noch länger werden. Man kann sie in Asia-Läden und auf Märkten kaufen, wer jedoch keine bekommt, kann genauso gut andere grüne Buschbohnen verwenden.

FÜR 4 PERSONEN

Salz
500 g Spargelbohnen, in kleine Stücke geschnitten
200 g Seidentofu, gewürfelt
2 Schalotten, in dünne Scheiben geschnitten
200 ml Kokosmilch
115 g geröstete Erdnüsse, gehackt
Frisch gepresster Saft von 1 Limette
2 TL Palmzucker oder brauner Zucker
4 EL Sojasauce
1 TL getrocknete Chiliflocken

Varianten
Die Sauce passt ebenso gut zu Zuckerschoten oder auch zu roten oder gelben Paprikaschoten.

1 In einem Topf leicht gesalzenes Wasser zum Kochen bringen. Die Bohnen dazugeben und 30 Sekunden blanchieren.

2 Die Bohnen sofort abgießen und unter fließendem kaltem Wasser abschrecken. Erneut abgießen und gut abtropfen lassen. In einer Schüssel anrichten und beiseite stellen.

3 Tofu, Schalotten und Kokosmilch in einem Topf unter Rühren schwach erhitzen, bis der Tofu zu bröckeln beginnt.

4 Erdnüsse, Limettensaft, Zucker, Sojasauce und Chiliflocken hinzugeben. Erhitzen und durchrühren, bis sich der Zucker gelöst hat. Über die Bohnen gießen und untermischen. Sofort servieren.

Gegrillte Pilzspieße mit Chili-Dip

Wer ein Grillfest plant, hat mitunter Mühe, auch etwas Besonderes für die Vegetarier unter den Gästen zu finden. Diese pikanten Pilzspieße sind da genau das Richtige, denn sie sehen hübsch aus und schmecken und duften einfach wunderbar.

FÜR 4 PERSONEN

12 große braune Champignons oder/und Austernpilze, halbiert
4 Knoblauchzehen, grob gehackt
6 Korianderwurzeln, grob gehackt
1 EL Zucker
2 EL helle Sojasauce
Frisch gemahlener schwarzer Pfeffer
Für den Dip:
1 EL Zucker
90 ml Reisessig
1 TL Salz
1 Knoblauchzehe, zerdrückt
1 kleine, frische rote Chilischote, von Stielansatz, Samen und Scheidewänden befreit und fein gehackt

1 Werden Holzspieße für die Pilze verwendet, 8 Stück mindestens 30 Minuten in kaltem Wasser einweichen, damit sie beim Grillen nicht verbrennen.

2 Zunächst für den Dip Zucker, Essig und Salz in einem kleinen Topf erhitzen und ab und zu durchrühren, bis sich der Zucker und das Salz gelöst haben. Knoblauch und Chili untermischen, in eine Schale füllen und warm halten.

3 Jeweils 3 Pilzhälften auf einen Spieß stecken und die Spieße nebeneinander in eine flache Schüssel legen.

4 Knoblauch und Korianderwurzeln in einem Mörser zerreiben. In eine Schale ausleeren und mit dem Zucker, der Sojasauce und etwas Pfeffer verrühren.

5 Die Pilzspieße mit der Mischung bestreichen und 15 Minuten marinieren lassen. Holzkohlenglut vorbereiten oder den Backofengrill vorheizen und die Spieße von jeder Seite 2–3 Minuten grillen. Mit dem Dip servieren.

Auberginen-Paprika-Tempura mit süßem Chili-Dip

Diese knusprigen Gemüsestreifen in einem wunderbar luftigen Teig sind schnell und problemlos zubereitet und passen gut zu dem pikanten Dip. Tempura ist zwar eine Spezialität der japanischen Küche, doch mittlerweile in ganz Asien sehr populär. Jedes Land verleiht den frittierten Happen seine eigene Note – Thailand mit dieser raffinierten Chilisauce.

FÜR 4 PERSONEN

2 Auberginen
2 rote Paprikaschoten, halbiert, von Stielansatz, Samen und Scheidewänden befreit
Pflanzenöl zum Frittieren

Für den Tempurateig:
250 g Mehl
2 Eigelbe
500 ml eisgekühltes Wasser
1 TL Salz

Für den Dip:
150 ml Wasser
2 TL Zucker
1 frische rote Chilischote, von Stielansatz, Samen und Scheidewänden befreit und fein gehackt
1 Knoblauchzehe, zerdrückt
Frisch gepresster Saft von 1/2 Limette
1 TL Reisessig
2 1/2 EL Thai-Fischsauce
1/2 kleine Möhre, fein geraspelt

1 Mit einem scharfen Messer die Auberginen in dünne Stäbchen, die Paprikahälften in Streifen schneiden.

2 Sämtliche Zutaten für den Dip in einer Schale verrühren, bis sich der Zucker gelöst hat. Mit Klarsichtfolie abdecken.

Varianten
Tempura lässt sich auch gut mit Fischstücken oder ganzen Meeresfrüchten, etwa großen Garnelen oder Baby-Kalmaren, und anderem Gemüse zubereiten.

3 Von dem Mehl für den Teig 2 Esslöffel auf einem Teller beiseite stellen. Die Eigelbe in eine Schüssel geben und das kalte Wasser unterschlagen. Das restliche Mehl mit dem Salz hineingeben und nur kurz untermischen. Die Mischung sollte an dicken Pfannkuchenteig erinnern, aber noch Klümpchen aufweisen. Ist der Teig zu dick, noch etwas Eiswasser hinzugießen. Den Teig nicht ruhen lassen, sondern sofort verwenden.

4 Das Öl zum Frittieren in einem Wok auf 180 °C erhitzen, sodass ein Brotwürfel in etwa 45 Sekunden darin bräunt.

5 Eine kleine Hand voll Auberginen- und Paprikastreifen im zurückbehaltenen Mehl wenden und in den Teig tauchen. Kurz abtropfen lassen und danach sofort in das heiße Öl gleiten lassen; dabei ist Vorsicht geboten, weil das Öl kräftig aufschäumt. Noch 1 oder 2 weitere Portionen in den Teig tauchen und ins heiße Öl geben, aber nicht zu viele auf einmal, da das Öl sonst überläuft.

6 In 3–4 Minuten goldgelb und knusprig frittieren. Mit einem Schaumlöffel oder Metallsieb herausnehmen. Auf Küchenpapier gründlich abtropfen lassen und warm halten.

7 Den Vorgang wiederholen, bis das gesamte Gemüse frittiert ist. Sofort mit dem Dip servieren.

Paprikaschoten mit Pilzfüllung

Das Besondere an diesem Gericht ist die Zubereitung der gefüllten Paprikaschoten, die gedämpft statt gebacken werden. Das Ergebnis ist wunderbar leicht und zart. Die Füllung bereitet man mit typischen Thai-Zutaten wie roter Currypaste und Fischsauce zu.

FÜR 4 PERSONEN

3 Knoblauchzehen, fein gehackt
2 Korianderwurzeln, fein gehackt
400 g Champignons, geviertelt
1 TL rote Thai-Currypaste
1 Ei, leicht verschlagen
1 EL Thai-Fischsauce
1 EL helle Sojasauce
1/2 TL Zucker
3 Blätter der Kaffirlimette, fein gehackt
4 gelbe Paprikaschoten, längs halbiert, von Samen und Scheidewänden befreit, aber mit dem Stiel

Varianten
Statt gelber kann man auch orangefarbene Paprikaschoten oder eine Mischung aus beiden verwenden.

1 In einem Mörser den Knoblauch mit den Korianderwurzeln zerreiben und in eine Schüssel ausleeren.

2 Die Pilze in der Küchenmaschine mit dem Momentschalter fein zerkleinern und zu der Knoblauchmischung geben. Currypaste, Ei, Fisch- und Sojasauce, Zucker und Limettenblätter untermischen.

3 Die Paprikahälften nebeneinander in einen Bambusdämpfkorb legen. Die Mischung locker in die Hälften füllen und nicht festdrücken, da sie sonst zu trocken wird. In einem Dämpftopf oder Wok Wasser zum Kochen bringen, den Dämpfkorb einsetzen. Die Paprikaschoten bei schwacher Hitze 15 Minuten dämpfen. Heiß servieren.

Süßsaures Gemüse mit Tofu

Dieses herzhafte, herrlich bunte Wokgericht ist die ideale Mahlzeit für hungrige Gäste. Pfannengerührte Speisen sind immer dann die richtige Wahl, wenn es darum geht, im Voraus planen zu müssen. Denn sind die Zutaten erst einmal vorbereitet, ist das Gericht im Nu fertig.

FÜR 4 PERSONEN

4 Schalotten
3 Knoblauchzehen
2 EL Erdnussöl
250 g Chinakohl, gehobelt
8 Baby-Maiskolben, diagonal in Stücke geschnitten
2 rote Paprikaschoten, von Stielansatz, Samen und Scheidewänden befreit und in dünne Streifen geschnitten
200 g Zuckerschoten, von den Enden befreit und in Stücke geschnitten
250 g Tofu, abgespült, abgetropft und in Würfel mit 1 cm Kantenlänge geschnitten
4 EL Gemüsebrühe
2 EL helle Sojasauce
1 EL Zucker
2 EL Reisessig
1/2 TL getrocknete Chiliflocken
1 kleines Bund frisches Koriandergrün, gehackt

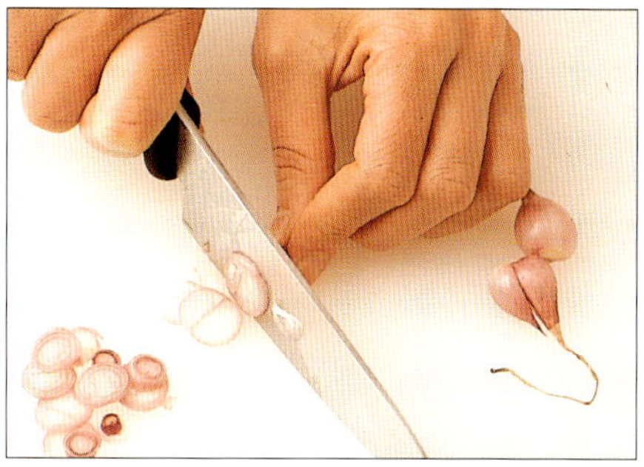

1 Die Schalotten in dünne Scheiben schneiden. Den Knoblauch fein hacken.

2 Das Öl in einem Wok erhitzen und Schalotten und Knoblauch darin bei mittlerer Hitze in 2–3 Minuten goldbraun werden lassen. Den Knoblauch nicht verbrennen, da er sonst bitter schmeckt.

3 Den Chinakohl hinzufügen und 30 Minuten pfannenrühren. Die Maiskolben dazugeben und den Vorgang wiederholen.

4 Die Paprikastreifen, Zuckerschoten und den Tofu nach und nach hinzufügen und jeweils etwa 30 Sekunden pfannenrühren, ehe die nächste Zutat folgt.

5 Die Gemüsebrühe und Sojasauce dazugießen. Den Zucker mit dem Essig in einer kleinen Schale verrühren, bis der Zucker sich gelöst hat. Zum Gemüse in den Wok geben. Mit den Chiliflocken und dem Koriandergrün bestreuen, nochmals durchmischen und servieren.

Spargel mit knusprigen Tofuwürfeln

Spargel aus Asien hat meist dünne Stangen. Man bekommt ihn in thailändischen Lebensmittelgeschäften, aber als Ersatz eignet sich auch dünner grüner Spargel.

FÜR 2 PERSONEN

250 g frittierte Tofuwürfel
2 EL Erdnussöl
1 EL grüne Thai-Currypaste
2 EL helle Sojasauce
2 Blätter der Kaffirlimette, zu Zylindern gerollt und in dünne Streifen geschnitten
2 EL Zucker
150 ml Gemüsebrühe
250 g dünner grüner Spargel, von den Enden befreit und in 5 cm lange Stücke geschnitten
2 EL geröstete Erdnüsse, fein gehackt

Variante
Statt Spargel kann man auch Möhrenstifte oder Brokkoliröschen verwenden.

1 Den Backofengrill auf mittlerer Stufe vorheizen. Die Tofuwürfel in einer Grillpfanne verteilen und 2–3 Minuten von einer Seite grillen, wenden und weitergrillen, bis sie rundum knusprig und goldbraun sind. Darauf achten, dass sie nicht verbrennen.

2 Das Öl in einem Wok oder einer schweren Pfanne erhitzen. Die grüne Currypaste hineingeben und bei mittlerer Hitze 1–2 Minuten ständig rühren, bis sie zu duften beginnt.

3 Die Sojasauce, die Kaffirlimettenblätter, den Zucker und die Gemüsebrühe gründlich einrühren. Zum Kochen bringen und die Hitze reduzieren, sodass die Mischung gerade eben köchelt.

4 Den Spargel untermischen und 5 Minuten köcheln lassen. Inzwischen die Tofuwürfel in je 4 kleine Würfel schneiden. Mit den Erdnüssen in den Wok geben.

5 Alles gründlich vermischen und in einer vorgewärmten Schüssel anrichten. Sofort servieren.

Pfannengerührtes Gemüse mit Pilzen und Samen

Der Gegensatz von knusprigen Samen, knackigem Gemüse und würziger Sauce macht den besonderen Reiz dieses Gerichts aus. Man reicht es pur oder mit Reis oder Nudeln.

FÜR 4 PERSONEN

2 EL Pflanzenöl
2 EL Sesamsamen
2 EL Sonnenblumenkerne
2 EL Kürbiskerne
2 Knoblauchzehen, fein gehackt
2,5 cm frische Ingwerwurzel, geschält und fein gehackt
2 große Möhren, in Stifte geschnitten
2 große Zucchini, in Stifte geschnitten
100 g Austernpilze, in Stücke zerpflückt
150 g Brunnenkresse oder Spinatblätter, grob gehackt
1 kleines Bund frische Minze oder frisches Koriandergrün, Blätter und Stängel gehackt
4 EL schwarze Bohnensauce
2 EL helle Sojasauce
1 EL Palmzucker oder brauner Zucker
2 EL Reisessig

1 Das Öl in einem Wok erhitzen. Die Samen und Kerne darin bei mittlerer Hitze 1 Minute pfannenrühren. Knoblauch und Ingwer hinzufügen und ebenfalls pfannenrühren, bis der Ingwer duftet und der Knoblauch goldbraun ist. Den Knoblauch aber nicht verbrennen, da er sonst bitter schmeckt.

2 Die Möhren- und Zucchinistifte sowie die Austernpilze hinzufügen. Bei mittlerer Hitze weitere 5 Minuten pfannenrühren, bis das Gemüse bissfest und an den Rändern goldbraun ist.

3 Brunnenkresse oder Spinat mit den frischen Kräutern dazugeben. 1 Minute pfannenrühren und die Bohnen- und Sojasauce sowie Zucker und Essig unterrühren. Weitere 1–2 Minuten pfannenrühren, bis alles heiß ist. Sofort servieren.

Küchentipp
Ihren Namen verdanken Austernpilze eher der Textur als dem übrigens äußerst feinen Geschmack. Sie sind sehr empfindlich und sollten entlang den Lamellen in Stücke zerpflückt werden.

Reisgerichte

Thailand gehört zu den weltweit wichtigsten Produzenten von Langkornreis und Klebreis. Zudem wird überall auf der Welt thailändischer Duftreis, auch als Jasminreis bekannt, wegen seines zarten Aromas sehr geschätzt. Er passt zu pikanten wie süßen Speisen und schmeckt besonders gut, wenn man ihn in Kokosmilch kocht wie den Kokosreis und den gebratenen Thai-Reis oder ihn mit gehobeltem und geröstetem Kokosfleisch garniert. Die gekochten Körner kleben leicht zusammen, jedoch nicht so stark wie bei Klebreis.

Kokosreis

Diese reichhaltige Spezialität wird meist mit säuerlichem Papayasalat serviert, um einen Ausgleich zur süßen Kokosmilch und dem Zucker zu schaffen. Der Geschmack ist unwiderstehlich.

FÜR 4–6 PERSONEN

250 ml Wasser
475 ml Kokosmilch
1/2 TL Salz
2 EL Zucker
450 g Jasminreis

Küchentipp
Für eine besondere Gelegenheit den Reis in eine halbierte Papaya füllen und mit dünn gehobelten Kokosstreifen garnieren. Zur Herstellung der Kokosstreifen eignet sich ein Sparschäler.

1 Wasser, Kokosmilch, Salz und Zucker in einen schweren Topf füllen. Den Reis mehrmals in frischem kaltem Wasser waschen, bis das Wasser klar bleibt.

2 Den Jasminreis hinzufügen, den Deckel auflegen und alles bei mittlerer Hitze zum Kochen bringen. Die Hitze reduzieren und den Reis 15–20 Minuten sanft köcheln lassen, ohne den Deckel zu heben. Etwas Reis probieren, um zu testen, ob er weich und fast durchgegart ist.

3 Den Herd ausschalten und den Reis im geschlossenen Topf weitere 5–10 Minuten ruhen lassen.

4 Mit einer Gabel oder Stäbchen den Reis auflockern, in einer vorgewärmten Schüssel anrichten und servieren.

Brauner Reis mit Limetten und Zitronengras

Brauner Reis kommt in der Thai-Küche eher selten vor. Sein feiner, nussartiger Geschmack in Kombination mit Limetten und Zitronengras überzeugt jedoch jeden Reisliebhaber.

FÜR 4 PERSONEN

2 unbehandelte Limetten
2 Stängel Zitronengras
225 g brauner Langkornreis
1 EL Olivenöl
1 Zwiebel, gehackt
2,5 cm frische Ingwerwurzel, geschält und fein gehackt
1 1/2 TL Koriandersamen
1 1/2 TL Kreuzkümmel
750 ml Gemüsebrühe
4 EL gehacktes frisches Koriandergrün
Für die Garnitur:
1 Frühlingszwiebel, nur das Grün
Gehobeltes, geröstetes Kokosfleisch
Limettenspalten

1 Die Limettenschale mit einem Zestenreißer in feinen Streifen ablösen, aber ganz ohne das weiße Innere. Beiseite stellen. Den unteren Teil vom Zitronengras fein hacken, ebenfalls beiseite stellen.

2 Den Reis in reichlich kaltem Wasser waschen, bis das Wasser klar bleibt. In einem Sieb gut abtropfen lassen.

3 Das Öl in einem Topf erhitzen. Zwiebel, Ingwer, Koriander, Kreuzkümmel, Zitronengras und Limettenschale bei schwacher Hitze 2–3 Minuten anschwitzen.

4 Den Reis hinzufügen und unter ständigem Rühren 1 Minute anbraten. Die Brühe hinzugießen und zum Kochen bringen. Den Reis bei reduzierter Hitze zugedeckt 30 Minuten köcheln lassen. Ist er noch zu fest, weitere 3–5 Minuten zugedeckt köcheln lassen. Den Topf vom Herd nehmen.

5 Das Koriandergrün untermischen, den Reis mit einer Gabel auflockern und zugedeckt 10 Minuten ruhen lassen. In einer vorgewärmten Schüssel anrichten, mit Frühlingszwiebel, Kokosstreifen und Limettenspalten garnieren und servieren.

Festlicher Reis

Dieses hübsche Thai-Gericht wird zum Servieren traditionell zu einem Kegel geformt. Vor dem Servieren wird rundherum eine Auswahl leckerer Beigaben angerichtet.

FÜR 8 PERSONEN

450 g Jasminreis
4 EL Öl
2 Knoblauchzehen, zerdrückt
2 Zwiebeln, in dünne Scheiben geschnitten
1/2 TL gemahlene Kurkuma
750 ml Wasser
400 ml Kokosmilch aus der Dose
1–2 Stängel Zitronengras, angedrückt
Für die Beigaben:
Omelettstreifen
Dünne Streifen von 2 frischen roten Chilischoten
Salatgurkenstücke
Tomatenspalten
Frittierte Zwiebelringe
Garnelen-»Kracher« (siehe Seite 76)

1 Den Jasminreis in einem großen Sieb unter kaltem Wasser gründlich abspülen.

Küchentipp
Jasminreis wird in vielen Supermärkten und Asia-Läden angeboten. Man bekommt ihn auch als Thai-Duftreis.

2 Das Öl in einer Pfanne mit Deckel erhitzen. Den Knoblauch, die Zwiebeln und die Kurkuma bei schwacher Hitze 2–3 Minuten darin anschwitzen, bis die Zwiebeln weich sind. Den Reis untermischen.

3 Das Wasser und die Kokosmilch hinzugießen, das Zitronengras einlegen. Unter Rühren aufkochen. Zugedeckt 12 Minuten köcheln lassen, bis der Reis die gesamte Flüssigkeit aufgenommen hat.

4 Die Pfanne vom Herd nehmen, den Deckel abnehmen. Mit einem sauberen Küchentuch bedecken, den Deckel wieder auflegen. An einem warmen Ort 15 Minuten ruhen lassen. Das Zitronengras entfernen. Den Reis kegelförmig anrichten. Mit den Beigaben garnieren.

Gebratener Thai-Reis mit Huhn, Paprika und Mais

Ein reichhaltiges, schmackhaftes Gericht mit Jasminreis. Gewürfeltes Hühnerfleisch, rote Paprikaschote und Maiskörner sorgen für zusätzliche Farbe, Biss und ein wunderbares Aroma.

FÜR 4 PERSONEN

475 ml Wasser
50 g Kokosmilchpulver
350 g Jasminreis, gründlich gewaschen
2 EL Erdnussöl
2 Knoblauchzehen, gehackt
1 kleine Zwiebel, fein gehackt
2,5 cm frische Ingwerwurzel, geschält und gerieben
225 g Hühnerbrust ohne Haut und Knochen, in Würfel mit 1 cm Kantenlänge geschnitten
1 rote Paprikaschote, von Stielansatz, Samen und Scheidewänden befreit und in Streifen geschnitten
115 g Maiskörner aus der Dose, abgegossen
1 TL Chiliöl
1 TL scharfes Currypulver
Salz
2 Eier, verquirlt
1 Frühlingszwiebel, in dünne Streifen geschnitten, zum Garnieren

1 Das Wasser in einen Topf gießen und das Kokosmilchpulver unterschlagen. Den Reis einstreuen, aufkochen, die Hitze reduzieren und den Reis in 12 Minuten zugedeckt weich köcheln. Auf einem Backblech auskühlen lassen.

2 Das Öl in einem Wok erhitzen. Knoblauch, Zwiebel und Ingwer darin bei mittlerer Hitze 2 Minuten pfannenrühren.

Küchentipp
Der Reis muss vor dem Braten unbedingt vollständig abgekühlt sein.

3 Die Zwiebelmischung zur Seite schieben. Das Fleisch in die Mitte geben und 2 Minuten pfannenrühren. Den Reis hinzufügen. Alles gut vermischen und bei starker Hitze weitere 3 Minuten pfannenrühren, bis das Fleisch gar ist.

4 Paprika, Mais, Chiliöl und Currypulver untermischen. Mit Salz abschmecken. Noch 1 Minute pfannenrühren. Die Eier einrühren und 1 weitere Minute kräftig wenden. Den fertigen Reis mit Frühlingszwiebel garnieren und servieren.

Gebratener Reis mit Bohnen, Pak-Choi und Cashewnüssen

Hierbei handelt es sich um eine typische Thai-Spezialität, wie sie die Straßenhändler von morgens bis abends anbieten. Je nach Gemüsesorte, die man gerade zu Hause hat, können die Zutaten beliebig variiert werden.

FÜR 2 PERSONEN

2 EL Pflanzenöl
2 Knoblauchzehen, fein gehackt
1 kleine, frische rote Chilischote, von Stielansatz, Samen und Scheidewänden befreit und fein gehackt
50 g Cashewnüsse, geröstet
50 g ungesüßte Kokosraspel, geröstet
1/2 TL Palmzucker oder brauner Zucker
2 EL helle Sojasauce
1 EL Reisessig
1 Ei
115 g grüne Bohnen, diagonal in Stücke geschnitten und blanchiert
115 g Pak-Choi, in Streifen geschnitten
100 g Jasminreis, gekocht
Limettenspalten zum Servieren

1 Das Öl im Wok erhitzen. Den Knoblauch bei mittlerer bis starker Hitze darin goldbraun werden lassen, aber nicht verbrennen, da er sonst bitter schmeckt.

2 Chili, Cashewnüsse und Kokosraspel hinzufügen und kurz pfannenrühren, dabei darauf achten, dass die Kokosraspel nicht zu dunkel werden. Zucker, Sojasauce und Reisessig untermischen. Weitere 1–2 Minuten pfannenrühren.

3 Die Mischung an den Rand schieben. Das Ei in den Wok aufschlagen und braten, bis es fast gestockt ist. Mit der Knoblauch-Chili-Mischung verrühren.

4 Die grünen Bohnen, den Pak-Choi und den Reis unterrühren. Sobald der Pak-Choi zusammenfällt, die Mischung in einer vorgewärmten Schüssel anrichten. Die Limettenspalten separat reichen, um den Saft über den Reis auszudrücken.

Gebratener Reis mit Garnelen, Erbsen und grünem Tulsi (Basilikum)

Tulsi *(Bai grapao)*, das in Thailand beliebte Gewürzkraut, hat einen typischen, scharf-würzigen Geschmack.

FÜR 4–6 PERSONEN

3 EL Pflanzenöl
1 Ei, verquirlt
1 Zwiebel, gehackt
1 EL gehackter Knoblauch
1 EL Garnelenpaste
1 kg gekochter Jasminreis
350 g gegarte geschälte Garnelen, vom Darm befreit
50 g Tiefkühlerbsen, halb aufgetaut
Austernsauce nach Geschmack
2 Frühlingszwiebeln, gehackt
15–20 grüne Tulsiblätter, grob zerkleinert, sowie ein zusätzlicher Zweig Tulsi zum Garnieren

1 In einem Wok 1 Esslöffel Öl erhitzen. Das Ei hineingeben und den Wok schwenken, damit es sich gleichmäßig dünn verteilt.

2 Nur von einer Seite bei schwacher Hitze goldgelb braten. Auf ein Brett gleiten lassen, einrollen und in dünne Streifen schneiden. Beiseite stellen.

3 Das restliche Öl im Wok erhitzen, die Zwiebel und den Knoblauch hineingeben und 2–3 Minuten pfannenrühren. Die Garnelenpaste unterrühren, bis alles gut vermischt ist.

4 Den Reis, die Garnelen und die Erbsen dazugeben und so lange pfannenrühren, bis alles schön heiß ist.

5 Nach Geschmack mit Austernsauce würzen, aber nicht zu intensiv, da sie sehr salzig ist. Frühlingszwiebeln und Tulsi untermischen. Auf einer Servierplatte anrichten, mit Eierstreifen belegen, mit einem Tulsizweig garnieren und servieren.

Gebratener Reis mit Schweinefleisch

Dieses klassische Reisgericht sieht mit einer Garnitur aus gebratenen Eierstreifen besonders verführerisch aus, ebenso wie der gebratene Jasminreis mit Garnelen, Erbsen und Tulsi auf der vorigen Seite.

FÜR 4–6 PERSONEN

3 EL Pflanzenöl
1 Zwiebel, gehackt
1 EL gehackter Knoblauch
115 g Schweinefleisch, in kleinen Würfeln
2 Eier, verquirlt
1 kg gekochter Jasminreis
2 EL Thai-Fischsauce
1 EL dunkle Sojasauce
$^1/_2$ TL feiner Zucker
4 Frühlingszwiebeln, in dünne Scheiben geschnitten, 2 frische rote Chilischoten, von Stielansatz, Samen und Scheidewänden befreit und in Scheiben geschnitten, sowie 1 Limette, in Spalten geschnitten, zum Garnieren

Küchentipp
Für 1 Kilogramm gekochten Reis ungefähr 400 Gramm rohen Reis mit reichlich 1 Liter Wasser aufsetzen.

1 Das Öl in einem Wok erhitzen. Die Zwiebel und den Knoblauch hineingeben und in etwa 2 Minuten weich schwitzen.

2 Das gewürfelte Fleisch hinzufügen und so lange pfannenrühren, bis es sich verfärbt und gar ist.

3 Die Eier dazugeben und pfannenrühren, bis sich kleine Klümpchen bilden.

4 Den Reis gründlich untermischen, er soll gleichmäßig vom Öl überzogen sein und nicht anhängen.

5 Die Fisch- und Sojasauce sowie den Zucker unterrühren. So lange weiterbraten, bis der Reis schön heiß ist. In vorgewärmten Schalen anrichten und zum Servieren mit Frühlingszwiebeln, Chilis und Limettenspalten garnieren.

Gebratener Reis mit Rindfleisch und Brokkoli

Einer der Vorzüge der thailändischen Küche ist die schnelle und unkomplizierte Zubereitung einer wirklich guten Mahlzeit. Dieses Reisgericht steht schon nach 15 Minuten auf dem Tisch.

FÜR 4 PERSONEN

200 g Rindersteak, von Fett und Sehnen befreit
1 EL Pflanzenöl
2 Knoblauchzehen, fein gehackt
1 Ei
250 g gekochter Jasminreis
1/2 mittelgroßer Kopf Brokkoli, in kleine Röschen zerteilt oder grob gehackt
2 EL dunkle Sojasauce
1 EL helle Sojasauce
1 TL Palmzucker oder brauner Zucker
1 EL Thai-Fischsauce
Frisch gemahlener schwarzer Pfeffer
Chilisauce zum Servieren

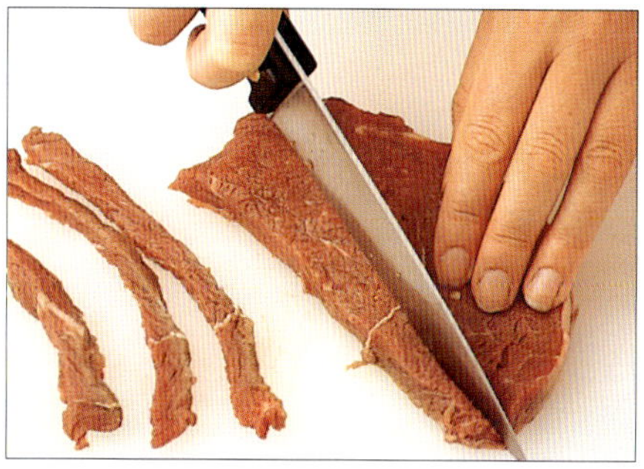

1 Das Fleisch mit einem scharfen Messer in sehr dünne Streifen schneiden.

2 Das Öl in einem Wok erhitzen. Den Knoblauch darin bei mittlerer Hitze goldbraun werden lassen, aber nicht verbrennen. Auf starke Hitze schalten, das Fleisch 2 Minuten pfannenrühren.

3 Das Fleisch an den Rand schieben und das Ei in die Mitte aufschlagen. Sobald es zu stocken beginnt, zusammen mit dem Fleisch pfannenrühren.

4 Den Reis dazugeben und alles gut durchmischen. Brokkoli, beide Sojasaucen, Zucker und Fischsauce hinzufügen und weitere 2 Minuten pfannenrühren. Mit Pfeffer abschmecken und sofort mit Chilisauce servieren.

Küchentipp
Sojasauce besteht aus fermentierten Sojabohnen. Die erste Extraktion wird als helle Sojasauce verkauft und hat einen feinen, »bohnenartigen« Duft. Dunkle Sojasauce reift dagegen etwas länger.

Curryhuhn mit Reis

Dieses einfache Pfannengericht ist genau das Richtige bei überraschendem Besuch. Man kann dafür jede Fleisch- und Gemüsesorte verwenden, die man gerade vorrätig hat.

FÜR 4 PERSONEN

4 EL Pflanzenöl
4 Knoblauchzehen, fein gehackt
1 Huhn (etwa 1,5 kg), entbeint und enthäutet, in mundgerechte Stücke geschnitten
1 TL Garam masala (nordindische Currymischung)
450 g Jasminreis, gründlich gewaschen und abgetropft
2 TL Salz
1 l Hühnerbrühe
1 kleines Bund frisches Koriandergrün, gehackt, zum Garnieren

Küchentipp
Damit das Fleisch schön braun wird, die Würfel am besten portionsweise im Wok oder der Kasserolle anbraten.

1 Das Öl in einem Wok oder einer Kasserolle mit Deckel erhitzen. Den Knoblauch darin bei schwacher bis mittlerer Hitze goldbraun werden lassen. Das Fleisch hinzufügen und bei starker Hitze rundum braun anbraten (siehe Küchentipp).

2 Garam masala gut untermischen, sodass das Fleisch gleichmäßig mit den Gewürzen überzogen ist. Den Reis und das Salz hinzufügen und alles vermischen.

3 Die Brühe hinzugießen, verrühren und zugedeckt zum Kochen bringen. Bei reduzierter Hitze 10 Minuten sanft köcheln lassen, bis der Reis gar ist.

4 Vom Herd nehmen, den Deckel nicht abnehmen, 10 Minuten ruhen lassen. Den Reis mit einer Gabel auflockern und auf einer vorgewärmten Platte anrichten. Mit Koriandergrün bestreuen und sofort servieren.

Reiskuchen mit Garnelen-Kokos-Dip

Für die wunderbar knusprigen Reiskuchen braucht man zwar etwas Zeit, doch die Zubereitung ist überhaupt nicht schwierig. Der köstliche Dip passt auch zu vielen anderen Gerichten.

FÜR 4–6 PERSONEN

150 g Jasminreis
400 ml kochend heißes Wasser

Für den Dip:

1 Knoblauchzehe, grob gehackt
1 kleines Bund frisches Koriandergrün, grob gehackt
100 g gegarte Garnelen, geschält und vom Darm befreit
250 ml Kokosmilch aus der Dose
1 EL Thai-Fischsauce
1 EL helle Sojasauce
1 EL Tamarindensaft (Tamarindenmark, mit lauwarmem Wasser vermischt)
1 EL Palmzucker oder brauner Zucker
2 EL geröstete Erdnüsse, grob gehackt
1 frische rote Chilischote, von Stielansatz, Samen und Scheidewänden befreit und gehackt

1 Den Reis in einem Sieb unter fließendem kaltem Wasser waschen, bis das Wasser klar abläuft. In einen großen, schweren Topf füllen und mit dem kochenden Wasser übergießen. Durchrühren, zum Kochen bringen, die Hitze reduzieren und den Reis im offenen Topf 15 Minuten köcheln lassen. Das Wasser sollte dann fast vollständig aufgenommen oder verdampft sein.

2 Die Hitze auf die niedrigstmögliche Stufe stellen – eventuell ein Drahtgitter auf die Kochplatte legen. Den Reis ohne Deckel weitere 2 Stunden köcheln lassen, sodass er schön knusprig wird und am Topfboden haftet. Nach weiteren 5–10 Minuten sollte sich der Reis von der Topfwand zu lösen beginnen.

3 Den Backofen auf 180 °C vorheizen. Den Reis in einem Stück aus dem Topf lösen. Dafür mit einem Messer den Rand lockern, Deckel auflegen und stürzen. Auf ein Backblech legen und 20 Minuten im Ofen backen. Er sollte goldbraun und knusprig sein. Abkühlen lassen.

4 Inzwischen sämtliche Zutaten für den Dip in der Küchenmaschine zu einer glatten, weichen Paste verarbeiten. In eine Servierschale füllen. Den Reiskuchen mit dem Dip servieren. Man kann ihn im Ganzen reichen oder zuvor wie eine Torte in Stücke schneiden oder brechen.

Variante

Wer keine Zeit hat, den Reiskuchen selbst zuzubereiten, kann ihn auch fertig abgepackt im Supermarkt kaufen. Fertiger Reiskuchen ist zwar nicht so knusprig und schmeckt sehr mild, aber der Dip sorgt dennoch für einen pikanten Geschmack.

Nudelgerichte

In Thailand kann man beinahe überall Nudeln kaufen. Vom frühen Morgen bis zum späten Abend werden die beliebten Teigwaren in Spezialrestaurants und Kiosken, auf den Booten der Lebensmittelhändler oder von den unzähligen Straßenhändlern angeboten. Die meisten Nudelsorten bestehen aus Reismehl, doch bekommt man auch Glasnudeln aus Mungobohnen, deren milder Geschmack und besonderes Aussehen sie zur idealen Zutat für Pfannengerichte machen. Oft reicht man Nudeln aber auch einfach so mit würzigen Beigaben oder Dips.

Nudeln mit vier Würzzutaten

Diese denkbar einfache Methode, Nudeln zu servieren, erlaubt es jedem Gast, selbst darüber zu entscheiden, mit welcher der Würzzutaten er seine Nudeln essen möchte. Zu Nudeln werden übrigens stets verschiedene Würzzutaten in kleinen Schüsseln gereicht.

FÜR 4 PERSONEN

4 kleine, frische rote oder grüne Chilischoten, von Stielansatz und Scheidewänden befreit
4 EL Thai-Fischsauce
4 EL Reisessig
Zucker
Mildes oder scharfes Chilipulver
350 g frische oder getrocknete Eiernudeln

1 Die Würzzutaten zubereiten. Dafür 2 Chilis fein hacken. Dabei je nach gewünschter Schärfe einige Samen mitverwenden oder alle entfernen. Die Chilis in eine kleine Schale füllen und mit der Fischsauce vermischen.

2 Für die zweite Würzzutat die übrigen Chilis fein hacken und mit dem Reisessig in einer kleinen Schale vermischen. Zucker und Chilipulver in zwei weitere separate Schalen füllen.

3 Die Nudeln nach Packungsaufschrift weich garen. Abgießen, gut abtropfen lassen und in einer großen Schüssel anrichten. Sofort mit den vorbereiteten Würzzutaten servieren.

Thai-Nudeln mit China-Lauch und Tofu

Die Vorbereitung für dieses Gericht dauert etwas länger, doch die eigentliche Garzeit ist sehr kurz. Alles wird im Wok zubereitet und nach Möglichkeit sofort verzehrt. Die ebenso sättigende wie schmackhafte vegetarische Speise eignet sich ideal für ein Mittagessen am Wochenende.

FÜR 4 PERSONEN

350 g getrocknete Reisnudeln
1 cm frische Ingwerwurzel, geschält und gerieben
2 EL helle Sojasauce
3 EL Pflanzenöl
225 g Quorn (Mikroprotein), in kleine Würfel geschnitten
2 Knoblauchzehen, zerdrückt
1 große Zwiebel, in dünne Spalten geschnitten
115 g gebratener Tofu, in dünne Scheiben geschnitten
1 frische grüne Chilischote, von Stielansatz, Samen und Scheidewänden befreit und in dünne Streifen geschnitten
175 g Bohnensprossen
2 Bund China-Lauch (insgesamt 115 g), in 5 cm lange Stücke geschnitten
50 g geröstete Erdnüsse, im Mörser zermahlen
2 EL dunkle Sojasauce
2 EL gehacktes frisches Koriandergrün und 1 Zitrone, in Spalten geschnitten, zum Garnieren

1 Die Nudeln in einer Schüssel mit warmem Wasser bedecken und in 30 Minuten weich werden lassen. Abgießen, beiseite stellen.

2 Ingwer, helle Sojasauce und 1 Esslöffel Öl in einer Schale verrühren. Quorn dazugeben, 10 Minuten stehen lassen. Abgießen, die Marinade auffangen.

3 In einem Wok 1 weiteren Esslöffel Öl erhitzen und den Knoblauch einige Sekunden darin braten. Quorn hinzufügen und 3–4 Minuten pfannenrühren. Mit einem Schaumlöffel auf einen Teller heben.

4 Das restliche Öl im Wok erhitzen. Die Zwiebel 3–4 Minuten darin braten, bis sie weich und leicht gebräunt ist. Tofu und Chili dazugeben, kurz pfannenrühren und die Nudeln hinzufügen. Bei mittlerer Hitze 4–5 Minuten pfannenrühren.

5 Bohnensprossen, China-Lauch und die Erdnüsse unterrühren, jedoch einige Erdnüsse zum Garnieren zurückbehalten. Quorn, dunkle Sojasauce und die aufgefangene Marinade untermischen.

6 Die heißen Thai-Nudeln auf Teller verteilen. Mit Erdnüssen, Koriandergrün und Zitronenspalten garnieren.

Gebratene Thai-Nudeln

Phat Thai hat einen verführerischen Geschmack und eine wunderbare Konsistenz. Das Gericht wird mit Reisnudeln zubereitet, es gilt als eines der Nationalgerichte Thailands.

FÜR 4–6 PERSONEN

16 rohe Riesengarnelen
350 g Reisnudeln
3 EL Pflanzenöl
1 EL gehackter Knoblauch
2 Eier, leicht verschlagen
1 EL getrocknete Garnelen, abgespült
2 EL eingelegter Daikon-Rettich
50 g gebratener Tofu, in dünne Scheibchen geschnitten
1/2 TL getrocknete Chiliflocken
1 großes Bund China-Lauch (etwa 100 g), in 5 cm lange Stücke geschnitten
225 g Bohnensprossen
50 g geröstete Erdnüsse, grob zermahlen
1 TL Zucker
1 EL dunkle Sojasauce
2 EL Thai-Fischsauce
2 EL Tamarindensaft (Tamarindenmark, mit lauwarmem Wasser vermischt)
Für die Garnitur:
Frisches Koriandergrün und Limettenspalten

1 Die Garnelen schälen, die Schwanzfächer jedoch daran belassen. Am Rücken einschneiden, den Darm entfernen.

2 Die Reisnudeln in eine große Schüssel legen, mit warmem Wasser bedecken, in 20–30 Minuten weich werden lassen. Abgießen und beiseite stellen.

3 In einem Wok in 1 Esslöffel Öl den Knoblauch goldbraun werden lassen. Die Garnelen 1–2 Minuten pfannenrühren, bis sie rosa sind. Herausnehmen.

4 Wieder 1 Esslöffel Öl im Wok erhitzen. Die Eier hineingießen und den Wok schwenken, damit sie sich verteilen. Mit einem Holzlöffel verrühren. Herausnehmen und zu den Garnelen geben.

5 Das restliche Öl im Wok erhitzen. Die getrockneten Garnelen, den Daikon-Rettich, Tofu und die Chiliflocken darin kurz vermischen. Die Nudeln dazugeben und alles 5 Minuten pfannenrühren.

6 Den China-Lauch und jeweils die Hälfte der Bohnensprossen und Erdnüsse unterrühren. Mit Zucker, Soja-, Fischsauce und Tamarindensaft würzen. So lange weiterrühren, bis die Nudeln heiß sind.

7 Die Garnelen und Eier unter die Nudeln mischen. Mit den restlichen Bohnensprossen und Erdnüssen bestreuen, mit Koriandergrün und Limettenspalten garnieren und servieren.

Küchentipp
Es gibt viele verschiedene Garnelenarten, deren Farbe zwischen Schwarz und Weiß variiert, doch werden die meisten beim Garen rosa. Riesengarnelen aus dem indopazifischen Raum haben einen besonders feinen Geschmack und eine angenehme Textur. Sie werden bis zu 28 cm lang. Nicht alle großen Arten aus warmen Gewässern sind jedoch so saftig, und Zuchtgarnelen können sehr teuer sein.

Würzige gebratene Nudeln

Dieses Gericht ist wunderbar vielfältig, da man die Zutaten nach Geschmack variieren kann – solange man auf ausgewogene Aromen, Texturen und Farben achtet.

FÜR 4 PERSONEN

225 g lange, dünne Eiernudeln
4 EL Pflanzenöl
2 Knoblauchzehen, fein gehackt
175 g Schweinefilet, in dünne Streifen geschnitten
1 Hühnerbrust ohne Haut und Knochen (etwa 175 g), in dünne Streifen geschnitten
115 g gegarte geschälte Garnelen, vom Darm befreit, Dosengarnelen abgespült
3 EL frisch gepresster Zitronensaft
3 EL Thai-Fischsauce
2 EL hellbrauner Zucker
2 Eier, verquirlt
½ frische rote Chilischote, von Stielansatz, Samen und Scheidewänden befreit und fein gehackt
50 g Bohnensprossen
4 EL geröstete Erdnüsse, gehackt
3 Frühlingszwiebeln, in 5 cm lange Streifen geschnitten
3 EL gehacktes frisches Koriandergrün

1 In einem großen Topf Wasser zum Kochen bringen. Die Nudeln einlegen, den Topf vom Herd nehmen und 5 Minuten stehen lassen.

2 Inzwischen 3 Esslöffel Öl im Wok erhitzen und den Knoblauch darin 30 Sekunden braten. Das Schweine- und Hühnerfleisch hinzufügen und pfannenrühren, bis es leicht gebräunt ist. Die Garnelen 2 Minuten mitrühren.

3 Den Zitronensaft, dann die Fischsauce und den Zucker untermischen. Pfannenrühren, bis sich der Zucker gelöst hat.

4 Die Nudeln abgießen, abtropfen lassen und mit dem restlichen Öl in den Wok geben. Alles gut vermischen.

5 Die Eier über die Nudeln gießen und pfannenrühren, bis sie fast gestockt sind. Chili und Bohnensprossen dazugeben.

6 Erdnüsse, Frühlingszwiebeln und Koriandergrün in je 2 Portionen teilen. Je 1 Portion in den Wok geben und etwa 2 Minuten pfannenrühren.

7 Die Nudeln in einer Servierschüssel anrichten. Mit den übrigen Erdnüssen, Frühlingszwiebeln und dem Koriandergrün bestreuen und sofort servieren.

Küchentipp
Bohnensprossen kann man nur bis zu 24 Stunden im Kühlschrank aufbewahren, da sie schnell ihren Biss verlieren und unangenehm weich werden. Neben Sojabohnensprossen schätzt man in Thailand vor allem Mungobohnensprossen.

Chow Mein spezial

Auch dieses Gericht zeigt den chinesischen Einfluss auf die Thai-Küche. *Lap cheong* ist eine spezielle luftgetrocknete chinesische Wurst, die man in vielen chinesischen Supermärkten bekommt.

FÜR 4–6 PERSONEN

450 g Eiernudeln
3 EL Pflanzenöl
2 Knoblauchzehen, in Scheiben geschnitten
1 TL gehackte frische Ingwerwurzel
2 frische rote Chilischoten, von Stielansatz, Samen und Scheidewänden befreit und gehackt
2 *Lap cheong* (insgesamt etwa 75 g), abgespült und in Scheiben geschnitten, nach Belieben
1 Hühnerbrust ohne Haut und Knochen, in dünne Scheiben geschnitten
16 rohe Riesengarnelen, geschält, aber mit dem Schwanzfächer, vom Darm befreit
115 g grüne Bohnen
225 g Bohnensprossen
1 kleines Bund China-Lauch (etwa 50 g)
2 EL Sojasauce
1 EL Austernsauce
Salz
Frisch gemahlener schwarzer Pfeffer
1 EL Sesamöl
2 Frühlingszwiebeln, in kurze Streifen geschnitten, und frisches Koriandergrün zum Garnieren

1 Die Nudeln in einem großen Topf mit kochendem Wasser garen, Packungsaufschrift beachten. Gut abtropfen lassen.

2 In einem Wok 1 Esslöffel Öl erhitzen. Knoblauch, Ingwer und Chilis darin 2 Minuten pfannenrühren. *Lap cheong*, falls verwendet, Hühnerfleisch, Garnelen und Bohnen hinzufügen. Bei starker Hitze weitere 2 Minuten pfannenrühren, bis das Fleisch und die Garnelen gar sind. In einer Schüssel beiseite stellen.

3 Das restliche Öl im Wok erhitzen. Die Bohnensprossen und den China-Lauch darin 1–2 Minuten pfannenrühren.

4 Die Nudeln untermischen. Mit Soja- und Austernsauce sowie Salz und Pfeffer nach Geschmack würzen. Die Garnelenmischung zurück in den Wok geben, alles gut vermischen und schön heiß werden lassen.

5 Zuletzt das Sesamöl unter die Nudeln rühren. In vorgewärmten Schalen anrichten, mit Frühlingszwiebeln und Koriandergrün garnieren und sofort servieren.

Mee Krob

Der Name dieses Gerichts bedeutet »frittierte Nudeln«. Geschmacklich handelt es sich um eine ungewöhnliche Kombination von süßen und scharfen, salzigen und sauren Aromen, und die Konsistenz ist sowohl knusprig als auch bissfest. Diese außergewöhnliche Spezialität lohnt die Zubereitung.

FÜR 1 PERSON

Pflanzenöl zum Frittieren
125 g Reis-Vermicelli
Für die Sauce:
2 EL Pflanzenöl
125 g gebratener Tofu, in dünne Streifen geschnitten
2 Knoblauchzehen, fein gehackt
2 kleine Schalotten, fein gehackt
1 EL helle Sojasauce
2 EL Palmzucker oder brauner Zucker
4 EL Gemüsebrühe
Frisch gepresster Saft von 1 Limette
1/2 TL getrocknete Chiliflocken
Für die Garnitur:
1 EL Pflanzenöl
1 Ei, leicht verquirlt mit 1 EL kaltem Wasser
25 g Bohnensprossen
1 Frühlingszwiebel, in dünne Streifen geschnitten
1 frische rote Chilischote, von Stielansatz, Samen und Scheidewänden befreit und fein gehackt
1 ganze eingelegte Knoblauchknolle, quer in Scheiben geschnitten, sodass jede Scheibe wie eine Blüte aussieht

1 Das Öl zum Frittieren in einem Wok auf 180 °C erhitzen, sodass ein Brotwürfel in etwa 45 Sekunden darin bräunt. Die Nudeln hineingeben und goldbraun und knusprig frittieren. Auf Küchenpapier abtropfen lassen, beiseite stellen.

2 Für die Sauce das Öl in einem Wok erhitzen und den Tofu darin bei mittlerer Hitze knusprig braten. Mit einem Schaumlöffel auf einen Teller heben.

3 Knoblauch und Schalotten in den Wok geben und goldbraun anschwitzen. Sojasauce, Zucker, Brühe, Limettensaft und Chiliflocken hinzufügen und rühren, bis die Mischung zu karamellisieren beginnt.

4 Den Tofu darin pfannenrühren, bis er einen Teil der Flüssigkeit aufgenommen hat. Den Wok beiseite stellen.

5 Für die Eiergarnitur das Öl in einem weiteren Wok oder einer Pfanne erhitzen. Das Ei in dünnen Streifen hineingießen. Sobald es stockt, mit einem Metallspatel auf einen Teller heben.

6 Die frittierten Nudeln leicht zerkrümeln, unter die Tofusauce mischen und in vorgewärmten Schalen anrichten. Mit den Bohnensprossen, Frühlingszwiebel, der Eiergarnitur, Chili und Knoblauchscheiben garnieren. Sofort servieren.

Küchentipp
Beim Frittieren kommt es auf das verwendete Öl und die jeweilige Temperatur an. Ein neutrales Öl wie Sonnenblumenöl verändert den Geschmack der Speisen nicht. Jedes Öl fängt jedoch bei einer bestimmten Temperatur zu rauchen an – dem »Rauchpunkt«, an dem es seine Struktur verändert. Den höchsten Rauchpunkt hat Erdnussöl.

Süß-scharfe Gemüsenudeln

Dieses Nudelgericht mag zwar in der Farbe an Feuer erinnern, es bringt aber eine nur milde Schärfe mit. Ingwer und Pflaumensauce sorgen für einen fruchtigen Geschmack und der Limettensaft für eine feine Säure.

FÜR 4 PERSONEN

125 g getrocknete Reisnudeln
2 EL Erdnussöl
2,5 cm frische Ingwerwurzel, in dünne Stifte geschnitten
1 Knoblauchzehe, zerdrückt
125 g Bambussprossen aus der Dose, in dünne Stifte geschnitten
2 mittelgroße Möhren, in dünne Stifte geschnitten
125 g Bohnensprossen
1 kleiner Kopf Weißkohl, gehobelt
2 EL Thai-Fischsauce
2 EL Sojasauce
2 EL Pflaumensauce
2 TL Sesamöl
1 EL Palmzucker oder brauner Zucker
Frisch gepresster Saft von 1/2 Limette
100 g Daikon-Rettich, in dünne Stifte geschnitten
1 kleines Bund frisches Koriandergrün, gehackt
4 EL Sesamsamen, geröstet

1 Die Nudeln in reichlich kochendem Wasser garen, Packungsaufschrift beachten. Inzwischen das Öl in einem Wok erhitzen. Den Ingwer und Knoblauch darin 2–3 Minuten bei mittlerer Hitze goldbraun pfannenrühren.

2 Die Nudeln abgießen und beiseite stellen. Die Bambussprossen im Wok bei starker Hitze 5 Minuten pfannenrühren. Möhren, Bohnensprossen und Weißkohl hinzufügen und weitere 5 Minuten pfannenrühren, bis sie an den Rändern leicht braun werden.

3 Die Saucen, Sesamöl, Zucker und Limettensaft einrühren. Daikon-Rettich und Koriandergrün, anschließend die Nudeln untermischen. Anrichten, mit Sesamsamen bestreuen, sofort servieren.

Küchentipp
Wer keinen Gemüsehobel hat, kann den Kohl mit einem großen scharfen Messer in dünne Streifen schneiden. Dafür den Kohl vierteln. Die Strunke von den einzelnen Vierteln wegschneiden. Den Kohl in sehr dünne Streifen schneiden.

Nudelcurry aus Südthailand

Als Eiweißlieferant kann man Huhn oder Schweinefleisch verwenden. Dieses Gericht lässt sich schnell und leicht zubereiten – der ideale Snack für viel beschäftigte Leute.

FÜR 2 PERSONEN

2 EL Pflanzenöl
2 TL Namya-Paste
1 Stängel Zitronengras, fein gehackt
1 TL rote Thai-Currypaste
100 g Hühnerbrust ohne Haut und Knochen oder Schweinefilet, in dünne Scheibchen geschnitten
2 EL helle Sojasauce
400 ml Kokosmilch
2 Blätter der Kaffirlimette, zu Zylindern gerollt und in dünne Streifen geschnitten
250 g getrocknete mitteldicke Eiernudeln
100 g Chinakohl, gehobelt
100 g Brunnenkresse oder Spinatblätter, in Streifen geschnitten
Frisch gepresster Saft von 1 Limette
1 kleines Bund frisches Koriandergrün, gehackt

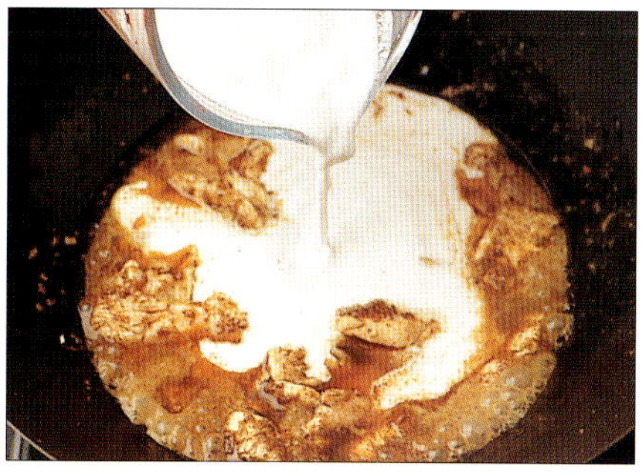

1 Das Öl in einem Wok oder einer großen, schweren Pfanne erhitzen. Die Namya-Paste und das Zitronengras darin bei mittlerer Hitze 4–5 Minuten pfannenrühren, bis sie zu duften beginnen.

2 Die Currypaste einrühren und das Fleisch hinzugeben. Bei mittlerer bis starker Hitze 2 Minuten pfannenrühren, bis die Fleischstücke mit der Paste überzogen und schön gebräunt sind.

3 Die Sojasauce und Kokosmilch einrühren und die Limettenblätter dazugeben. Zum Köcheln bringen und die Nudeln hinzufügen. 4 Minuten sanft köcheln lassen, dabei ab und zu durchrühren, damit die Nudeln gleichmäßig gar werden.

4 Chinakohl und Brunnenkresse gründlich untermischen und den Limettensaft hinzugießen. In vorgewärmten Schalen anrichten, mit Koriandergrün bestreuen.

Chiang-Mai-Nudeln

Für dieses interessante Nudelgericht werden weich gekochte und knusprig frittierte Nudeln miteinander kombiniert. Hinzu kommt das klassische Spektrum süßer, scharfer und saurer Thai-Aromen.

FÜR 4 PERSONEN

250 g Kokoscreme
1 EL Namya-Paste
1 TL rote Thai-Currypaste
450 g entbeinte Hühnerschenkel, in kleine Stücke gehackt
2 EL dunkle Sojasauce
2 rote Paprikaschoten, von Stielansatz, Samen und Scheidewänden befreit und klein gewürfelt
600 ml Hühner- oder Gemüsebrühe
100 g frische oder getrocknete Reisnudeln

Für die Garnitur:

Pflanzenöl zum Frittieren
100 g dünne getrocknete Reisnudeln
2 eingelegte Knoblauchzehen, gehackt
1 kleines Bund frisches Koriandergrün, gehackt
2 Limetten, in Spalten geschnitten

1 Die Kokoscreme in einen großen Wok oder eine Pfanne füllen und bei mittlerer Hitze zum Kochen bringen. Unter ständigem Rühren 8–10 Minuten kochen lassen, bis sich die Milch absetzt und die Oberfläche ölig schimmert.

2 Die Namya-Paste und die rote Currypaste dazugeben und 3–5 Sekunden pfannenrühren, bis sie zu duften beginnen.

3 Das Fleisch hinzufügen und pfannenrühren, bis es rundum fest wird. Die Sojasauce und Paprikawürfel unterrühren und 3–4 Minuten pfannenrühren. Die Brühe hinzugießen, aufkochen und bei schwacher Hitze 10–15 Minuten köcheln lassen, bis das Fleisch gar ist.

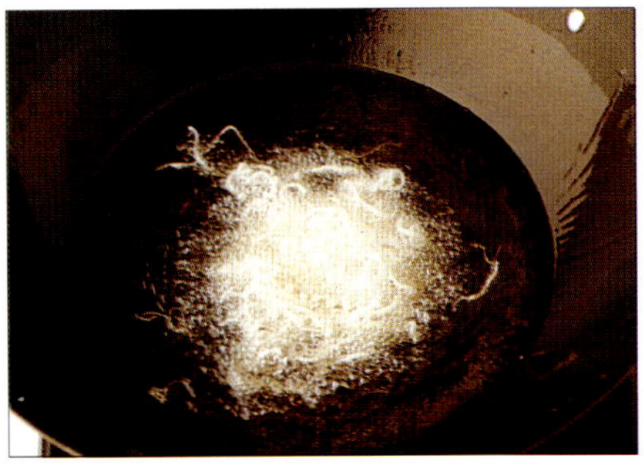

4 Inzwischen die Nudelgarnitur zubereiten. Dafür das Öl in einem Topf auf 180 °C erhitzen, sodass ein Brotwürfel in etwa 45 Sekunden darin bräunt. Die Nudeln in der Mitte durchbrechen und in 4 Portionen teilen. Jeweils 1 Portion ins heiße Öl gleiten lassen und knusprig frittieren. Sie blähen sich beim Kontakt mit dem heißen Öl sofort auf. Zügig mit einem Schaumlöffel herausheben und auf Küchenpapier abtropfen lassen.

5 In einem großen Topf Wasser zum Kochen bringen und die frischen oder getrockneten Nudeln darin nach Packungsaufschrift weich garen. Abgießen, kurz abtropfen lassen und auf vorgewärmte Teller verteilen. Die Sauce darüber schöpfen. Mit jeweils 1 Portion frittierten Nudeln garnieren und mit Knoblauch und Koriandergrün bestreuen. Die Limettenspalten zum Auspressen daneben anrichten.

Küchentipp

Wer dieses Gericht für Gäste zubereiten möchte, kann Zeit sparen und die Nudelgarnitur bereits einige Stunden im Voraus frittieren. Die frittierten Nudeln auf Küchenpapier gut abtropfen lassen. Ein Kuchengitter mit frischem Küchenpapier belegen, die Nudeln darauf verteilen und bis zum Anrichten beiseite stellen.

Glasnudeln mit Schweinefleisch und Bohnensprossen

Eine wunderbare Methode, Glasnudeln zuzubereiten, ist dieses einfache, schnelle und sehr schmackhafte Gericht. Man schätzt es in ganz Thailand.

FÜR 2 PERSONEN

200 g Glasnudeln
2 EL Pflanzenöl
1 EL Namya-Paste
200 g Schweinehackfleisch
1 frische grüne oder rote Chilischote, von Stielansatz, Samen und Scheidewänden befreit und fein gehackt
300 g Bohnensprossen
1 Bund Frühlingszwiebeln, fein gehackt
2 EL Sojasauce
2 EL Thai-Fischsauce
2 EL süße Chilisauce
1 EL Palmzucker oder brauner Zucker
2 EL Reisessig
2 EL geröstete Erdnüsse, gehackt, zum Garnieren
1 kleines Bund frisches Koriandergrün, gehackt, zum Garnieren

1 Die Glasnudeln in einer großen Schüssel mit heißem Wasser bedecken und 10 Minuten weichen lassen. Abgießen, abtropfen lassen und beiseite stellen.

2 Das Öl in einem Wok erhitzen und die Namya-Paste darin 2–3 Sekunden rühren. Das Fleisch dazugeben und 2–3 Minuten pfannenrühren, bis es krümelig zerfällt und gleichmäßig gebräunt ist. Dazu einen Holzspatel verwenden.

3 Die Chili hinzufügen und 3–4 Minuten unter Rühren mitbraten. Die Bohnensprossen und die Frühlingszwiebeln nacheinander dazugeben und jeweils einige Sekunden pfannenrühren.

4 Die Nudeln in 5 cm lange Stücke schneiden und mit der Soja-, Fisch- und Chilisauce sowie dem Zucker und dem Reisessig in den Wok geben. Alles gründlich vermischen und die Nudeln unter Rühren schön heiß werden lassen. Auf eine Platte häufen. Mit Erdnüssen und Koriandergrün bestreuen und sofort servieren.

Variante
Das Gericht schmeckt auch mit Huhn sehr gut. Dafür das Schweinehackfleisch durch die gleiche Menge gehacktes Hühnerfleisch ersetzen.

Nudeln mit Gemüse in Kokossauce

Selbst aus den einfachsten Gemüsesorten entsteht bei dieser Zubereitung eine echte Delikatesse, der niemand widerstehen kann. Die Nudeln sorgen für Sättigung und eine besondere Konsistenz.

FÜR 4–6 PERSONEN

2 EL Sonnenblumenöl
1 Stängel Zitronengras, fein gehackt
1 EL rote Thai-Currypaste
1 Zwiebel, in dicke Scheiben geschnitten
3 Zucchini, in dicke Scheiben geschnitten
115 g Wirsing, in dicke Streifen geschnitten
2 Möhren, in dicke Scheiben geschnitten
150 g Brokkoli, die Stängel in dicke Scheiben geschnitten, die Röschen zerteilt
2 Dosen Kokosmilch (je 400 ml)
475 ml Gemüsebrühe
150 g getrocknete Eiernudeln
1 EL Thai-Fischsauce
2 EL Sojasauce
4 EL gehacktes frisches Koriandergrün
Für die Garnitur:
2 Stängel Zitronengras
1 Bund frisches Koriandergrün
8–10 kleine, frische rote Chilischoten

1 Das Öl in einem großen Topf oder Wok erhitzen und das Zitronengras sowie die Currypaste darin 2–3 Sekunden pfannenrühren. Die Zwiebel dazugeben und bei mittlerer Hitze in 5–10 Minuten weich braten, aber nicht bräunen. Ab und zu durchrühren.

2 Die Zucchini, den Wirsing, die Möhren und Brokkolistängel hinzufügen. Das Gemüse mit zwei Holzlöffeln unter die Zwiebel mischen. Die Hitze reduzieren, weitere 5 Minuten unter gelegentlichem Rühren sanft garen.

3 Bei mittlerer Hitze die Kokosmilch und Gemüsebrühe einrühren und zum Kochen bringen. Die Brokkoliröschen und die Nudeln untermischen. Bei niedriger Temperatur 20 Minuten sanft köcheln lassen.

4 In der Zwischenzeit die Garnitur zubereiten. Dafür das Zitronengras längs halbieren. Das Koriandergrün am Rand einer Servierplatte zu einem Ring anordnen.

5 Die Zitronengrashälften gleichmäßig in das Koriandergrün stecken und die Chilis wie Blüten dazwischen legen.

6 Die Fisch- und Sojasauce mit dem gehackten Koriandergrün unter die Nudeln rühren. Das Gericht auf der Platte anrichten, ohne den Kräuterring zu zerstören. Sofort servieren.

Knusprig frittierte Thai-Nudeln mit Rindfleisch

Bevor man die Reis-Vermicelli an dieses Gericht gibt, werden sie knusprig frittiert. Dabei blähen sie sich fast auf ihre vierfache Größe auf.

FÜR 4 PERSONEN

450 g Rumpsteak
Teriyaki-Sauce (aus Sojasauce und süßem Reiswein gekocht; japanisch) zum Bestreichen
175 g Reis-Vermicelli
Erdnussöl zum Frittieren und Pfannenrühren
8 Frühlingszwiebeln, diagonal in Scheiben geschnitten
2 Knoblauchzehen, zerdrückt
4–5 Möhren, in dünne Stifte geschnitten
1–2 frische rote Chilischoten, von Stielansatz, Samen und Scheidewänden befreit und in dünne Streifen geschnitten
2 kleine Zucchini, diagonal in Scheiben geschnitten
1 TL geriebene frische Ingwerwurzel
4 EL Reisessig
6 EL helle Sojasauce
Etwa 475 ml würzige Gemüsebrühe

1 Das Steak flach klopfen, es soll etwa 2,5 cm dick sein. In eine flache Schale legen, mit der Teriyaki-Sauce bestreichen und 2–4 Stunden marinieren.

2 Die Reis-Vermicelli in kleine Portionen zerteilen. Einen großen Wok etwa 5 cm hoch mit Öl füllen und dieses erhitzen, sodass eine Nudel beim Eintauchen in das heiße Öl sofort gart.

3 Eine Portion Reis-Vermicelli vorsichtig in das heiße Öl gleiten lassen und zügig wenden, um die Nudeln auch von der anderen Seite zu frittieren. Herausheben und auf Küchenpapier abtropfen lassen. Mit den übrigen Portionen ebenso verfahren. Die fertigen Vermicelli in eine Schüssel legen und warm halten.

4 Das Öl aus dem Wok in eine hitzebeständige Schüssel abseihen und beiseite stellen. In dem sauberen Wok 1 Esslöffel Erdnussöl erhitzen. Sobald es zischt, das Steak darin von beiden Seiten je 30 Sekunden braten. Auf ein Brett legen und in dicke Streifen schneiden. Das Fleisch sollte außen schön braun, im Innern aber noch rosa sein. Beiseite stellen.

5 Noch etwas Öl in den Wok gießen. Die Frühlingszwiebeln, Knoblauch und Möhren darin bei mittlerer Hitze 5–6 Minuten pfannenrühren, bis die Möhren bissfest sind und glänzen. Die Chilis, Zucchini und den Ingwer hinzugeben und 1–2 Minuten ebenfalls pfannenrühren.

6 Reisessig, Sojasauce und Gemüsebrühe unterrühren und 4 Minuten köcheln lassen, bis die Sauce leicht eindickt. Das Fleisch zurück in den Wok geben und weitere 1–2 Minuten in der Sauce garen.

7 Das Fleisch mit dem Gemüse und der Sauce über die Nudeln schöpfen und vorsichtig untermischen. Sofort servieren.

Küchentipp
Sobald man die Fleischmischung zu den Nudeln gibt, werden diese weich. Sollen jedoch einige als knusprige Garnitur dienen, diese unmittelbar vor dem Servieren auf die Oberfläche streuen.

Beilagen

Genau genommen besteht eine thailändische Mahlzeit aus mehreren gleichwertigen Gerichten und nicht aus einer Hauptspeise mit Beilagen. Doch um die Menüplanung zu erleichtern, werden hier einige kleine Gemüsebeilagen und Salate zusammengestellt, die besonders gut zu den thailändischen Spezialitäten mit Fleisch, Geflügel, Fisch und Gemüse passen. Ihre klassische Kombination von knusprigen Texturen und süßem, scharfem, würzigem und aromatischem Geschmack ist die ideale Ergänzung zu den Currys und Hauptgerichten in diesem Buch.

Salat von grüner Papaya

In Südostasien kennt man diesen Salat in vielen Varianten. Bei uns ist grüne Papaya allerdings nicht so leicht zu bekommen; als Ersatz eignen sich fein geraspelte Möhren, Salatgurke, ein knackiger grüner Apfel oder sogar dünn gehobelter Weißkohl.

FÜR 4 PERSONEN

1 grüne Papaya
4 Knoblauchzehen, grob gehackt
1 EL gehackte Schalotten
3–4 frische rote Chilischoten, von Stielansatz, Samen und Scheidewänden befreit und in Scheiben geschnitten
1/2 TL Salz
2–3 Spargelbohnen oder 6 grüne Buschbohnen, in 2 cm lange Stücke geschnitten
2 Tomaten, in dünne Spalten geschnitten
3 EL Thai-Fischsauce
1 EL extrafeiner Zucker
Frisch gepresster Saft von 1 Limette
2 EL zerstoßene geröstete Erdnüsse
Frische rote Chilis in Scheiben zum Garnieren

1 Die Papaya längs halbieren. Die Samen mit einem Löffel herauskratzen und wegwerfen. Die Papaya mit einem Sparschäler oder einem kleinen, scharfen Messer schälen. Das Fleisch in der Küchenmaschine oder auf einer Reibe fein raspeln.

2 Den Knoblauch, die Schalotten, die Chilis und das Salz in einem großen Mörser zu einer pastenartigen Masse zerreiben. Die geraspelte Papaya in jeweils nur kleinen Portionen dazugeben und kräftig zerstoßen, bis sie weich wird.

3 Die Spargel- oder Buschbohnen und die Tomatenspalten hinzufügen, diese aber nur leicht zerstoßen und dabei untermischen.

4 Die Mischung mit der Fischsauce, dem Zucker und dem Limettensaft würzen. In einer Servierschüssel anrichten und mit den zerstoßenen Erdnüssen bestreuen. Den Salat mit den Chilischeiben garnieren und sofort servieren.

Rohes Gemüse-Yam

Das Wort »Yam« bezieht sich hier nicht auf das stärkereiche Gemüse, das an Süßkartoffeln erinnert, sondern beschreibt eine spezielle thailändische Küchentechnik. Yam-Gerichte sind Salate mit rohem oder kurz gegartem Gemüse und einer besonders würzigen Sauce.

FÜR 4 PERSONEN

50 g Brunnenkresse oder junger Spinat, gehackt
1/2 Salatgurke, klein gewürfelt
2 Stangen Bleichsellerie, klein gewürfelt
2 Möhren, klein gewürfelt
1 rote Paprikaschote, von Stielansatz, Samen und Scheidewänden befreit und klein gewürfelt
2 Tomaten, von Stielansatz und Samen befreit und klein gewürfelt
1 kleines Bund frische Minze, gehackt
100 g Glasnudeln

Für die Yam-Sauce:
2 kleine, frische rote Chilischoten, von Stielansatz, Samen und Scheidewänden befreit und fein gehackt
4 EL helle Sojasauce
3 EL frisch gepresster Zitronensaft
1 TL Palmzucker oder hellbrauner Zucker
4 EL Wasser
1 eingelegte Knoblauchknolle, fein gehackt, sowie 1 EL Essigsud aus dem Knoblauchglas
50 g geröstete Erdnüsse, gehackt
100 g gebratener Tofu, fein gehackt
1 EL Sesamsamen, geröstet

1 Brunnenkresse oder Spinat, Salatgurke, Sellerie, Möhren, rote Paprika und Tomaten in eine Schüssel füllen. Mit der gehackten Minze locker vermischen.

2 Die Glasnudeln in kochend heißem Wasser 3 Minuten oder nach Packungsaufschrift einweichen. Abgießen und gut abtropfen lassen. In kürzere Stücke schneiden, unter das Gemüse mischen.

3 Für die Yam-Sauce die gehackten Chilis mit Sojasauce, Zitronensaft, Zucker und Wasser in einen Topf füllen. Bei mittlerer Hitze aufsetzen und rühren, bis sich der Zucker gelöst hat. Den Knoblauch mit dem Essigsud hinzugeben und die Erdnüsse, den Tofu sowie die gerösteten Sesamsamen untermischen.

4 Die Sauce über das Gemüse und die Nudeln gießen, gründlich untermischen und den Salat sofort servieren.

Varianten
Für dieses Rezept eignet sich im Grunde fast jedes Salatgemüse, und statt in Würfel kann man es auch in dünne Stifte schneiden, am besten mit einem Gemüsehobel. Die Thais bevorzugen für einen derartigen Salat gleich große Stückchen, sodass man mit einer Gabel voll die verschiedenen Aromen und Texturen auf einmal genießen kann.

Yam nach südthailändischer Art

Die Speisen Südthailands sind für ihre Schärfe berüchtigt. Dank der Nähe zu Malaysia findet man in dieser Region zudem einen Großteil der muslimischen Bevölkerung Thailands, deren Speisen intensivere Curryaromen aufweisen und an die indische Küche erinnern.

FÜR 4 PERSONEN

100 g Chinakohl, gehobelt
100 g Bohnensprossen
100 g grüne Bohnen, Enden weggeschnitten
100 g Brokkoli, vorzugsweise eine violette Sorte, in Röschen zerteilt
1 EL Sesamsamen, geröstet
Für die Yam-Sauce:
4 EL Kokoscreme (siehe Küchentipps)
1 TL rote Thai-Currypaste
100 g Austernpilze oder braune Champignons, in Streifen beziehungsweise Scheiben geschnitten
4 EL Kokosmilch
1 TL gemahlene Kurkuma
1 TL dickflüssiger Tamarindensaft (Tamarindenmark, mit lauwarmem Wasser vermischt)
Frisch gepresster Saft von 1/2 Zitrone
4 EL helle Sojasauce
1 TL Palmzucker oder brauner Zucker

1 Chinakohl, Bohnensprossen, grüne Bohnen und Brokkoli separat dämpfen oder je 1 Minute blanchieren. Abtropfen lassen, in eine Servierschüssel füllen und abkühlen lassen.

2 Für die Yam-Sauce die Kokoscreme in einem Wok oder einer Pfanne 2–3 Minuten sanft erhitzen, bis sie ausflockt. Die Currypaste einrühren. Bei schwacher Hitze 30 Sekunden kochen lassen.

3 Auf starke Hitze schalten und die Pilze hinzufügen. Die Mischung weitere 2–3 Minuten köcheln lassen.

4 Die Kokosmilch einrühren. Kurkuma, den Tamarinden- und Zitronensaft sowie die Sojasauce und den Zucker dazugeben und alles gründlich vermischen.

5 Die Sauce über das vorbereitete Gemüse gießen und sorgfältig untermischen. Mit den gerösteten Sesamsamen bestreuen und sofort servieren.

Küchentipps

- Für dieses Gericht muss man nicht unbedingt Kokoscreme kaufen, sondern kann Kokosmilch aus der Dose oder Packung verwenden. Einfach die auf der Milch schwimmende Creme abheben und 4 Esslöffel davon erhitzen. Die angegebene Menge Kokosmilch wie beschrieben verwenden.
- Je nach Sorte können Austernpilze graubraune, blaugraue, graulila oder gelbe Hüte haben.

Thailändischer Obst-Gemüse-Salat mit Kokos-Dip

Dieser fruchtige Salat wird traditionell zu einem Hauptgericht serviert, er dient als erfrischende Ergänzung zur Schärfe der unverzichtbaren Chilis in den anderen Speisen. Auf diese Weise erzielt man die für die Thai-Küche so typische Harmonie der Aromen.

FÜR 4–6 PERSONEN

1 kleine Ananas
1 kleine Mango, geschält, entsteint, in Scheiben geschnitten
1 grüner Apfel, entkernt, in Scheiben geschnitten
6 Rambutans oder Litschis, geschält und entsteint
115 g grüne Bohnen, von den Enden befreit und halbiert
1 rote Zwiebel, in Scheiben geschnitten
1 kleine Salatgurke, in kurze Stifte geschnitten
115 g Bohnensprossen
2 Frühlingszwiebeln, in Scheiben geschnitten
1 reife Tomate, geviertelt
225 g Römischer oder Eisbergsalat, geputzt
Für den Kokos-Dip:
2 EL Kokoscreme
2 EL Zucker
5 EL kochend heißes Wasser
1/4 TL Chilisauce
1 EL Thai-Fischsauce
Frisch gepresster Saft von 1 Limette

1 Zunächst für den Kokos-Dip die Kokoscreme, Zucker und das heiße Wasser in ein Schraubglas füllen. Chili-, Fischsauce und Limettensaft hinzufügen. Das Glas fest verschließen und kräftig schütteln.

2 Die Enden der Ananas gerade abschneiden und die Frucht schälen. Das holzige Mittelstück mit einem Apfelausstecher entfernen. Als Alternative die Ananas längs halbieren und das Mittelstück jeweils mit einem Messer herausschneiden. Die Ananas in kleine Segmente schneiden und mit den anderen Früchten beiseite stellen.

3 In einem kleinen Topf leicht gesalzenes Wasser zum Kochen bringen. Die grünen Bohnen darin 3–4 Minuten kochen, sodass sie knapp weich sind, also noch einen knackigen »Biss« haben. Abgießen, unter kaltem Wasser abschrecken, abtropfen lassen, beiseite stellen.

4 Zum Servieren die Früchte und sämtliches Gemüse in kleinen Häufchen auf einer Platte oder in einer flachen Schüssel anrichten. Den Dip in eine kleine Schüssel füllen und separat dazu reichen.

Bambussprossensalat

Dieser scharf gewürzte Salat stammt aus dem Nordosten Thailands. Verwenden sollte man dafür ganze Bambussprossen aus der Dose, denn sie haben mehr Geschmack als bereits in Scheiben geschnittene.

FÜR 4 PERSONEN

400 g Bambussprossen aus der Dose, in große Stücke geschnitten
3 EL Klebreis
2 EL gehackte Schalotten
1 EL gehackter Knoblauch
3 EL gehackte Frühlingszwiebeln
2 EL Thai-Fischsauce
2 EL frisch gepresster Limettensaft
1 TL Zucker
1/2 TL getrocknete Chiliflocken
20–25 frische kleine Minzeblätter
1 EL geröstete Sesamsamen

Küchentipp
Der aromatische Klebreis ist im Norden und Nordosten Thailands besonders beliebt. Er wird als Lang- und Rundkornreis im Handel angeboten.

1 Die Bambussprossen unter fließendem kaltem Wasser abspülen, abtropfen lassen und mit Küchenpapier gründlich trockentupfen. Beiseite stellen.

2 Den Reis in einer Pfanne ohne Fett goldbraun rösten. Leicht abkühlen lassen. In einen Mörser füllen und zu feinen Krümeln zerstoßen.

3 Den Reis in einer Schüssel mit Schalotten, Knoblauch, Frühlingszwiebeln, Fischsauce, Limettensaft, Zucker, Chilis und der Hälfte der Minze vermischen.

4 Die Bambussprossen dazugeben und ebenfalls untermischen. Mit den gerösteten Sesamsamen und den restlichen Minzeblättern bestreuen und servieren.

Weißkohlsalat

Hier wird ein eher einfaches Gemüse auf unkomplizierte, aber sehr schmackhafte Weise zubereitet. Das Besondere an diesem farbenfrohen warmen Salat sind die klassischen Thai-Gewürze.

FÜR 4–6 PERSONEN

2 EL Pflanzenöl
2 große, frische rote Chilischoten, von Stielansatz, Samen und Scheidewänden befreit und in dünne Streifen geschnitten
6 Knoblauchzehen, in dünnen Scheiben
6 Schalotten, in dünne Scheiben geschnitten
1 kleiner Kopf Weißkohl, grob gehobelt
2 EL grob gehackte geröstete Erdnüsse zum Garnieren

Für das Dressing:
2 EL Thai-Fischsauce
Abgeriebene Schale von 1 unbehandelten Limette
2 EL frisch gepresster Limettensaft
125 ml Kokosmilch

Variante
Auch Blumenkohl, Brokkoli oder Chinakohl können auf diese Weise pikant zubereitet werden.

1 Zunächst für das Dressing die Fischsauce, Schale und Saft der Limette sowie die Kokosmilch in einer Schüssel kräftig vermischen und beiseite stellen.

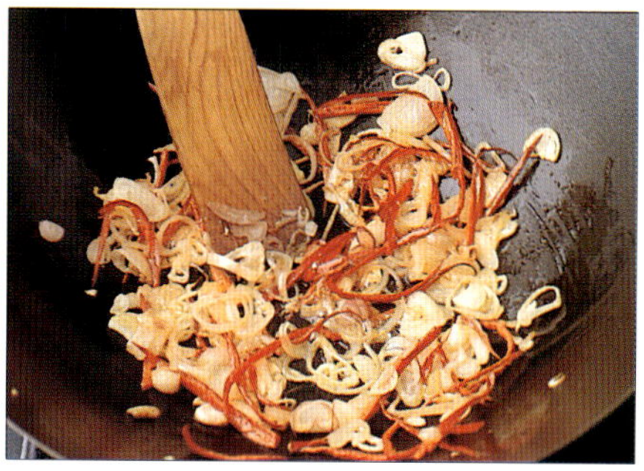

2 Das Öl im Wok erhitzen. Chilis, Knoblauch und Schalotten darin bei mittlerer Hitze 3–4 Minuten pfannenrühren, bis die Schalotten braun und knusprig sind. Mit einem Schaumlöffel herausnehmen.

3 In einem Topf leicht gesalzenes Wasser aufkochen. Den Kohl darin 2–3 Minuten blanchieren. In einem Sieb abtropfen lassen, in eine Schüssel füllen.

4 Das Dressing nochmals durchrühren, über den warmen Kohl gießen und untermischen. In einer Servierschüssel anrichten. Mit der Schalottenmischung und den Erdnüssen bestreuen.

Aromatisch duftende Pilze auf Salatblättern

Diese schnelle und unkomplizierte Beilage wird auf Salatblättern serviert und kann mit den Fingern gegessen werden – ein idealer Snack für Kinder.

FÜR 2 PERSONEN

2 EL Pflanzenöl
2 Knoblauchzehen, fein gehackt
2 Salatherzen, etwa von Römischem oder Eisbergsalat
1 Stängel Zitronengras, fein gehackt
2 Blätter der Kaffirlimette, zu Zylindern gerollt und in dünne Streifen geschnitten
200 g Austernpilze oder braune Champignons, in Scheiben geschnitten
1 kleine, frische rote Chilischote, von Stielansatz, Samen und Scheidewänden befreit und fein gehackt
Frisch gepresster Saft von 1/2 Zitrone
2 EL helle Sojasauce
1 TL Palmzucker oder brauner Zucker
1 kleines Bund frische Minze, nur die Blätter

1 Das Öl in einem Wok oder einer schweren Pfanne erhitzen. Den Knoblauch darin unter gelegentlichem Rühren bei mittlerer Hitze goldbraun werden lassen, aber nicht verbrennen, da er sonst bitter schmeckt.

2 Inzwischen die Salatherzen in ganze Blätter teilen, waschen, gründlich abtropfen lassen und beiseite stellen.

3 Das Zitronengras, die Limettenblätter und die Pilze zum Knoblauch in den Wok geben und bei starker Hitze etwa 2 Minuten pfannenrühren.

4 Die Chili, den Zitronensaft, die Sojasauce und den Zucker dazugeben und alles gründlich vermischen. Bei immer noch starker Hitze weitere 2 Minuten pfannenrühren.

5 Die Salatblätter auf einem großen Teller anrichten. Auf jedes Salatblatt etwas von der Pilzmischung häufen. Mit Minzeblättern garnieren und servieren.

Thai-Spargelsalat

Hier wird Spargel einmal aufregend anders zubereitet. Seine knackige Textur bleibt bewahrt, und der Geschmack wird mit Galgant und Chili noch gesteigert.

FÜR 4 PERSONEN

350 g grüner Spargel
2 EL Pflanzenöl
1 Knoblauchzehe, zerdrückt
1 EL geröstete Sesamsamen
2,5 cm frische Galgantwurzel, geschält und in dünne Streifen geschnitten
1 frische rote Chilischote, von Stielansatz, Samen und Scheidewänden befreit und fein gehackt
1 EL Thai-Fischsauce
1 EL helle Sojasauce
3 EL Wasser
1 TL Palmzucker oder brauner Zucker

Varianten
Statt Spargel eignen sich auch Brokkoli und Pak-Choi. Die Sauce passt ganz hervorragend zu grünen Bohnen.

1 Die holzigen Enden von den Spargelstangen abbrechen und wegwerfen. Sie lösen sich in der Regel leicht von den zarten Stangen. Grüner Spargel muss nicht geschält werden.

2 Das Öl in einem Wok erhitzen. Knoblauch, Sesamsamen und Galgant darin 3–4 Sekunden pfannenrühren, bis der Knoblauch sich gerade goldgelb verfärbt.

3 Spargelstangen und Chili untermischen. Fisch- und Sojasauce, Wasser und Zucker hinzufügen. Alles mit zwei Holzlöffeln durchmischen und weitere 2 Minuten erhitzen, bis der Spargel weich zu werden beginnt und die Flüssigkeit zur Hälfte eingekocht ist.

4 Vorsichtig auf einer vorgewärmten Platte anrichten und sofort servieren.

Pak-Choi mit Kokosmilch-Limetten-Dressing

Das Dressing für diese Thai-Spezialität wird traditionell mit Fischsauce bereitet, Vegetarier können aber stattdessen Pilzsauce verwenden. Feurig scharf ist das Gericht jedoch allemal!

FÜR 4 PERSONEN

2 EL Pflanzenöl
3 frische rote Chilischoten, vom Stielansatz befreit und in dünne Streifen geschnitten
4 Knoblauchzehen, in dünne Scheiben geschnitten
6 Frühlingszwiebeln, diagonal in Scheiben geschnitten
2 Pak-Choi, in Streifen geschnitten
1 EL zerstoßene geröstete Erdnüsse

Für das Dressing:

2 EL frisch gepresster Limettensaft
1–2 EL Thai-Fischsauce
250 ml Kokosmilch

1 Zunächst für das Dressing den Limettensaft mit der Fischsauce in einer Schale verrühren. Nach und nach die Kokosmilch kräftig unterschlagen.

2 Das Öl im Wok erhitzen. Die Chilis darin 2–3 Minuten knusprig pfannenrühren. Mit einem Schaumlöffel auf einen Teller heben. Den Knoblauch ebenfalls im Wok 30–60 Sekunden goldbraun pfannenrühren und auf den Teller heben.

3 Die weißen Teile der Frühlingszwiebeln 2–3 Minuten pfannenrühren. Die grünen Teile hinzufügen, 1 weitere Minute pfannenrühren. Auf einen Teller heben.

4 Den Pak-Choi in leicht gesalzenem Wasser kurz blanchieren. Sofort abgießen.

5 Den Pak-Choi mit den Frühlingszwiebeln in eine große Schüssel füllen, das Dressing untermischen. In einer Servierschüssel anrichten, mit der Chilimischung und den Erdnüssen bestreuen. Warm oder kalt servieren.

Variante
Wer derart scharfe Speisen nicht so gern mag, kann einige oder alle Chilis durch rote Paprikastreifen ersetzen.

Ausgebackenes Gemüse mit Nam prik

Nam prik ist die thailändische Universalsauce. Man kann sie als Würzmittel reichen, doch häufiger dient sie als Dip für frisches oder gegartes Gemüse.

FÜR 4 PERSONEN

- 3 große Eier
- 1 Aubergine, längs halbiert und in lange, dünne Scheiben geschnitten
- 1/2 kleiner Butternusskürbis, geschält, von den Kernen befreit und in lange, dünne Scheiben geschnitten
- 2 Zucchini, von den Enden befreit und in lange, dünne Scheiben geschnitten
- Salz
- Frisch gemahlener schwarzer Pfeffer
- 100 ml Pflanzen- oder Sonnenblumenöl
- *Nam prik* oder süße Chilisauce zum Servieren (siehe Küchentipp)

1 Die Eier in einer großen Schüssel verquirlen. Die Auberginen-, Kürbis- und Zucchinischeiben hineinlegen und mehrmals wenden, bis sie gleichmäßig überzogen sind. Salzen und pfeffern.

2 Das Öl in einem Wok erhitzen und die Gemüsescheiben nacheinander ins heiße Öl einlegen. Immer nur 8 Scheiben auf einmal ausbacken, damit das Öl heiß genug bleibt.

Küchentipp
Nam prik ist eine reichhaltige Sauce, die unter anderem getrocknete Garnelen, Auberginen, Garnelenpaste und Limetten- oder Zitronensaft enthält.

3 Sobald die Gemüsescheiben goldbraun sind, diese mit einem Schaumlöffel herausnehmen. Auf Küchenpapier abtropfen lassen. Warm halten, bis das gesamte Gemüse gebacken ist. Auf einer vorgewärmten Platte anrichten und mit *Nam prik* oder süßer Chilisauce servieren.

Gedämpfter Wasserspinat mit gebratenen Schalotten und Knoblauch

Wasserspinat ist auch unter dem Namen Morning Glory bekannt. Das intensiv grüne Blattgemüse hat schlanke, hohle Stängel und schmale, spitz zulaufende Blätter. Die Stängel bleiben beim Garen knackig, die Blätter werden ähnlich weich wie Spinat.

FÜR 4 PERSONEN

2 Bund Wasserspinat (insgesamt etwa 250 g), in 2,5 cm lange Stücke geschnitten
2 EL Pflanzenöl
4 Schalotten, in dünne Scheiben geschnitten
6 große Knoblauchzehen, in dünne Scheiben geschnitten
Meersalz
1/2 TL getrocknete Chiliflocken

Varianten
Statt Wasserspinat kann man auch kleinblättrigen Spinat verwenden oder aber Brokkoli oder Mangold.

1 Den Wasserspinat im Bambusdämpfkorb über einem Topf mit kochendem Wasser 30 Sekunden dämpfen, bis er gerade zusammenfällt. Falls nötig, portionsweise dämpfen. In einer Schüssel oder auf einer großen Platte anrichten.

2 Das Öl in einem Wok erhitzen. Schalotten und Knoblauch darin bei mittlerer bis starker Hitze goldbraun pfannenrühren. Über dem Wasserspinat verteilen, mit etwas Meersalz und den Chiliflocken bestreuen. Sofort servieren.

Gedämpftes und rohes Gemüse mit Chiang-Mai-Dip

In Thailand werden gedämpftes und rohes (manchmal auch nur blanchiertes) Gemüse häufig kombiniert, denn gegensätzliche Texturen sind ein besonders beliebtes Merkmal der Thai-Küche. Darüber hinaus ist das Gemüse auf diese Art ausgesprochen gesund.

FÜR 4 PERSONEN

1 Kopf Brokkoli, in Röschen zerteilt
125 g grüne Bohnen, Enden weggeschnitten
125 g grüner Spargel, holzige Enden entfernt
1/2 Kopf Blumenkohl, in Röschen zerteilt
8 Baby-Maiskolben
125 g Zuckerschoten
Salz

Für den Chiang-Mai-Dip:

1 frische grüne Chilischote, von Stielansatz, Samen und Scheidewänden befreit
4 Knoblauchzehen, geschält
4 Schalotten, geschält
2 Tomaten, vom Stielansatz befreit und halbiert
5 Pea-Auberginen
2 EL frisch gepresster Zitronensaft
2 EL Sojasauce
1/2 TL Salz
1 TL Zucker

1 Brokkoli, grüne Bohnen, Spargel und Blumenkohl in einem Bambusdämpfkorb über einem Topf mit kochendem Wasser etwa 4 Minuten dämpfen, bis das Gemüse weich ist, aber noch »Biss« hat. Mit den Maiskolben und Zuckerschoten in eine Schüssel geben. Mit etwas Salz würzen. Durchmischen und beiseite stellen.

2 Für den Dip den Backofengrill vorheizen. Die Chili, den Knoblauch, die Schalotten, Tomaten und Pea-Auberginen in Alufolie wickeln. Im Ofen 10 Minuten grillen, bis das Gemüse weich ist. Dabei das Paket ein- bis zweimal wenden.

3 Aus der Folie nehmen und in einen Mörser oder die Küchenmaschine füllen. Den Zitronensaft, die Sojasauce, Salz und Zucker hinzufügen und zu einer relativ flüssigen Paste verarbeiten. Den Dip in eine Servierschale oder einzelne Schälchen füllen. Zu dem gedämpften und rohen Gemüse reichen.

Varianten

Man kann nach Belieben auch andere Gemüsesorten verwenden. Statt Blumenkohl eignet sich etwa Pak-Choi, die Baby-Maiskolben kann man durch rohe kleine Möhren ersetzen und die Zuckerschoten durch kleine, feste Champignons.

Pfannengerührte Ananas mit Ingwer

Diese raffinierte Beilage passt gut zu Grillfleisch und kräftig gewürztem Fisch, etwa Thunfisch oder Schwertfisch. Man verwendet diese zunächst fremd erscheinende Spezialität ähnlich wie ein frisches Mango-Chutney, nur wird in diesem Fall frische Ananas verwendet.

FÜR 4 PERSONEN

1 Ananas
1 EL Pflanzenöl
2 Knoblauchzehen, fein gehackt
2 Schalotten, fein gehackt
5 cm frische Ingwerwurzel, geschält und in dünne Stifte geschnitten
2 EL helle Sojasauce
Frisch gepresster Saft von 1/2 Limette
1 große, frische rote Chilischote, von Stielansatz, Samen und Scheidewänden befreit und in dünne Streifen geschnitten

Variante
Diese Beilage schmeckt statt mit Ananaswürfeln auch mit Pfirsichen oder Nektarinen ganz hervorragend. Je nach Größe 3–4 Früchte verwenden.

1 Die Ananas schälen, das holzige Mittelstück entfernen, das Fleisch würfeln.

2 Das Öl im Wok erhitzen. Den Knoblauch und die Schalotten darin bei mittlerer Hitze 2–3 Minuten goldbraun pfannenrühren. Den Knoblauch aber nicht verbrennen, da er sonst bitter schmeckt.

3 Die Ananaswürfel dazugeben und etwa 2 Minuten ebenfalls pfannenrühren, bis sie an den Rändern goldbraun werden.

4 Ingwer, Sojasauce, Limettensaft und gehackte Chili hinzufügen. Alles gut vermischen. Bei schwacher Hitze weitere 2 Minuten rühren. Servieren.

Scharfe Schalotten-Pickles

Wer Schalotten auf diese Weise einlegen möchte, braucht etwas Geduld, bis der Essig und die Gewürze wahre Wunder bewirken. Das Ergebnis ist das Warten also wert. In dünnen Scheiben werden die Schalotten häufig als würzige Beigabe zu südostasiatischem Essen gereicht.

ERGIBT 2–3 GLÄSER

5–6 kleine rote oder grüne Vogelaugen-Chilis
500 g thailändische rosa Schalotten, geschält
2 große Knoblauchzehen, geschält und halbiert, grüne Triebe entfernt

Für den Essigsud:

3 EL Zucker
2 TL Salz
5 cm frische Ingwerwurzel, geschält und in Scheiben geschnitten
1 EL Koriandersamen
2 Stängel Zitronengras, längs halbiert
4 Blätter der Kaffirlimette oder dünne Streifen unbehandelte Limettenschale
600 ml Apfelessig
1 EL gehacktes frisches Koriandergrün

1 Die Chilis entweder im Ganzen verwenden oder halbieren und von Stielansatz, Samen und Scheidewänden befreien. Werden sie ganz verwendet, die Chilis mehrmals mit einem Holzspieß einstechen. In einem großen Topf Wasser aufkochen. Die Chilis, die Schalotten und den Knoblauch darin 1–2 Minuten blanchieren. Abgießen, unter fließendem kaltem Wasser abspülen und abtropfen lassen.

2 Für den Essigsud Zucker, Salz, Ingwer, Koriandersamen, Zitronengras und Limettenblätter oder Limettenschale in einem Topf mit dem Essig begießen. Zum Kochen bringen, 3–4 Minuten bei reduzierter Hitze köcheln lassen. Abkühlen lassen.

3 Den Ingwer entfernen und wegwerfen, den Sud wieder aufkochen. Koriandergrün, blanchierten Knoblauch und Chilis hineingeben, 1 Minute kochen lassen.

4 Die Schalotten in sterilisierte Gläser füllen und dazwischen Zitronengras, Limettenblätter, Chilis und Knoblauch verteilen. Den heißen Essig darüber gießen. Abkühlen lassen, fest verschließen. 2 Monate dunkel reifen lassen.

Küchentipps

- Bei der Herstellung von Pickles dürfen die Schüsseln und Töpfe, die mit dem Essig in Berührung kommen, nicht auf die Säure reagieren. Am besten eignen sich Porzellan- und Glasschalen sowie Töpfe aus Edelstahl.
- Verwendet man zum Einlegen Gläser mit Metalldeckeln, dürfen diese nicht in Kontakt mit dem Essig kommen. Die Säure lässt das Metall korrodieren. Ideal sind Plastik- oder Glasdeckel mit Gummiringen. Bei Metalldeckeln muss man das Glas zuvor mit Klarsichtfolie oder Wachspapier abdecken.
- Vorsicht beim Umgang mit heißen Einmachgläsern! Nach dem Sterilisieren sollte man sie leicht abkühlen lassen und erst dann füllen. Sie dürfen jedoch nicht ganz erkalten, da sie beim Einfüllen des heißen Essigsuds sonst springen könnten.

Desserts

Nach einem gut gewürzten Essen serviert man in Thailand gewöhnlich eine Platte mit frischen Früchten – oft wunderschön »geschnitzt« –, um den Gaumen zu erfrischen. Auch Eiscreme ist sehr verbreitet, insbesondere aus Wassermelonen und frischem Limettensaft. Die Thais lieben jedoch auch gehaltvolle Süßigkeiten und holen sich ihre liebsten Leckereien oft vom Stand eines Nachtmarktes, wo sie auf Palmblättern oder mit Blütendekorationen angeboten werden. Gern isst man außerdem frittierte Bananen und gebratene Ananas.

Wassermeloneneis

Nach einem scharfen und würzigen Thai-Essen gibt es nur ein Dessert, das noch erfrischender ist als eine eisgekühlte Wassermelone – dieses Wassermeloneneis. Die Herstellung ist ganz einfach.

FÜR 4–6 PERSONEN

6 EL extrafeiner Zucker
100 ml Wasser
4 Blätter der Kaffirlimette, in ganz kleine Stücke zerpflückt
500 g Wassermelone

1 Den Zucker, das Wasser und die Limettenblätter in einen Topf füllen und unter gelegentlichem Rühren leicht erhitzen, bis sich der Zucker gelöst hat. In eine große Schüssel umfüllen und zum Abkühlen beiseite stellen.

2 Die Wassermelone in Spalten schneiden. Das Fleisch von der Schale schneiden, von den Kernen befreien und hacken.

3 In der Küchenmaschine zu einer weichen Masse pürieren und mit der Zuckermischung verrühren. Für 3–4 Stunden in den Kühlschrank stellen.

4 Die Mischung in einen tiefkühlgeeigneten Behälter füllen und für 2 Stunden ins Tiefkühlfach stellen. Herausnehmen und mit einer Gabel durchrühren, um die Eiskristalle aufzubrechen. Weitere 3 Stunden zu Fruchteis gefrieren lassen, dabei alle 30 Minuten durchrühren.

5 Als Alternative das Eis in der Eismaschine bereiten. Dafür die gekühlte Mischung in die Maschine gießen und gefrieren lassen. Das Wassermeloneneis sofort servieren oder in einem geeigneten Behälter ins Tiefkühlfach stellen.

6 Etwa 30 Minuten vor dem Servieren das Eis in den Kühlschrank stellen, damit es weicher wird. So entfaltet sich der Geschmack besonders gut, und das Eis lässt sich besser portionieren.

Kokos-Zitronengras-Eiscreme

Die Kombination von Crème double oder Sahne und Kokosmilch ergibt eine wunderbar üppige Eiscreme. Hinzu kommt ein ganz zartes, aber köstliches Zitronengrasaroma.

FÜR 4 PERSONEN

2 Stängel Zitronengras
475 ml Crème double oder Sahne
125 ml Kokosmilch
4 große Eier
100 ml extrafeiner Zucker
1 TL Vanilleessenz

1 Das Zitronengras längs halbieren und mit einem Nudelholz flach klopfen. Dadurch werden die Fasern aufgebrochen und das Aroma freigesetzt.

2 Die Crème double oder Sahne mit der Kokosmilch und dem Zitronengras in einen Topf füllen. Unter ständigem Rühren langsam erhitzen, bis die Mischung zu köcheln beginnt.

3 Die Eier mit dem Zucker und der Vanilleessenz in einer großen Schüssel mit dem Handrührgerät zu einer lockeren, luftigen Masse aufschlagen.

4 Die Kokosmilchmischung in eine hitzebeständige Schüssel abseihen, die auf einen Topf mit köchelndem Wasser passt. Die Eiermasse unterschlagen, die Schüssel auf den Topf setzen und schlagen, bis die Mischung eindickt. Herunternehmen, abkühlen lassen. Für 3–4 Stunden in den Kühlschrank stellen.

5 Die Mischung in einen tiefkühlgeeigneten Behälter füllen und 4 Stunden zu Eiscreme gefrieren lassen. Dabei stündlich mit einer Gabel durchrühren, um die Eiskristalle aufzubrechen.

6 Als Alternative das Eis in der Eismaschine bereiten. Dafür die gekühlte Mischung in die Maschine gießen und gefrieren lassen. Das fertige Eis sofort servieren oder im geeigneten Behälter einfrieren.

7 Etwa 30 Minuten vor dem Servieren die Eiscreme in den Kühlschrank stellen, damit sie etwas weicher wird. Zu Kugeln portionieren und servieren.

Variante
Kokos-Mango-Eiscreme: 2 Dosen Mangostücke in Sirup (je 400 Gramm) in der Küchenmaschine pürieren und vor dem Kaltstellen unter die Kokosmilch-Eier-Mischung rühren. Die fertige Eiscreme reicht für 6 Personen.

Papayas mit Jasminblütensirup

Der duftende Sirup lässt sich im Voraus mit frischen Jasminblüten von einer Zimmerpflanze oder aus dem Garten zubereiten. Die Papayas passen wunderbar dazu, aber auch viele andere Desserts harmonieren gut mit dem Sirup, etwa Eiscreme, Litschis oder Mangos.

FÜR 2 PERSONEN

100 ml Wasser
3 EL Palmzucker oder brauner Zucker
20–30 Jasminblüten, zusätzlich einige Jasminblüten zum Garnieren (nach Belieben)
2 reife Papayas
Frisch gepresster Saft von 1 Limette

Küchentipp
Die so herrlich duftenden weißen Jasminblüten kann man bedenkenlos essen, doch sollte man vorher unbedingt sicherstellen, dass sie nicht mit Pestiziden oder anderen schädlichen Chemikalien behandelt wurden. Diese lassen sich nämlich durch Waschen nicht vollständig entfernen.

1 Wasser und Zucker in einen kleinen Topf füllen. Unter gelegentlichem Rühren sanft erhitzen, bis sich der Zucker gelöst hat. Bei schwacher Hitze 4 Minuten köcheln lassen, ohne zu rühren.

2 In einer Schüssel leicht abkühlen lassen und die Jasminblüten hinzufügen. Mindestens 20 Minuten ziehen lassen.

3 Die Papayas schälen, längs halbieren. Die Kerne mit einem Löffel auslösen und wegwerfen. Je 2 Hälften auf einen Teller legen, mit Limettensaft beträufeln.

4 Den Sirup in eine saubere Schüssel abseihen, die Blüten wegwerfen. Den Sirup über die Papayas träufeln, nach Belieben mit Jasminblüten dekorieren.

Mango-Limetten-Creme

Hier werden Mangos aus der Dose verwendet, um die Zubereitung zu vereinfachen, doch mit frischen Mangos schmeckt das Dessert noch besser. Fragen Sie bei Ihrem Obsthändler nach einer besonders aromatischen und möglichst faserarmen Sorte.

FÜR 4 PERSONEN

1 Dose Mango in Scheiben (400 g)
Abgeriebene Schale von 1 unbehandelten Limette
Frisch gepresster Saft von 1/2 Limette
150 ml Crème double oder Sahne
100 ml dicker Joghurt
Frische Mangoscheiben zum Garnieren (nach Belieben)

Küchentipp
Die Sahne-Joghurt-Mischung mit dem Mangopüree nur so lange schlagen, bis alles vermischt ist, damit die Masse schön locker und luftig bleibt. Man kann das Püree aber auch nur leicht unterheben und erhält so eine wunderschön marmorierte Creme.

1 Die Mangoscheiben abgießen und in die Küchenmaschine füllen. Limettenschale und -saft hinzugeben und die Mangos zu einem glatten Püree verarbeiten. Alternativ die Mangoscheiben mit einem Kartoffelstampfer zerdrücken und mit der Rückseite eines Löffels durch ein Sieb in eine Schüssel passieren. Limettensaft und -schale einrühren.

2 Die Crème double oder Sahne in eine Schüssel geben, den Joghurt hinzufügen. Zu einer dicken Masse aufschlagen und die Mangomischung zügig unterschlagen.

3 In hohe Tassen oder Gläser füllen und für 1–2 Stunden kalt stellen. Kurz vor dem Servieren jeweils mit einigen Mangoscheiben garnieren.

Kürbis in Kokosmilch

In Kokosmilch gegarte Früchte isst man in Thailand gern als Dessert. Kürbis, Bananen und Melonen können auf diese einfache Art schmackhaft zubereitet werden.

FÜR 4–6 PERSONEN

1 kg Kürbis
750 ml Kokosmilch
175 g Zucker
1 Prise Salz
4–6 frische Minzezweige zum Garnieren

Küchentipp
Für die Garnitur die Kürbiskerne waschen und etwaige Fasern entfernen. Mit Küchenpapier trockentupfen. In einer Pfanne ohne Fett oder auf einem Backblech unter dem Backofengrill goldbraun rösten, dabei die Kerne ab und zu wenden, damit sie nicht verbrennen.

1 Den Kürbis mit einem großen, scharfen Messer halbieren und schälen. Die Kerne mit einem Löffel herauskratzen. Einige Kerne aufbewahren, den Rest wegwerfen. Das Kürbisfleisch mit einem scharfen Messer in etwa 5 cm lange und 2 cm dicke Stücke schneiden.

2 Die Kokosmilch in einem Topf mit dem Zucker und Salz aufkochen. Das Kürbisfleisch dazugeben und in 10–15 Minuten weich köcheln lassen. Warm in Schalen servieren. Die einzelnen Portionen mit je 1 Minzezweig und gerösteten Kürbiskernen (siehe Küchentipp) garnieren.

Mango mit Kokosreis

Klebreis eignet sich sowohl für Desserts als auch für pikante Gerichte, denn er hat einen feinen Duft und eine angenehm weiche Konsistenz. Die Vorbereitung dieses Desserts beginnt einen Tag im Voraus.

FÜR 4 PERSONEN

115 g weißer Klebreis
175 ml dicke Kokosmilch
3 EL Zucker
1 Prise Salz
2 reife Mangos
Dünne Streifen unbehandelte Limettenschale zum Garnieren

1 Den Klebreis mehrmals in kaltem Wasser waschen, bis dieses klar bleibt. Mit frischem kaltem Wasser bedecken und über Nacht einweichen.

Küchentipp
Wie der Rahm der Milch steigt auch der dickste und fettreichste Teil der Kokosmilch an die Oberfläche. Nach dem Öffnen einer Dose oder Packung Kokosmilch diese Schicht abnehmen und mit Früchten oder zum Verfeinern von pikanten Speisen verwenden.

2 Den Reis gut abtropfen lassen. Einen Bambusdämpfkorb mit einem Musselintuch auskleiden. Den Reis darin verteilen und zugedeckt über köchelndem Wasser 20 Minuten dämpfen, bis er weich ist.

3 Von der Kokosmilch 3 Esslöffel der an der Oberfläche schwimmenden Kokoscreme abnehmen. Den Rest in einen Topf gießen, Zucker und Salz hinzufügen. Unter Rühren erhitzen, bis sich der Zucker gelöst hat, anschließend zum Kochen bringen. Vom Herd nehmen, in eine Schüssel gießen und abkühlen lassen.

4 Den gedämpften Reis in eine Schüssel füllen und die Kokosmilch darüber gießen. Gut verrühren und die Mischung 10–15 Minuten stehen lassen.

5 Inzwischen die Mangos schälen. Das Fleisch vom Stein im Innern wegschneiden und in Scheiben schneiden.

6 Den Reis auf einzelne Teller verteilen. Die Mangoscheiben daneben anrichten und alles mit der zurückbehaltenen Kokoscreme beträufeln. Mit Limettenschale garnieren und servieren.

Gebratene Ananas nach Thai-Art

Ein einfaches, schnell zubereitetes Thai-Dessert: in Butter gebratene Ananas mit braunem Zucker, Limettensaft und einer Garnitur aus gerösteten Kokosraspeln. Der leicht scharfe Geschmack der Frucht sorgt für eine angenehme Erfrischung zum Ende einer Mahlzeit.

FÜR 4 PERSONEN

1 Ananas
40 g Butter
1 EL ungesüßte Kokosraspel
4 EL hellbrauner Zucker
4 EL frisch gepresster Limettensaft
Limettenscheiben zum Garnieren
Dicker, cremiger Joghurt zum Servieren

1 Die Ananas schälen, dabei auch die »Augen« entfernen. Die Ananas halbieren und das holzige Mittelstück herausschneiden. Das Fleisch längs in 2 cm dicke Spalten schneiden.

2 Die Butter in einer großen, schweren Pfanne oder einem Wok zerlassen. Sobald sie geschmolzen ist, die Ananasspalten einlegen und bei mittlerer Hitze je 1–2 Minuten von beiden Seiten braten, bis sie hellgolden sind.

3 Inzwischen die Kokosraspel in einer kleinen Pfanne ohne Fett goldgelb rösten und beiseite stellen.

4 Den Zucker über die Ananas in der Pfanne streuen, den Limettensaft darüber gießen und so lange rühren, bis sich der Zucker gelöst hat. Die Ananasspalten auf Teller verteilen, mit den Koksraspeln bestreuen und mit Limetten garnieren. Den Joghurt separat servieren.

Frittierte Bananen

Diese wunderbar süße Leckerei ist bei Kindern und Erwachsenen gleichermaßen beliebt. In ganz Thailand kann man die Spezialität bei den vielen Straßenhändlern und auf den Märkten zu beinahe jeder Tages- und Nachtzeit kaufen.

FÜR 4 PERSONEN

115 g Mehl
1/2 TL Backpulver
1 Prise Salz
2 EL Zucker
1 Ei, verschlagen
90 ml Wasser
2 EL grobe Kokosraspel (am besten frisch geraspelt) oder 1 EL Sesamsamen
4 feste Bananen
Pflanzenöl zum Frittieren
Frische Minzezweige zum Garnieren
Flüssiger Honig zum Servieren (nach Belieben)

1 Mehl und Backpulver in eine große Schüssel sieben. Das Salz, den Zucker und das Ei unterrühren und so viel Wasser unterschlagen, dass ein relativ dünner Ausbackteig entsteht. Die Kokosraspel oder die Sesamsamen gründlich unter den Teig rühren, bis sie gleichmäßig darin verteilt sind.

2 Die Bananen schälen, längs halbieren, die Hälften nochmals quer halbieren, sodass 16 Stücke von etwa gleicher Länge entstehen. Die Bananen erst unmittelbar vor dem Frittieren aufschneiden, da sie sich schnell verfärben.

Varianten
Auf diese Weise lassen sich auch viele andere Früchte zubereiten, zum Beispiel Apfelspalten oder Ananasringe.

3 Das Öl in einem Wok auf 180 °C erhitzen, sodass ein Brotwürfel in etwa 45 Sekunden darin bräunt. Eine Portion der Bananenstücke in den Teig tauchen, abtropfen und ins heiße Öl gleiten lassen, goldbraun frittieren. Mit einem Schaumlöffel herausnehmen und auf Küchenpapier abtropfen lassen.

4 Die restlichen Bananenstücke ebenso frittieren. Sofort mit frischen Minzezweigen garnieren und den Honig (falls verwendet) separat servieren.

Gedämpfte Nektarinen mit feiner Cremefüllung

Beim Dämpfen können sich der süße Geschmack und die Farbe von Nektarinen besonders gut entfalten. Darum ist dies die ideale Zubereitungsart für unreife oder weniger aromatische Früchte.

FÜR 4–6 PERSONEN

6 Nektarinen
1 großes Ei
3 EL Palmzucker oder brauner Zucker
2 EL Kokosmilch

Küchentipp
Palmzucker, auch als Jaggery bekannt, wird aus dem Saft verschiedener asiatischer Palmenarten gewonnen, etwa der Kokos- und der Palmyrahpalme. Man bekommt ihn in Asia-Läden. Wer ganze Blöcke oder große Stücke kauft, muss diese vor der Verwendung reiben.

1 Die Nektarinen halbieren. Mit einem Teelöffel den Stein und die Fasern aus der Mitte der Früchte herauslösen.

2 Das Ei leicht verschlagen. Den Zucker und die Kokosmilch so lange unterschlagen, bis sich der Zucker gelöst hat.

3 Die Nektarinenhälften in einen Bambusdämpfkorb legen und die Vertiefungen zu zwei Dritteln mit der Eimischung füllen. Den Korb auf einen Topf mit köchelndem Wasser setzen und die Nektarinen 5–10 Minuten dämpfen. Vor dem Servieren vollständig auskühlen lassen.

Kokospfannkuchen

Diese lockeren und süßen Pfannkuchen werden häufig von den Straßenverkäufern in Bangkok angeboten. Wer sie selbst zubereitet, kann ein wunderbares Dessert servieren.

ERGIBT 8 STÜCK

75 g Mehl, gesiebt
4 EL Reismehl
3 EL extrafeiner Zucker
50 g ungesüßte Kokosraspel (am besten frisch geraspelt)
1 Ei
275 ml Kokosmilch aus der Dose
Pflanzenöl zum Braten
Limettenspalten und Ahornsirup zum Servieren

1 Das Mehl mit dem Reismehl, Zucker und den Kokosraspeln in einer Schüssel vermischen und eine Mulde in die Mitte drücken. Das Ei in die Mulde aufschlagen und die Kokosmilch hineingießen.

2 Mit einem Schneebesen oder einer Gabel das Ei mit der Kokosmilch verrühren und nach und nach die Mehlmischung vom Rand einarbeiten, bis ein flüssiger Teig entsteht. Wegen der Kokosflocken ist der Teig zwar nicht ganz glatt, doch sollte er keine Mehlklümpchen enthalten.

Küchentipp
Ahornsirup stammt zwar nicht aus Thailand, doch dies gilt schließlich auch für Chilis. Überall auf der Welt wird der aromatische Sirup gern zu Pfannkuchen gereicht. Achten Sie beim Einkauf darauf, einen reinen Sirup zu bekommen. Statt mit Sirup kann man die Pfannkuchen auch mit Honig beträufeln.

3 Etwas Öl in einer antihaftbeschichteten Pfanne mit 13 cm Durchmesser erhitzen. Etwa 3 Esslöffel Teig in die Pfanne gießen und mit der Rückseite eines Löffels zu einer gleichmäßig dünnen Schicht verstreichen. Bei starker Hitze 30–60 Sekunden backen, bis sich auf der Oberfläche Bläschen bilden. Wenden und von der anderen Seite goldbraun backen.

4 Auf einen Teller gleiten lassen und im Backofen bei niedrigster Stufe warm halten. Die übrigen Pfannkuchen ebenso backen. Warm mit Limettenspalten und Ahornsirup servieren.

Feine Kokoscreme

Dieses traditionelle Dessert wird gebacken oder gedämpft und oft mit süßem Klebreis und einer Auswahl frischer Früchte serviert. Besonders gut passen dazu Mangos, Karambolen (Sternfrüchte) und Tamarillos (Baumtomaten) sowie reife Papayas oder auch einfach Bananen.

FÜR 4 PERSONEN

4 Eier
75 g hellbrauner Zucker
250 ml Kokosmilch
1 TL Vanille-, Jasminessenz oder Rosenblütenwasser
Frische Minzeblätter und Puderzucker zum Garnieren
Verschiedene aufgeschnittene Früchte zum Servieren

1 Den Backofen auf 150 °C vorheizen. Die Eier mit dem Zucker in einer Schüssel schaumig schlagen. Die Kokosmilch und Aromaessenz gut unterschlagen.

2 Die Mischung in einen Krug abseihen und in 4 hitzebeständige Gläser oder kleine Souffléformen gießen.

3 Die Gläser oder Förmchen in eine Auflaufform stellen. Die Auflaufform bis zur halben Höhe der Gläser oder Förmchen mit heißem Wasser füllen.

4 Im Ofen 35–40 Minuten backen, bis die Creme fest geworden ist. Mit einem Spieß oder Zahnstocher die Konsistenz prüfen.

5 Die Auflaufform aus dem Ofen nehmen, die einzelnen Portionen herausnehmen und abkühlen lassen.

6 Die Creme nach Belieben auf Teller stürzen. Mit Minzeblättern garnieren und mit Puderzucker bestäuben. Die Früchte separat dazu reichen.

Kokoscremerauten mit frischem Beerenpüree

Desserts wie dieses serviert man überall im Fernen Osten und reicht dazu gern Mangos, Ananas und Guaven. Obwohl man fertig gemahlenen Reis für diese feine Süßspeise verwenden kann, erzielt man mit selbst vermahlenem Jasminreis ein sehr viel besseres Ergebnis.

FÜR 4–6 PERSONEN

75 g Jasminreis, über Nacht in 175 ml Wasser eingeweicht
350 ml Kokosmilch
150 ml Sahne
50 g extrafeiner Zucker
Frische Himbeeren und frische Minzezweige zum Garnieren

Für das Beerenpüree:

75 g Schwarze Johannisbeeren, von den Rispen gezupft
2 EL extrafeiner Zucker
75 g frische oder gefrorene Himbeeren

1 Den Reis mit dem Einweichwasser in der Küchenmaschine einige Minuten zu einer flüssigen Mischung verarbeiten.

2 Die Kokosmilch mit der Sahne in einem antihaftbeschichteten Topf erhitzen. Kurz vor dem Siedepunkt die Reismischung einrühren. Bei schwacher Hitze unter Rühren 10 Minuten köcheln lassen.

3 Den Zucker einrühren und weitere 10–15 Minuten köcheln lassen, bis eine dicke, cremige Masse entstanden ist.

Variante
Für das Püree kann man auch andere Früchte verwenden, etwa Brombeeren oder Rote Johannisbeeren.

4 Eine rechteckige Backform mit Backpapier auslegen. Die Kokoscreme hineingießen, glatt streichen und abkühlen lassen. In den Kühlschrank stellen, bis die Creme fest geworden ist.

5 Inzwischen für das Beerenpüree die Schwarzen Johannisbeeren mit dem Zucker bestreuen und etwa 30 Minuten stehen lassen. Mit den Himbeeren in ein feinmaschiges Sieb geben und auf eine Schüssel setzen. Die Früchte mit einem Löffel durch das Sieb passieren, sodass das Püree in die Schüssel abläuft. Falls nötig, noch etwas Zucker unterrühren.

6 Die fertige Kokoscreme vorsichtig in Rauten schneiden. Das Beerenpüree auf die Dessertteller verteilen, jeweils einige Kokoscremerauten darauf anrichten und mit Himbeeren und frischer Minze dekorieren. Sofort servieren.

Tapiokapudding

Dieser Pudding aus Tapiokasago und Kokosmilch wird warm serviert und ist sehr viel leichter als die westliche Variante. Den Süßegrad kann man nach Geschmack variieren. Dazu passen Litschis oder die kleineren, ähnlich schmeckenden Longanen.

FÜR 4 PERSONEN

115 g Tapiokasago (Perltapioka)
475 ml Wasser
175 g Zucker
1 Prise Salz
250 ml Kokosmilch
250 g vorbereitete tropische Früchte, etwa Litschis oder Longanen
Dünne Streifen unbehandelte Limettenschale und frisch gehobeltes Kokosfleisch (nach Belieben) zum Garnieren

1 Den Tapiokasago 1 Stunde in warmem Wasser einweichen, sodass die Kügelchen aufquellen. Abgießen.

2 Das abgemessene Wasser in einen Topf füllen und bei mittlerer Hitze aufkochen. Zucker und Salz hineingeben und rühren, bis sie sich gelöst haben.

3 Den Tapiokasago und die Kokosmilch einrühren. Bei schwacher Hitze 10 Minuten köcheln lassen, bis die Tapiokakügelchen durchscheinend werden.

4 In eine große oder vier kleine Schalen füllen und warm mit den tropischen Früchten servieren. Nach Belieben mit Limettenschale und Kokosnuss garnieren.

Gebackener Reispudding nach Thai-Art

Schwarzer Klebreis hat lange dunkle Körner und einen nussartigen Geschmack, der an Wildreis erinnert. Dieser gebackene Pudding schmeckt nicht nur ganz außergewöhnlich, er sieht auch außergewöhnlich aus.

FÜR 4–6 PERSONEN

175 g schwarzer Klebreis (wer ihn nicht bekommt, kann auch weißen Klebreis verwenden)
2 EL hellbrauner Zucker
475 ml Kokosmilch
250 ml Wasser
3 Eier
2 EL weißer Zucker

1 Den Klebreis mit dem braunen Zucker in einem Topf vermischen und die Hälfte der Kokosmilch sowie das gesamte Wasser hinzugießen.

2 Aufkochen, die Hitze reduzieren. Unter gelegentlichem Rühren 15–20 Minuten köcheln lassen, bis der Reis die meiste Flüssigkeit aufgenommen hat. Den Backofen auf 150 °C vorheizen.

3 Die Reismischung in eine Auflaufform oder vier kleine, ofenfeste Förmchen füllen. Die Eier mit der restlichen Kokosmilch und dem Zucker in einer Schüssel verquirlen.

4 Die Eier-Kokosmilch-Mischung in einen Krug abseihen und über den Reis in der Form/den Förmchen gießen.

5 Die Auflaufform oder die einzelnen Förmchen in eine Kasserolle stellen und diese bis zur halben Höhe der Form oder Förmchen mit heißem Wasser füllen. Mit Alufolie abdecken und 35–60 Minuten im Ofen backen, bis der Pudding fest ist. Warm oder kalt servieren.

Küchentipp

In ganz Südostasien wird schwarzer Klebreis gewöhnlich für Süßspeisen verwendet, während man aus weißem Klebreis häufiger pikante Gerichte zubereitet.

Bezugsquellen

Die nachfolgend aufgeführten Asia-Läden in Deutschland, Österreich und der Schweiz führen eine große Auswahl an thailändischen Produkten. Falls Sie nicht in der Nähe einer der angegebenen Adressen wohnen, können Sie alle benötigten Zutaten und Utensilien auch über Internet-Versandhändler beziehen.

IN DEUTSCHLAND

Asia Mekong
Budapester Straße 5
01069 Dresden
Tel. (03 51) 4 96 51 08

Asia Mekong
Am Brühl 14–16
04109 Leipzig
Tel. (03 41) 9 61 04 38

Asia Shop
Altenburger Str. 1
07743 Jena
Tel. (0 36 41) 63 85 34

Asia Mekong
Johannisplatz 4
09111 Chemnitz
Tel. (03 71) 6 76 10 11

Dao's Asia Shop
Kantstr. 122
10625 Berlin
Tel. (0 30) 31 50 47 06
www.daos-asia-shop.de

Asia Laden
Hauptstr. 134
10827 Berlin
Tel. (0 30) 78 71 82 12

Thang Long
Doberaner Str. 57
18057 Rostock
Tel. (03 81) 2 01 46 30

Asiatische Spezialitäten
Dung Nguyen Bich
Wismarsche Str. 107
19053 Schwerin
Tel. (03 85) 5 55 99 77

Heng Woh
Asia Supermarkt
Gotenstr. 3
20097 Hamburg
Tel. (0 40) 23 00 36

Batti's Asia-Laden
Hüxstr. 126
23552 Lübeck
Tel. (04 51) 70 52 21
www.asia-laden.de

Asienmarkt
Lange Reihe 22
24103 Kiel
Tel. (04 31) 9 70 92 18
www.asienmarkt.de

Mekong
Asiatische Lebensmittel
und Geschenkartikel
Hafermarkt 3
24943 Flensburg
Tel. (04 61) 1 50 52 22

Asia Lebensmittel
Wegesende 10
28195 Bremen
Tel. (04 21) 1 52 07

Asia-Mekong
Joachimstr. 8
30159 Hannover
Tel. (05 11) 32 64 53

Batija Mohanial Asia Markt
Die Freiheit 1
34117 Kassel
Tel. (05 61) 77 75 72

Thai Supermarkt
Steinweg 37
38100 Braunschweig
Tel. (05 31) 4 73 80 88

Asia-Shop
Hoher Weg 12a
38820 Halberstadt
Tel. (0 39 41) 44 57 98

ASIALAOTHAI Lebensmittel
& Geschenkartikel
Spangerstr. 20
40599 Düsseldorf
Tel. (02 11) 2 39 75 83

Asia-Laden »Miss Saigon«
Sittarder Straße 35
41748 Viersen
Tel. (0 21 62) 33 69 06

Luongs Asia Shop
Lütge-Brück-Straße 16
44135 Dortmund
Tel. (02 31) 5 86 35 07

ASIA-CENTER
Viehofer Platz 12
45127 Essen
Tel. (02 01) 22 23 25

Asia-Markt Thai Wa
Grabenstr. 188
47057 Duisburg
Tel. (02 03) 28 98 09 88

Heng Long Asia
Supermarkt
Aachener Str. 201
50931 Köln
Tel. (02 21) 2 82 88 00

Asia Lebensmittelgeschäft
Kölner Str. 87
51379 Leverkusen
Tel. (0 21 71) 2 95 99

Asialaden Mehrkoush
Mauerstr. 92
52064 Aachen
Tel. (02 41) 3 62 16

Euro Asia Laden
Moltkestr. 42a
53173 Bonn
Tel. (02 28) 35 99 83

Wong-Frankfurt
Kleinmarkthalle 88–9
Hasengasse 5–7
60311 Frankfurt am Main
Tel. (0 69) 29 37 86

Asia Markt Panda
Dotzheimer Str. 23
65185 Wiesbaden
Tel. (06 11) 1 35 99 17

Asia-Markt Kim Hap
Kaiserring 10–16
68161 Mannheim
Tel. (06 21) 1 56 33 17

Bambus Sprosse
Silberburgstr. 164
70178 Stuttgart
Tel. (07 11) 61 04 58

Asia Store
Markgrafenstr. 27
76131 Karlsruhe
Tel. (07 21) 9 37 60 57

Asia Lim
Brühlstr. 13
78465 Konstanz
Tel. (0 75 33) 9 80 59

Asia-Shop
Habsburgerstr. 127
79104 Freiburg
Tel. (07 61) 28 19 61

Thai-Asia Markt
Leonrodstraße 16
80634 München
Tel. (0 89) 13 34 04
www.thai-asia-markt.de

Thai Kitchen Store
Elisabethstr. 2
80796 München
Tel. (0 89) 27 27 34 45

Asia-Shop
Sauerstr. 2
85049 Ingolstadt, Donau
Tel. (08 41) 1 76 81

Asia Markt Kim Ha
Donauwörther Str. 224
86154 Augsburg
Tel. (08 21) 41 42 32

Asia-Markt Mai Lam
Ludwigstraße 31
89231 Neu-Ulm
Tel. (07 31) 7 25 49 08

ASIA – GIANG
Kopernikusstr. 20
90459 Nürnberg
Tel. (09 11) 45 72 25

Thaifun Asia Food
Am Espen 15
90559 Burgthann
Tel. (0 91 83) 40 90

Thai-Asia-Shop
Obere Königstr. 29
96052 Bamberg
Tel. (09 51) 3 02 09 73

Welt-Basar
Steinweg 43
96450 Coburg
Tel. (0 95 65) 7 61 68

IN ÖSTERREICH

Asia Food Shanghai Shop
Landstraßer Hauptstr. 71/Top 4
A 1030 Wien
Tel. (01) 7 15 15 45

Asia Markt
Waldeggstr. 65
A 4020 Linz
Tel. (07 32) 60 64 07

IN DER SCHWEIZ

Asia-Center Bär
Transtr. 19
CH 8050 Zürich
Tel. (01) 8 40 66 11
www.asia-center.ch

INTERNET-VERSANDHÄNDLER

www.maimai.de
www.asiatempel.de
www.asianbrand.de
www.elens-asia-shop.de
www.swiss-thai.ch
www.asienversand.de
www.asia-shop.info
www.asienshop.de
www.asia-online-shop.de
www.easy-thaifood.com
www.asienmarkt.de
www.asia-orient-service.de

Danksagung
Folgenden Personen und Organisationen möchte ich für ihre wertvolle Hilfe bei der Recherche zu diesem Buch danken: Charles Bradley, Pat Checkley (Tourist Authority of Thailand), Jonathan Hart, Chris Lee, Alissra Sinclair-Knopp (Sprach- und Kulturreferentin, The Thai Consulting Group), der Tourist Authority of Thailand, der Botschaft von Thailand und insbesondere Prisana Smith vom Tam Nak Thai Restaurant, 50–54 Westow Hill, London, SE19 1RX, die mich mit so vielen Ratschlägen und Informationen unterstützt hat. Ganz besonders danke ich außerdem Clare Spurrell für ihre Unterstützung bei der Recherche und der Redaktion sowie meiner Redakteurin Susannah Blake, die die Arbeit an diesem Projekt für mich zu einem großen Vergnügen gemacht hat.

Bildnachweis
Alle Fotos von Nicki Dowey mit Ausnahme der Fotos auf den Seiten 7, 16, 17, 19 und 21, die mit freundlicher Genehmigung der Corbis Picture Agency reproduziert wurden.
Wir danken Magimix UK und New Classic Limited für die Überlassung der Fotoausrüstung.

Register

Kursiv gesetzte Stichwörter und Seitenzahlen verweisen auf Warenkunde und Küchenpraxis.

A

Agar-Agar 62
Ananas 42
  Gebratene Ananas nach Thai-Art 242
  Pfannengerührte Ananas mit Ingwer 232
  Schweinefleisch-Ananas-Curry 146
Auberginen 30
  Auberginen-Paprika-Tempura mit süßem Chili-Dip 184
  Auberginensalat mit Garnelen und Ei 106
  Auberginen-Süßkartoffel-Topf mit Kokosmilch 176
  Grünes Rindercurry mit thailändischen Auberginen 138
  Sorten 30
Austernsauce 61

B

Bambussprossen 30
  Bambussprossensalat 224
  eingelegte 37
  Rotes Hühnercurry mit Bambussprossen 122
Banane 38
  frittierte 243
Bananenblätter 38
Bananenblüten 38
Basilikum 54
  Hühnerpfanne mit Basilikum und Chili 130
  Sorten 54
  Tulsi frittieren 130
Bier 63
Bittergurke 33
Bohnen 31
  Buntes Curry mit Tofu, Bohnen und Pilzen 175
  Chow Mein spezial 209
  Gebratener Reis mit Bohnen, Pak-Choi und Cashewnüssen 196
  Spargelbohnen mit Tofu 182
Bohnensprossen 31
  Chow Mein spezial 209
  Gebratene Thai-Nudeln 206
  Glasnudeln mit Schweinefleisch und Bohnensprossen 215
  zubereiten 31

Brauner Reis mit Limetten und Zitronengras 193
Brokkoli
  Ente mit Brokkoli aus dem Wok 135
  Gebratener Reis mit Rindfleisch und Brokkoli 199

C

Cashewnüsse
  Gebratener Reis mit Bohnen, Pak-Choi und Cashewnüssen 196
  Geröstete Cashewnüsse mit Kokosflocken 72
  Huhn mit Cashewnüssen 132
  Mais-Kartoffel-Curry mit Cashewnüssen 179
Champignons
  Schweinekoteletts mit Champignons 149
Chiang-Mai-Dip 231
Chiang-Mai-Nudeln 214
Chiang-Mai-Nudelsuppe 97
Chili-Bohnen-Paste 60
Chilipaste 61
Chilis 54
  Auberginen-Paprika-Tempura mit süßem Chili-Dip 184
  Chiliblüten 55
  Gedämpfter Fisch mit Chilisauce 167
  Gegrillte Pilzspieße mit Chili-Dip 183
  Hühnerpfanne mit Basilikum und Chili 130
  Sorten 54, 55
  vorbereiten 55
Chilisauce 60
Chinakohl 32
China-Lauch 35
  Gebratene Thai-Nudeln 206
  Thai-Nudeln mit China-Lauch und Tofu 205
Chinesischer Stangensellerie 32
Chinesisches Küchenbeil 65
Choisum 32
Chow Mein spezial 209
Curryhuhn mit Reis 200
Currypasten 59
  gelbe 59
  grüne 59, 138
  herstellen 59
  Mussaman- 59, 140
  orangefarbene 59
  Panang- 59
  rote 59, 141
  Teigtaschen mit grüner Currypaste 77
Currypulver 59
Currys
  Aromatisch duftendes Hühnercurry 121
  Buntes Curry mit Tofu, Bohnen und Pilzen 175
  Chinesisches Entencurry 134
  Dickes Rindercurry mit süßer Erdnusssauce 139
  Dschungelcurry mit Perlhuhn 133
  Gelbes Hühnercurry 125
  Gemüsecurry mit Zitronengrasreis 172
  Grünes Hühnercurry 120
  Grünes Rindercurry mit thailändischen Auberginen 138
  Hühnercurry aus Südthailand 126
  Hühnercurry mit Zitronengras 124
  Kürbis-Erdnuss-Curry 178
  Lachscurry mit Schalotten und Zitronengras aus Nordthailand 154
  Mais-Kartoffel-Curry mit Cashewnüssen 179
  Meeresfrüchtecurry mit Kokosmilch 158
  Mussaman-Curry 140
  Nudelcurry aus Südthailand 213
  Rotes Hühnercurry mit Bambussprossen 122
  Schweinefleisch-Ananas-Curry 146
  Schweinefleischcurry mit eingelegtem Knoblauch 144
  Suppenartiges Gemüsecurry 174
  Thai-Gemüsecurry mit Tofu und Pilzen 180
  Trockenes Rindercurry mit Erdnussbutter und Limette 141

D

Daikon-Rettich 33
  eingesalzener 37
Dämpfeinsätze 65
Dämpfen 66
Dips, siehe Saucen und Dips
Duku 40
Durian 43

E

Eier
  Auberginensalat mit Garnelen und Ei 106
  Enteneier, salzig eingelegte 53
  Frittierte Eier nach Schwiegersohnart 85
  Gefüllte Thai-Omeletts 83
  Omelettrolle 84
  Omelettsuppe 90
  Pikanter Salat mit gebratenem Ei 105
  Tausend-Jahr-Eier 53
Eiernudeln 29
  Chiang-Mai-Nudelsuppe 97
  Chow Mein spezial 209
  kochen 29
  Nudelcurry aus Südthailand 213
  Nudeln mit Gemüse in Kokossauce 216
  Nudeln mit vier Würzzutaten 204
  Würzige gebratene Nudeln 208
Eis, Eiscreme
  Kokos-Mango-Eiscreme 237
  Kokos-Zitronengras-Eiscreme 237
  Wassermeloneneis 236
Ente 50
  Chinesisches Entencurry 134
  Ente mit Brokkoli aus dem Wok 135
Erbsen
  Gebratener Reis mit Garnelen, Erbsen und grünem Tulsi 197

Samosas, gefüllt mit Kartoffel, Schalotten und grünen Erbsen 81
Erdnüsse 62
Dickes Rindercurry mit süßer Erdnusssauce 139
Hühner-Satay mit Erdnusssauce 73
Garnelen-Satay mit Erdnusssauce 160
Kürbis-Erdnuss-Curry 178
Trockenes Rindercurry mit Erdnussbutter und Limette 141
Essige 60

F

Fenchelsamen 58
Fisch 46
Exotischer Fischsalat 110
Fischküchlein mit Gurken-Relish 78
Gebratener Fisch mit süßsaurer Tomatensauce 166
Gedämpfter Fisch mit Chilisauce 167
getrockneter 52
Räuchermakrelen-Tomaten-Suppe 93
Fleischbällchen auf Zitronengrasspießen 151
Flügelbohnen 31
Forelle
Gebratene Forelle mit Tamarinden-Chili-Sauce 169
Gegrillte Forelle, mit scharfer Würzpaste gefüllt 168
Frittieren 67
Früchte
Frittierte Bananen 243
Gebratene Ananas nach Thai-Art 242
Gedämpfte Nektarinen mit feiner Cremefüllung 244
Mango mit Kokosreis 240
Mango-Limetten-Creme 239
Papayas mit Jasminblütensirup 238
Wassermeloneneis 236
Frühlingsrollen-Teigblätter 29
Thailändische Frühlingsrollen 82
Tung Tong 75
Frühlingszwiebeln 35

G

Galgant, Großer 56
Garnelen 48
Auberginensalat mit Garnelen und Ei 106
Chow Mein spezial 209
Garnelen-»Kracher« 76
Garnelen-Satay mit Erdnusssauce 160
Garnelen-Sesam-Toast 70
Garnelenbällchen 48
Gebratene Thai-Nudeln 206
Gebratener Reis mit Garnelen, Erbsen und grünem Tulsi 197
getrocknete 52
Kürbis-Kokoscreme-Suppe mit Garnelen 96
Pfannengerührte Garnelen mit Tamarinde 162
Kürbissuppe aus Nordthailand 92
Pfannengerührte Garnelen mit Nudeln 165
Pikanter Garnelensalat 112
Pomelosalat mit Garnelen und Krabbenfleisch 102
Reiskuchen mit Garnelen-Kokos-Dip 201
Schmetterlinge schneiden 48
Schweinefilet mit getrockneten Garnelen 150
Seafood-Salat mit duftenden Kräutern 107
Seafood-Suppe mit Kokosmilch 99
Süßsaure Garnelensuppe 94
Thailändischer Garnelensalat mit Knoblauch-Dressing und knusprigen Schalotten 108
vorbereiten 48
Garnelenpaste 60
Gemüse 30
Ausgebackenes Gemüse mit Nam prik 229
Bunte Gemüsesuppe 89
Gedämpftes und rohes Gemüse mit würzigem Chiang-Mai-Dip 231
Gemüsecurry mit Zitronengrasreis 172
Nudeln mit Gemüse in Kokossauce 216
Omelettsuppe 90
Pfannengerührtes Gemüse mit Pilzen und Samen 189
Rohes Gemüse-Yam 221
Suppenartiges Gemüsecurry 174
Süßsaures Gemüse mit Tofu 187
Süß-scharfe Gemüsenudeln 212
Süß-scharfe Gemüse-Tofu-Suppe 88
Thai-Gemüsecurry mit Tofu und Pilzen 180
Thailändischer Obst-Gemüse-Salat mit Kokos-Dip 223
Getränke, alkoholfreie 63
Gewürze
mahlen 66
zerreiben und pürieren 66
Glasnudeln 29
Glasnudeln mit Schweinefleisch und Bohnensprossen 215
Glasnudelsuppe 91
Seafood-Salat mit duftenden Kräutern 107
vorbereiten 29
Grillen 67
Guave 39
Gurken-Relish 78

H

Holzohren 36
Huhn 50
Aromatisch duftendes Hühnercurry 121
Curryhuhn mit Reis 200
Gebratener Thai-Reis mit Huhn, Paprika und Mais 195
Gegrillte Hühnerbrust 127
Gegrilltes Huhn 131
Gelbes Hühnercurry 125
Grünes Hühnercurry 120
Hühner-Satay mit Erdnusssauce 73
Hühnercurry aus Südthailand 126
Hühnercurry mit Zitronengras 124
Hühnerpfanne mit Basilikum und Chili 130
Hühnersalat mit Kokoscreme-Dressing 113
Hühnersuppe mit Kokosmilch 94
Huhn mit Cashewnüssen 132
Kurkuma-Brathähnchen mit Limette und Süßkartoffeln 128
Larp aus Chiang Mai 116
Rotes Hühnercurry mit Bambussprossen 122
zerlegen 50

I, J

Ingwer 57
eingelegter 37
Pfannengerührte Ananas mit Ingwer 232
Pfannengerührter Kalmar mit Ingwer 164
vorbereiten 57
Jasmin 57
Papayas mit Jasminblütensirup 238
Jackfrucht 43

Jasminreis 24
Festlicher Reis 194
Gebratener Reis mit Bohnen, Pak-Choi und Cashewnüssen 196
Gebratener Reis mit Garnelen, Erbsen und grünem Tulsi 197
Gebratener Reis mit Rindfleisch und Brokkoli 199
Gebratener Reis mit Schweinefleisch 198
Gebratener Thai-Reis mit Huhn, Paprika und Mais 195
Gemüsecurry mit Zitronengrasreis 172
Jasminreispudding 27
Kokosreis 192
vorbereiten und garen 26
Jujube 41

K

Kaffirlimette 42
Kalmar 49
getrockneter 52
Pfannengerührter Kalmar mit Ingwer 164
Seafood-Salat mit duftenden Kräutern 107
Seafood-Suppe mit Kokosmilch 99
vorbereiten 49
Karambole 41
Kardamom 54
Kartoffeln
Mais-Kartoffel-Curry mit Cashewnüssen 179

Samosas, gefüllt mit Kartoffel, Schalotten und grünen Erbsen 81
Klebreis 24
garen 27
Klebreispudding 27
schwarzer 25
Knoblauch 57
eingelegter 37
frittierter 57
Knoblauchöl 110
Reissuppe mit reichlich Knoblauch 98
Schweinefleischcurry mit eingelegtem Knoblauch 144
Thailändischer Garnelensalat mit Knoblauch-Dressing und knusprigen Schalotten 108
Kochen und Garziehen 67
Kohl, eingesalzener 37
Kokosessig 60
Kokosmilch, Kokoscreme 44
Auberginen-Süßkartoffel-Topf mit Kokosmilch 176
Feine Kokoscreme 246
Gegrilltes Huhn 131
Hühnersalat mit Kokoscreme-Dressing 113
Hühnersuppe mit Kokosmilch 94
Kokos-Dip 223
Kokos-Mango-Eiscreme 237
Kokos-Zitronengras-Eiscreme 237
Kokoscremerauten mit frischem Beerenpüree 247
Kokosmilch-Limetten-Dressing 228
Kürbis in Kokosmilch 240
Kürbis-Kokoscreme-Suppe mit Garnelen 96
Meeresfrüchtecurry mit Kokosmilch 158
Mies- und Venusmuscheln mit Zitronengras und Kokoscreme 155
Nudeln mit Gemüse in Kokossauce 216
Reiskuchen mit Garnelen-Kokos-Dip 201
Seafood-Suppe mit Kokosmilch 99
Kokosnuss 44
Geröstete Cashewnüsse mit Kokosflocken 72
Kokospfannkuchen 245
Kokosreis 192
Mango mit Kokosreis 240
Koriander 56

Krabben
Knusprig frittierte Krabbenscheren 79
Krabben-Tofu-Wok mit Baby-Maiskolben 157
Pomelosalat mit Garnelen und Krabbenfleisch 102
Krachai 56
Kreuzkümmel 56
Kürbis
Kürbis in Kokosmilch 240
Kürbis-Erdnuss-Curry 178
Kürbis-Kokoscreme-Suppe mit Garnelen 96
Kürbissuppe aus Nordthailand 92
Kurkuma 58
Kurkuma-Brathähnchen mit Limette und Süßkartoffeln 128

L

Lachs
Lachscurry mit Schalotten und Zitronengras aus Nordthailand 154
Mit Thai-Gewürzen gebeizter Lachs 163
Langsat 40
Larp aus Chiang Mai 116
Limetten 42
Brauner Reis mit Limetten und Zitronengras 193
Kokosmilch-Limetten-Dressing 228
Mango-Limetten-Creme 239
Litschi 40
Longan 40
Lorbeerblatt 54
Lotossamen 62
Lotoswurzel 34
Luffa 32

M

Mais
Gebratener Thai-Reis mit Huhn, Paprika und Mais 195
Krabben-Tofu-Wok mit Baby-Maiskolben 157
Mais-Kartoffel-Curry mit Cashewnüssen 179
Maiskolben, Baby- 31
Maispuffer 74
Tung Tong 75
Makrelen
Räuchermakrelen-Tomaten-Suppe 93
Mango 39
eingelegte 37
Kokos-Mango-Eiscreme 237
Mango-Limetten-Creme 239
Mango mit Kokosreis 240
Mangostane 40
Mee Krob 210
Meeresfrüchtecurry mit Kokosmilch 158
Miesmuscheln
Gedämpfte Miesmuscheln mit Thai-Kräutern 156
Mies- und Venusmuscheln mit Zitronengras und Kokoscreme 155
vorbereiten 49
Minze 58
Mörser 64
Mungobohnen(sprossen) 31
Muscheln 49
Gedämpfte Miesmuscheln mit Thai-Kräutern 156
Mies- und Venusmuscheln mit Zitronengras und Kokoscreme 155
Seafood-Salat mit duftenden Kräutern 107
Mussaman-Curry 140

N

Namya-Paste 61
Nektarinen, gedämpfte, mit feiner Cremefüllung 244
Nudeln 28, siehe auch Eiernudeln, Glasnudeln und Reisnudeln
Nudelcurry aus Südthailand 213
Pfannengerührte Garnelen mit Nudeln 165
Scharfer, säuerlicher Nudelsalat 104
Würzige Gebratene Nudeln 208

O

Obst, siehe auch Früchte
Thailändischer Obst-Gemüse-Salat mit Kokos-Dip 223
Öle 60
Omelett, siehe Eier

P

Pak-Choi 32
Gebratener Reis mit Bohnen, Pak-Choi und Cashewnüssen 196
mit Kokosmilch-Limetten-Dressing 228
Palmzucker 62
Pandanblätter 58
Papaya 39
Papayas mit Jasminblütensirup 238
Salat von grüner Papaya 220
Paprika
Auberginen-Paprika-Tempura mit süßem Chili-Dip 184
Gebratener Thai-Reis mit Huhn, Paprika und Mais 195
Paprikaschoten mit Pilzfüllung 186
Passionsfrucht 40
Perlhuhn
Dschungelcurry mit Perlhuhn 133
Petehbohnen 31
Pfannenrühren 66
Pfefferkörner 58
Pickles
Scharfe Schalotten-Pickles 233
Pilze 36
Aromatisch duftende Pilze auf Salatblättern 226
Buntes Curry mit Tofu, Bohnen und Pilzen 175
Gegrillte Pilzspieße mit Chili-Dip 183
Getrocknete Pilze verwenden 36
Paprikaschoten mit Pilzfüllung 186
Pfannengerührtes Gemüse mit Pilzen und Samen 189
Pfannengerührtes Rindfleisch mit Pilzen 143

Rindfleisch-Shiitake-Salat 115
Schweinekoteletts mit Champignons 149
Thai-Gemüsecurry mit Tofu und Pilzen 180
Pitahaya 41
Pomelo 42, 102
Pomelosalat mit Garnelen und Krabbenfleisch 102

R

Rambutan 39
Räuchermakrelen-Tomaten-Suppe 93
Reis 24, siehe auch Jasminreis
aufbewahren 27
Brauner Reis mit Limetten und Zitronengras 193
Bunter Reissalat 103
Curryhuhn mit Reis 200
dämpfen 27
fermentierter 25
Festlicher Reis 194
garen: Absorptionsmethode 26
garen: elektrischer Reiskocher 27
garen: Mikrowellenmethode 27
Gebackener Reispudding nach Thai-Art 249
Gemüsecurry mit Zitronengrasreis 172
Mango mit Kokosreis 240
Reiskuchen mit Garnelen-Kokos-Dip 201
Reiskuchen mit würzigem Dip 71
Reissuppe mit reichlich Knoblauch 98
Tapiokapudding 248
vorbereiten und garen 26
Reisblätter, Reispapier 29
Reisessig 60
Reiskruste 25
Reismehl 25
Reisnudeln 28
Chiang-Mai-Nudeln 214
frittieren 29
Gebratene Thai-Nudeln 206
Knusprig frittierte Thai-Nudeln mit Rindfleisch 217
Pfannengerührte Garnelen mit Nudeln 165
Pikanter Garnelensalat 112
Mee Krob 210
Scharfer, säuerlicher Nudelsalat 104
Süß-scharfe Gemüsenudeln 212
Thai-Nudeln mit China-Lauch und Tofu 205
zubereiten 29
Reispulver, geröstetes 62, 116
Reis-Whisky 63
Reiswürfel, trockene 25
Rind 51
Dickes Rindercurry mit süßer Erdnusssauce 139
Gebratener Reis mit Rindfleisch und Brokkoli 199
Grünes Rindercurry mit thailändischen Auberginen 138
Knusprig frittierte Thai-Nudeln mit Rindfleisch 217
Mussaman-Curry 140
Pfannengerührtes Rindfleisch mit Pilzen 143
Rindfleisch-Shiitake-Salat 115
Rindfleischtopf mit Sternanis 142
Thailändischer Rindfleischsalat 116
Trockenes Rindercurry mit Erdnussbutter und Limette 141
Rohes Gemüse-Yam 221
Yam nach südthailändischer Art 222

S

Saeng Wa mit gegrilltem Schweinefleisch 114
Salate, siehe auch eigenes Kapitel ab Seite 100
Bambussprossensalat 224
Rohes Gemüse-Yam 221
Salat von grüner Papaya 220
Thailändischer Obst-Gemüse-Salat mit Kokos-Dip 223
Thai-Spargelsalat 227
Weißkohlsalat 225
Yam nach südthailändischer Art 222
Salzpflaumen 37
Samen und Kerne
Pfannengerührtes Gemüse mit Pilzen und Samen 189
Samosas, gefüllt mit Kartoffel, Schalotten und grünen Erbsen 81
Sapodilla 41
Satay
Garnelen-Satay mit Erdnusssauce 160
Hühner-Satay mit Erdnusssauce 73
Saucen und Dips
Chiang-Mai-Dip 231
Chili-Dip 183
Chilisauce 167
Erdnusssauce 73, 160
Garnelen-Kokos-Dip 201
Kokos-Dip 223
Kokosmilch-Limetten-Dressing 228
Süße Chili-Dipsauce 80
Süßer Chili-Dip 184
Tamarinden-Chili-Sauce 169
Würziger Dip 71
Schalotten 35
Gedämpfter Wasserspinat mit gebratenen Schalotten und Knoblauch 230
Lachscurry mit Schalotten und Zitronengras aus Nordthailand 154
Samosas, gefüllt mit Kartoffel, Schalotten und grünen Erbsen 81
Schalottenringe, knusprige 35
Scharfe Schalotten-Pickles 233
Thailändischer Garnelensalat mit Knoblauch-Dressing und knusprigen Schalotten 108
Schmoren, langsames 66
Schuppenannone 40
Schwein 51
Fleischbällchen auf Zitronengrasspießen 151
Gebratener Reis mit Schweinefleisch 198
Gefüllte Thai-Omeletts 83
Glasnudeln mit Schweinefleisch und Bohnensprossen 215
Saeng Wa mit gegrilltem Schweinefleisch 114
Schweinebauch 51
Schweinebauch, knusprig frittierter 51
Schweinebauch mit Fünf-Gewürze-Pulver 148
Schweinefilet mit getrockneten Garnelen 150
Schweinefleisch mit Zitronengras 147
Schweinefleisch-Ananas-Curry 146
Schweinefleischcurry mit eingelegtem Knoblauch 144
Schweinekoteletts mit Champignons 149
Schweineschwarte 51
Süßsaures Schweinefleisch nach Thai-Art 145
Thailändische Frühlingsrollen 82
Seafood
Meeresfrüchtecurry mit Kokosmilch 158
Seafood-Salat mit duftenden Kräutern 107
Seafood-Suppe mit Kokosmilch 99
Sesamsamen 62
Garnelen-Sesam-Toast 70
Shiitake 36
Rindfleisch-Shiitake-Salat 115
Sojasauce 61

Spargel
Spargel mit knusprigen Tofuwürfeln 188
Thai-Spargelsalat 227
Spargelbohnen 31
Sriracha-Sauce 61
Strohpilz 36
Süßkartoffeln
Auberginen-Süßkartoffel-Topf mit Kokosmilch 176
Kurkuma-Brathähnchen mit Limette und Süßkartoffeln 128

T

Tamarinde 58
Gebratene Forelle mit Tamarinden-Chili-Sauce 169
Pfannengerührte Garnelen mit Tamarinde 162
süße 41
Tapioka 62
Tapiokapudding 249
Teigtaschen mit grüner Currypaste 77
Tempeh 45

Thailändische Tempeh-Bällchen mit süßer Chili-Dipsauce 80
Tempura
Auberginen-Paprika-Tempura mit süßem Chili-Dip 184
Thai-Fischsauce 61
Tofu 45
Bunte Gemüsesuppe 89
Buntes Curry mit Tofu, Bohnen und Pilzen 175
eingelegter 45
frittierter 45
gepresster 45
Krabben-Tofu-Wok mit Baby-Maiskolben 157
Spargel mit knusprigen Tofuwürfeln 188
Spargelbohnen mit Tofu 182
Süßsaures Gemüse mit Tofu 187
Süß-scharfe Gemüse-Tofu-Suppe 88
Thai-Gemüsecurry mit Tofu und Pilzen 180
Thai-Nudeln mit China-Lauch und Tofu 205
Tofuhaut, getrocknete 45
Tomaten
Gebratener Fisch mit süß-saurer Tomatensauce 166
Räuchermakrelen-Tomaten-Suppe 93
Tulsi 54
frittieren 130
Gebratener Reis mit Garnelen, Erbsen und grünem Tulsi 197
Tung Tong 75

V, W

Venusmuscheln
Mies- und Venusmuscheln mit Zitronengras und Kokoscreme 155
Wachskürbis 33
Wasserapfel 41
Wasserkastanien 34
Tung Tong 75
Wassermelone 43
Wasserspinat 35
Gedämpfter Wasserspinat mit gebratenen Schalotten und Knoblauch 230
Wein 63
Weißkohlsalat 225
Wok 64
Won-tan-Teigblätter 29
Garnelen-»Kracher« 76
Teigtaschen mit grüner Currypaste 77
Würste 53

Y, Z

Yamsbohne 34
Zitronengras 57
Brauner Reis mit Limetten und Zitronengras 193
Fleischbällchen auf Zitronengrasspießen 151
Gemüsecurry mit Zitronengrasreis 172
Hühnercurry mit Zitronengras 124
Kokos-Zitronengras-Eiscreme 237
Lachscurry mit Schalotten und Zitronengras aus Nordthailand 154
Mies- und Venusmuscheln mit Zitronengras und Kokoscreme 155
Schweinefleisch mit Zitronengras 147
Zwiebeln 35

Thailändische Namen der Gerichte

Baamie naam yaa 70
Bamie gathi 71
Bamie hääng 72
Bpäd pad pag khanaa 73
Bpla müg pad khing 74
Bplaa dschian 75
Bplaa naam dääng 76
Bplaa nüng raad prig 77
Bplaa yaan sai 78
Bpobpia thord 79
Buad tschi fag thorng 82
Dtom kha gai 83
Dtom khlong 84
Dtom yam gung 85
Gaam bpum thord 88
Gään liang fag thorng 89
Gääng blaa lach 90
Gääng bpaa gai 91
Gääng dschüüd khai 92
Gääng dschüüd wun sen 93
Gääng dtauhu hed 94
Gääng dtom gathi fag thorng 94
Gääng gai malayu 96
Gääng khää pag 97
Gääng khiou waan gai 98
Gääng khiou waan hoi 99
Gääng khiou waan makhüa 102
Gääng khiou waan nüa 103
Gääng khiou waan thalee 104
Gääng khrua gai dtakhrai 105
Gääng khrua pag 107
Gääng khrua saparod muu 106
Gääng liang fag thorng 110
Gääng liang gai 112
Gääng liang pag 108
Gääng massaman 113
Gääng muu taypo 114
Gääng nüa 115
Gääng ped ruam mid 116
Gääng pet gai 116
Gääng phed bpäd 120
Gai ob 122
Gai pad graprao 124
Gai pad med mamnang 125
Gai ping 126
Gai sathee 127
Gai yaang 128
Gion thord 130
Gluei thord 131
Guidtiou hääng 132
Guidtiou pad gung 133
Guidtiou si prung 134
Guidtiou yam gung 135
Guidtiou yam phrig 138
Gung pad dtauhu khaao pood 139
Gung pad naam ma khaam 140
Gung satä 141
Hoi ob 142
Horm dääng dtong 143
Ice cream dääng mo 144
Ice cream gathi dtakhrai 145
Khaao dtaang na dtaang 146
Khaao dtom 147
Khaao man 148
Khaao mok gai 149
Khaao niou dam bpiag 150
Khaao niou mamnang 151
Khaao pad gai 154
Khaao pad gung 155
Khaao pad med mamnang 156
Khaao pad muu 157
Khaao pad nüa pag khanaa 160
Khaao soi 162
Khaao soi gai 164
Khaao yam 165
Khai dschiou 166
Khai luug khöi 167
Khai yad sai 168
Khanom bpang naa gung 169
Khanom glug 174
Krathak 175
Larp 176
Makhüa tord 178
Malagor loi gäo 180
Med mamnang himapan pad 182
Mee krob 183
Muu dthom khem paloh 184
Muu pad bpriou wan 186
Muu pad dtakhrai 187
Muu pad gung hääng 188
Muu yaang hed 189
Naam thok 192
Normai farang pad dtauhu 195
Nüa dtun 196
Nüa pad hed 197
Nüa pad mie grorb 198
Pad pag ruam mid 199
Pad thai 200
Pad wun sen 204
Pag bung nüng 205
Pag dip 206
Pag pad dtauhu 208
Pag thord naam prig 210
Panääng nüa 213
Prig yuag hed sai 214
Saeng wa 215
Sakhu bpiag 216
Sankhayaa 217
Saparod pad 220
Saparod pad khing 222
Sathee hed naam prig 224
Sathee luung tschin 225
Som dtam 226
Sub normai 227
Thord man 228
Thord man khaao pood 229
Thua fag yaao dthan huu 230
Thung thong 231
Yam bplaa 232
Yam gai 233
Yam galambhi 236
Yam gung mamuang 237
Yam hed bpaa 238
Yam makhüa yaao 240
Yam malayu 240
Yam normai farang 242
Yam nua yang 243
Yam pag gaad 245
Yam som oh 246
Yam thalee 248
Yam yai sai khai 249